Piccola
Biblioteca
Âyiné
2

E.M. Cioran
Um apátrida
metafísico

Tradução de Giovani T. Kurz
Editora Âyiné

Emil Cioran
Um apátrida
metafísico
Título original
Entretiens
Tradução
Giovani T. Kurz
Preparação
Pedro Fonseca
Revisão
Andrea Stahel
Projeto gráfico
CCRZ

Direção editorial
Pedro Fonseca
Direção de arte
Daniella Domingues
Coordenação
de comunicação
Amabile Barel
Redação
Andrea Stahel
Design assistente
Gabriela Forjaz
Conselho editorial
Lucas Mendes

© Éditions Gallimard,
2024

© Editora Âyiné, 2024
Praça Carlos Chagas, 49
Belo Horizonte
30170-140
www.ayine.com.br
info@ayine.com.br

Isbn 978-65-5998-126-7

Conversas com

9	François Bondy
19	Fernando Savater
35	Helga Perz
45	Jean-François Duval
67	Léo Gillet
107	Luis Jorge Jalfen
121	Verena von der Heyden-Rynsch
127	J. L. Almira
137	Lea Vergine
151	Gerd Bergfleth
169	Esther Seligson
177	Fritz J. Raddatz
199	François Fejtö
217	Benjamin Ivry
227	Sylvie Jaudeau
249	Gabriel Liiceanu
261	Bernard-Henri Lévy
263	Georg Carpat Focke
279	Branka Bogavac Le Comte
303	Michael Jakob

Um apátrida metafísico

Conversa com
François Bondy

FB
Como você conseguiu este apartamento no sexto andar, de onde se tem uma vista tão magnífica dos telhados do Quartier Latin?

EC   Graças ao esnobismo literário. Havia muito já estava farto do meu quarto de hotel na rua Racine e pedi a uma agente imobiliária que me arranjasse algo, mas ela não me mostrava nada. Enviei-lhe então um livro que eu havia acabado de publicar, com uma dedicatória. Dois dias mais tarde ela me trouxe aqui, onde o aluguel – acredite ou não – é de cerca de cem francos, o que é coerente com meus meios de subsistência. É assim com as dedicatórias. A sessão de autógrafos na Gallimard, toda vez que sai um livro, era algo que me entediava, e certa vez não consegui autografar metade dos livros que devia. Nunca recebi críticas tão ruins. É um rito e uma obrigação. Nem Beckett pode escapar disso. Algo que Joyce nunca entendeu. Disseram-lhe que em Paris um crítico espera sempre uma carta de agradecimento quando exalta o autor. E uma vez ele concordou em enviar a um crítico que publicara um estudo importante sobre ele uma carta com seus cumprimentos. Mas o outro achou-a lacônica e nunca mais escreveu sobre Joyce.

FB

Comecemos pela Romênia. Você cresceu na Transilvânia, estudou em Bucareste e foi lá que publicou seus primeiros textos. Você já estava desde então – como tantos intelectuais romenos, de Tzara a Ionesco – de olho em Paris?

EC Nem um pouco. Nessa época, a francofilia dos romenos tinha algo de grotesco. Durante a Primeira Guerra Mundial, um ministro afirmou com muita seriedade, para justificar a entrada do país na guerra: «Que a Romênia desapareça não importa tanto. Mas a França não deve extinguir-se». Lembro-me de uma revista francesa de direito constitucional que naquele momento tinha uma tiragem de 1.200 exemplares na Romênia, e que hoje não vende mais do que um exemplar de cada edição. Tive um professor admirável de filosofia, Todor Vianu (morreu há alguns anos, representando a Romênia na Unesco), e li sobretudo filósofos e teóricos da estética alemães, Georg Simmel, Wölfflin, Worringer. Georg Simmel permanece um dos maiores para mim. Nem Ernst Bloch, nem Georg Lukács reconheceram por suficiente o quanto lhe deviam. Sua companheira, com quem tinha um filho, escondeu-se durante o Terceiro Reich. E, por uma extravagância do destino, ao tentar chegar na Suíça logo antes do fim da guerra, foi presa e deportada.

FB

Havia muita gente na Bucareste dessa época que escolhia estudar estética?

EC Aos milhares. O Estado queria formar rapidamente uma classe de intelectuais, então havia 50 mil estudantes em Bucareste. Eles voltavam às cidadezinhas com seus diplomas, não querendo mais sujar as mãos, e naufragavam no tédio, no desespero. O imenso tédio romeno. Era como o de um Tchekhov muito ruim. Para além dos alemães, eu lia também os espiritualistas russos, como Léon Chestov. A Transilvânia? Para todos os que viviam ali, o mundo ainda era o da monarquia imperial, que até hoje não foi esquecida, nem ali nem na Iugoslávia. Já ouvi até mesmo comunistas falarem emocionados do imperador Franz Joseph. Meu pai era um padre ortodoxo – para os intelectuais romenos na Transilvânia húngara dificilmente havia outra ocupação. Você pode perceber também o número de intelectuais romenos hoje que são filhos de padres ortodoxos. Meus pais frequentaram por um período as escolas primárias húngaras e às vezes acontecia de falarem húngaro um com o outro. Durante a guerra, foram transferidos pelo fato de serem romenos, meu pai a Sopron (Odenburg), minha mãe a Cluj (Klausenburg). Meu pai fora padre primeiro em um vilarejo nos Cárpatos e então pároco em Sibiu (Hermannstadt).

FB
Sua inclinação ao misticismo, seu ódio ao mundo, isso vem da tradição ortodoxa?

EC É algo que pertence, antes, à seita gnóstica dos bogomilos, os ancestrais dos cátaros, cuja influência foi especialmente grande na Bulgária. Na minha infância eu era violentamente ateu, para dizer o mínimo. Quando se rezava antes das refeições, eu me levantava de imediato e deixava a mesa. Reconheço-me, no entanto, próximo da crença profunda do povo romeno, segundo a qual a criação e o pecado são uma só coisa. Em grande parte da cultura balcânica, a criação jamais deixou de sofrer acusações. O que é a tragédia grega senão a queixa constante do coro, isto é, do povo, a respeito do destino? Dionísio, de resto, vinha da Trácia.

FB

É espantoso: seus textos são profundamente pessimistas, mas seu estilo é prazenteiro, vivaz, de um humor cáustico. Também na conversa suas ideias assombram, mas o tom é espirituoso, vibrante. Como você explica tal contraste?

EC   Esta deve ser uma coisa que herdei dos meus pais, que tinham temperamentos absolutamente opostos. Nunca consegui escrever senão no *cafard*[1] das noites de insônia, e por sete anos mal consegui dormir. Acredito que se possa reconhecer em cada escritor se os pensamentos que o ocupam são da noite ou do dia. Eu preciso desse *cafard* e ainda hoje, antes de escrever, coloco um disco de música cigana húngara. Ao mesmo tempo, eu tinha uma vitalidade enorme que conservo e que volto contra si mesma. Não se trata de estar mais ou menos abatido; é preciso ser melancólico ao excesso, triste ao extremo. É então que se produz uma reação biológica saudável. Entre o horror e o êxtase, pratico uma infelicidade ativa. Por um longo tempo achei Kafka muito deprimente.

FB

Você gosta de escrever?

EC   Odeio, e, além disso, escrevo pouquíssimo. Na maior parte do tempo não faço nada. Sou o homem mais desocupado de Paris. Acho que apenas uma puta sem clientes ganha de mim.

FB

Como você vive?

EC   Aos quarenta anos, ainda estava matriculado na Sorbonne, comia no restaurante universitário e esperava que isso durasse até o fim dos meus dias. E então veio uma lei que proibiu a matrícula depois dos 27 anos e que me arrancou do paraíso. Quando cheguei a Paris, me envolvi com o Instituto Francês para escrever uma tese e já havia inclusive comunicado o tema – algo sobre a ética de Nietzsche –, mas não tinha nenhuma intenção de escrevê-la. Em vez disso, atravessei a França de bicicleta. No fim mantiveram minha bolsa, porque pedalar pela França de norte a sul também tinha seus méritos. Mas leio muito e, sobretudo, releio sem parar. Li todo o Dostoiévski cinco ou seis vezes. Não se deve escrever sobre o que não se releu. Na França também existe o rito do livro anual. É preciso publicar um livro todo ano, senão «te esquecem». É o ato obrigatório da presença. Basta fazer as contas. Se o autor tem oitenta anos, sabe-se por certo que publicou sessenta livros. Que sorte tiveram Marco Aurélio e o autor da *Imitação* para não precisar de mais do que um!

FB

Como você começou?

EC   Com um livro publicado em Bucareste em 1933: *Nos cumes do desespero*,[2] e que já contém tudo o que viria em seguida. É o mais filosófico dos meus livros.

FB

Qual foi a sua relação com a Guarda de Ferro, a variante romena do fascismo? Dizem que você simpatizava com ela.

EC   A Guarda de Ferro, da qual afinal nunca fiz parte, foi um fenômeno bastante singular. Seu líder, Codreanu, era na verdade um eslavo que mais lembrava um general do exército ucraniano. A maioria das divisões da Guarda era composta de macedônios no exílio; de uma maneira geral, ela carregava sobretudo a marca das populações ao redor da Romênia. Como o câncer, do qual se diz não ser *uma* doença mas um complexo de doenças, a Guarda de Ferro era um complexo de movimentos e antes uma seita delirante do que um partido. Falava-se menos da *renovação* nacional do que dos prestígios da morte. Os romenos são geralmente céticos, não esperam grande coisa do destino. Por isso a Guarda era desprezada pela maior parte dos intelectuais, mas em um plano psicológico era diferente. Há uma espécie de loucura nesse povo profundamente fatalista. E os intelectuais que eu evocava há pouco, com seus diplomas nas cidadezinhas em que morriam de tédio, juntaram-se às fileiras de bom grado. A Guarda de Ferro era vista como um remédio para todos os males, inclusive o tédio, e até mesmo a purgação.[3] Esse gosto pelos extremos poderia ter atraído muita gente também ao comunismo, mas ele mal existia e nada tinha a oferecer. Nessa época, experimentei na pele como mesmo sem a menor convicção é possível ceder à euforia. É um estado que observei com frequência desde então, e não apenas em pessoas de vinte anos como aqueles das quais eu fazia parte na época, mas infelizmente também em sexagenários. Mudei então meu jeito de pensar.

FB
Costumam chamá-lo de *reacionário*?

EC Não sou um reacionário. Vou muito além. Henri Thomas me disse um dia: «Você é contra tudo o que aconteceu desde 1920», e eu lhe respondi: «Não, desde Adão!».

FB
Quais são suas relações com a Romênia hoje?

EC Com a morte de Stálin todos ficaram aliviados, só eu suspirei: «Agora a cortina vai subir e os romenos vão chegar em massa». E de fato foi o que aconteceu. De repente vi chegarem em minha casa os parentes mais distantes e colegas de classe, que me contavam durante horas histórias dos vizinhos e não sei mais o quê. Havia entre eles um médico que eu conhecia desde a escola, e um dia afundei em uma crise de raiva e gritei para ele dar o fora. Ele me disse então: «Você não sabe que as células nervosas não se regeneram e que é preciso conservá-las?». Isso me acalmou e continuamos a conversar. Tive um amigo próximo que era um dirigente comunista. Na época eu o aconselhei a permanecer aqui. Na rua, ele me disse: «Ninguém é profeta fora de seu país», e voltou para lá. Foi então condenado a dezoito anos de campo por desviacionismo. Foi refletindo sobre problemas matemáticos que pôde manter a cabeça no lugar. Hoje está livre e recebe uma pensão do Estado.

FB
Você é contra a história mas é fascinado pelos problemas da história.

EC Eu observo a explosão da história. Vivemos hoje um tempo pós-histórico, assim como existe um pós-cristianismo. O teólogo Paul Tillich, que deixou a Alemanha em 1934, se pôs a falar sobre a pós-cristandade nos Estados Unidos e não chocou ninguém. Fala-se disso até nos púlpitos. Mas então começou a combater a ideia de progresso, e foi aí que todos se escandalizaram. Esse foi o único sacrilégio verdadeiro. Hoje não mais. Assistimos hoje à demolição da ideia de progresso. Mesmo os pessimistas da época, como Eduard von Hartmann, se apegavam à ideia de progresso. Suas ideias representavam para eles um progresso do pensamento. Mas hoje essa ideia está comprometida em outro sentido. Outrora se vivia com a certeza de um futuro para a humanidade. Já não é o caso. Ao se falar do futuro, com frequência se acrescenta: «Se ainda houver humanidade». O fim da humanidade outrora tinha um sentido escatológico, ligava-se a uma ideia de salvação; hoje se o considera um fato, sem conotação religiosa, ele entrou nas previsões. Sabe-se que isto pode acabar. E desde então há algo de contaminado na ideia de progresso. Nada é como antes e ainda em nossos dias veremos uma transformação espantosa, inconcebível, atravessar o homem. O cristianismo já era, mas a história também. A humanidade tomou um caminho ruim. Não é insuportável essa algazarra de homens que toma o lugar de todas as outras espécies? Acabaremos por nos tornar uma única e solitária metrópole, um Père-Lachaise universal.[4] O homem infecciona e degrada tudo ao seu redor, e será ele próprio severamente atingido nos próximos cinquenta anos.

FB
Em qual figura da tradição você se reconhece?

EC A de Buda seria a mais próxima. Ele entendeu o problema verdadeiro. Mas eu tenho um temperamento por demais indócil para vencê-lo à sua maneira. Haverá sempre um conflito entre o que sei e o que sinto.

FB
Você nunca se sentiu tentado a levar tais conflitos para o palco, como seu amigo Ionesco?

EC Impossível. Meu pensamento não se apresentar como um processo, mas como um resultado e um resíduo. É o que resta depois da fermentação, dos despejos, da borra.

Conversa publicada originalmente em: *François Bondy, Gespräche mit James Baldwin, Carl Burckhardt, Mary McCarthy, E. M. Cioran, Witold Gombrowicz, Eugène Ionesco, Karl Jaspers, Hans Mayer, S. Mrozek, N. Sarraute, I. Silone, Jean Starobinski.* Viena: Europa Verlag, 1970.

Notas:

[1] Uma tradução possível para o *cafard* é «desalento». Sobre o caráter intraduzível de *cafard* segundo Cioran, ver adiante, p. 36. [N. T.].

[2] *Pe culmile disperarii* (1934). Ed. bras.: E. Cioran, *Nos cumes do desespero*. Trad. de Fernando Klabin. São Paulo: Hedra, 2012. [N. T.]

[3] Em francês, «chaude-pisse», nome popular para a gonorreia. [N. T.]

[4] Conhecido cemitério de Paris, um dos maiores da França, fundado em 1804. Ganhou celebridade por abrigar artistas e intelectuais franceses. [N. T.]

Conversa com
Fernando Savater

EC   Se entendo bem, você me pergunta por que não escolhi assertivamente o silêncio em vez de orbitá-lo, e me reprova por ter me desdobrado em lamentações quando poderia me calar. Para começar, nem todo mundo tem a sorte de morrer jovem. Escrevi meu primeiro livro em romeno, aos 21 anos, com a promessa de nunca mais escrever algo. Então escrevi outro, seguido da mesma promessa. A comédia se repetiu por mais de quarenta anos. Por quê? Porque escrever, pouco que seja, me ajudou a atravessar os anos, pois as obsessões *expressas* permanecem amansadas e em parte superadas. Tenho a certeza de que, se não tivesse manchado o papel, estaria morto há muito tempo. Escrever é um desafogo extraordinário. Publicar também. Isso vai lhe parecer ridículo, mas é muito verdadeiro. Pois um livro é sua vida, ou parte da sua vida, que você torna *exterior*. Desprende-se ao mesmo tempo de tudo aquilo que se ama e sobretudo daquilo que se detesta. Vou mais longe: se não tivesse escrito, poderia ter me tornado um assassino. A expressão é uma libertação. Aconselho que você faça o seguinte exercício: quando odiar alguém e quiser matá-lo, pegue um pedaço de papel e escreva que fulano é um porco, bandido, vagabundo, monstro. Você de imediato vai se dar conta de que o odeia menos. É exatamente o que fiz com relação a mim. Escrevi para afrontar a vida e para me afrontar. Resultado? Eu me aguentei melhor, e aguentei melhor a vida.

FS
Há algo mais, Cioran, que você poderia acrescentar a isso?

EC Eu realmente não poderia dizer mais nada... Ou talvez dizer algo! Aliás, é uma questão de *vitalidade*. Para que isso fique claro, devo falar da minha origem. Há muito do agricultor em mim; meu pai era um pároco ortodoxo de aldeia, eu nasci em meio às montanhas, nos Cárpatos, em um ambiente bastante primitivo.[1] Era uma cidadezinha realmente bárbara, na qual os agricultores trabalhavam uma enormidade durante toda a semana para então torrar seu salário em uma só noite, em bebedeira. Eu era um garoto corpulento. Tudo em mim que hoje é débil tinha então bastante vigor! Você sem dúvida adoraria saber que a minha maior ambição naquela época era ser o melhor jogador de boliche. Com doze ou treze anos, eu jogava com os agricultores por dinheiro ou cerveja. Eu passava o domingo jogando contra eles, e muitas vezes conseguia vencê-los, embora fossem mais fortes do que eu, porque, como não tinha muito o que fazer, eu passava a semana treinando...

Romênia

FS
A sua infância foi feliz?

EC Isso é importantíssimo: não conheço caso de uma infância mais feliz do que a minha. Eu vivia perto dos

Cárpatos,[2] sendo livre para brincar nos campos e nas montanhas, sem obrigações ou deveres. Foi uma infância *extraordinariamente* feliz. Mais tarde, conversando com as pessoas, nunca encontrei algo equivalente. Eu gostaria de não ter jamais saído daquele vilarejo; não esqueço do dia em que meus pais me colocaram num carro para me levar ao colégio, na cidade. Foi o fim do meu sonho, a ruína do meu mundo.

FS

O que você lembra da Romênia, acima de tudo?

EC O que eu mais gostava da Romênia era seu lado extremamente primitivo. Havia, claro, gente civilizada, mas eu preferia os iletrados, os analfabetos... Até meus vinte anos, a coisa de que eu mais gostava era sair de Sibiu para as montanhas e conversar com os pastores, com os agricultores completamente analfabetos. Eu passava meu tempo papeando e bebendo com eles. Acho que um espanhol pode entender esse lado primitivo, bem primitivo. Falávamos de tudo, e eu conseguia quase de imediato estabelecer um vínculo com eles.

FS

Quais lembranças você guarda da situação histórica do seu país durante a juventude?

EC Bem, a Europa Oriental[3] era então o Império Austro-Húngaro. Sibiu, encrustada na Transilvânia, pertencia ao Império; nossa capital dos sonhos era Viena. Sempre me senti de algum modo ligado ao Império... no qual nós romenos éramos, todavia, escravos! Durante a guerra de 14, meus pais foram deportados pelos húngaros... Sinto-me psicologicamente próximo dos húngaros, dos seus gostos e costumes. A música húngara, cigana, mexe muito comigo. Sou uma mescla do húngaro e do romeno. É curioso, o povo romeno é o povo mais *fatalista* do mundo. Quando eu era jovem, isso me indignava – o uso de conceitos metafísicos duvidosos, como o destino, a fatalidade, para explicar o mundo. Pois bem, quanto mais envelheço, mais próximo me sinto das minhas origens. Hoje em dia eu deveria me sentir europeu, ocidental; mas não é assim, em absoluto. Depois de uma existência ao longo da qual conheci tantos países e li tantos livros, cheguei à conclusão de que quem tinha razão era o agricultor romeno. Aquele agricultor que não acredita em nada, que pensa que o homem está perdido, que nada se pode fazer, que se sente atropelado pela história. Essa ideologia da vítima é também minha concepção atual, minha filosofia da história. Realmente, toda a minha formação intelectual de nada me serviu!

Um livro é uma ferida

FS
Você escreveu: «Um livro deve escavar as feridas, até mesmo produzi-las. Um livro deve ser um perigo». Em que sentido seus livros são perigosos?

EC Bem, veja: já me disseram muitas vezes que aquilo que escrevo nos meus livros não se deve dizer. Quando o *Breviário* foi publicado,[4] o crítico do *Le Monde* me enviou uma carta de advertência: «Você não se dá conta; esse livro pode acabar nas mãos dos jovens!». É absurdo. De que vão servir os livros? Ao aprendizado? Isso não interessa, para isso basta ir às aulas. Não; acredito que um livro deve de fato ser uma ferida, que deve mudar a vida do leitor de um modo ou de outro. Minha ideia, quando escrevo um livro, é *despertar* alguém, flagelá-lo. Como os livro que escrevi surgiram dos meus desalentos, para não dizer dos meus sofrimentos, é exatamente isso que precisam de algum modo transmitir ao leitor. Não gosto de livros que se leem como se lê um jornal: um livro deve desordenar tudo, pôr tudo em questão. Por quê? Bem, a utilidade daquilo que escrevo não me preocupa, porque de fato *nunca* penso no leitor; escrevo para mim, para me livrar das minhas obsessões, das minhas tensões, nada além. Uma senhora escreveu sobre mim, há pouco tempo, no *Le Quotidien de Paris*: «Cioran escreve aquilo que cada um repete a si em voz baixa». Não escrevo com a intenção de «fazer um livro» para que alguém o leia. Não, escrevo para me desfazer de um peso. Mas então, ao considerar a função dos meus livros, digo-me que eles deveriam ser como uma ferida. Um livro que mantém seu leitor como antes da leitura é um livro fracassado.

FS
Em todos os seus livros, junto com um aspecto que nós poderíamos chamar de pessimista, sombrio, brilha um estranho *júbilo*, uma alegria inexplicável, porém reconfortante e até revigorante.

EC   É curioso, pois o que você me diz muitos já me disseram. Não tenho muitos leitores, mas poderia citar inúmeras pessoas que sussurraram a alguns conhecidos: «Eu teria me suicidado se não tivesse lido Cioran». Então creio que você tem toda a razão. Acredito que isso vem da *paixão*: não sou pessimista, mas *violento*... é isto que torna minha negação revigorante. Em verdade, quando falamos há pouco das feridas, não o considerei de uma maneira negativa: ferir alguém não é o mesmo que paralisá-lo! Meus livros não são nem depressivos, nem deprimentes. Eu os escrevo com furor e paixão. Se meus livros pudessem ser escritos *a frio*, isso seria um perigo. Mas não posso escrever a frio, sou como um doente que em qualquer circunstância supera febrilmente sua moléstia. A primeira pessoa a ler o *Breviário de decomposição*, ainda manuscrito, foi o poeta Jules Supervielle. Era um homem já bastante idoso, profundamente propenso às depressões, e me disse: «É incrível a que ponto seu livro me estimulou». Neste sentido, se você quiser, sou como o diabo, que é um indivíduo ativo, um negador que coloca as coisas em movimento...

FS
Embora você mesmo tenha se encarregado de distinguir sua obra da filosofia propriamente dita, não é de forma alguma arbitrário incluí-la no espaço dessas atividades diversas, autocríticas, que ocupam o lugar vago na filosofia depois da ruína dos grandes sistemas do século XIX. Qual sentido a filosofia ainda tem, Cioran?

EC Acredito que a filosofia só é possível como *fragmento*. Sob a forma da explosão. Já não é possível elaborar capítulo após capítulo, sob a forma de um tratado. Nesse sentido, Nietzsche foi libertador ao extremo. Foi ele quem sabotou o estilo da filosofia acadêmica, quem *atentou* contra a ideia de sistema. Foi libertador porque depois dele se pode dizer tudo... Agora somos todos fragmentários, mesmo quando escrevemos livros em aparência planejados. Combina também com nosso estilo de civilização.

FS
O que vai ao encontro da nossa integridade. Nietzsche dizia que na ambição sistemática há uma falta de integridade...

EC Sobre a integridade, vou contar algo. Quando alguém escreve um ensaio de quarenta páginas sobre o que quer que seja, parte de certas afirmações prévias e permanece *prisioneiro* delas. Uma certa ideia de integridade obriga a permanecer respeitando-as até o fim, a não se contradizer; no entanto, à medida que se avança, o texto oferece outras tentações, que se devem rejeitar porque se afastam do caminho traçado. Mantemo-nos fechados em um círculo que nós mesmos desenhamos. É desse modo que, desejando-se íntegro, recai-se na falsidade, na falta de autenticidade. Se isso acontece em um ensaio de quarenta páginas, o que não acontecerá em um sistema! Está aqui o drama de qualquer reflexão estruturada: não permitir a contradição. É assim que se recai no falso, que se mente para resguardar a coerência. Por outro lado, ao produzir fragmentos, pode-se no mesmo dia dizer algo e o seu contrário. Por quê? Porque cada fragmento emerge de uma *experiência* diferente, e tais experiências são autênticas: são o mais importante. Pode-se dizer que é irresponsável mas, se este é o caso, será no mesmo sentido em que a vida é irresponsável. Um pensamento fragmentário reflete todos os aspectos da sua experiência; um pensamento sistemático reflete apenas um único aspecto, o aspecto *controlado* e portanto empobrecido. Em Nietzsche, em Dostoiévski, expressam-se todos os tipos de humanidade possíveis, todas as experiências. No sistema, apenas fala o controlador, a *autoridade*. O sistema é sempre a voz da autoridade: por isso todo sistema é totalitário, enquanto o pensamento fragmentário permanece livre.

FS Qual foi sua formação filosófica, quais são os filósofos pelos quais você mais se interessou?

EC Bem, na minha juventude, li muito Léon Chestov, que era então bastante conhecido na Romênia. Mas quem mais me interessou e o de que eu mais *gostei* – essa é a palavra – foi Georg Simmel. Sei que Simmel é bastante conhecido na Espanha, graças ao interesse que despertou em Ortega, enquanto na França é completamente desconhecido. Simmel foi um escritor maravilhoso, um filósofo-ensaísta magnífico. Foi amigo íntimo de Lukács e de Bloch, os quais influenciou e que depois o renegaram, o que eu considero absolutamente desonesto. Hoje Simmel está esquecido por completo na Alemanha, até mesmo atirado no silêncio, mas em seu tempo foi admirado por figuras como Thomas Mann e Rilke. Simmel também foi um pensador fragmentário. O melhor da sua obra são os fragmentos. Também fui bastante influenciado pelos pensadores alemães da chamada «filosofia da vida», como Dilthey etc. Li também, claro, muito de Kierkegaard, nessa época, quando ele ainda não estava na moda. De maneira geral, o que sempre me interessou foi a filosofia-confissão. Tanto na filosofia quanto na literatura, são os *casos* que me interessam, esses autores dos quais podemos dizer que são um «caso» no sentido quase clínico do termo. Interessam-me todos aqueles que vão à catástrofe, e também aqueles que encontraram um modo de se situar para além da catástrofe. Minha admiração maior vai aos que estiveram à beira do desmoronamento. Por isso me encantei por Nietzsche e Otto Weininger. Ou ainda por autores russos como

Rozanov, escritores religiosos que esbarram constantemente na heresia, como Dostoiévski. Autores que não produziram senão uma experiência intelectual, como Husserl, não me marcaram. De Heidegger me interessa o lado kierkegaardiano, não o lado husserliano. Mas, antes, busco o *caso*: no pensamento ou na literatura, interessam-me sobretudo o frágil, o precário, aquilo que desmorona, e também aquilo que resiste à tentação do desmoronamento mas que conserva a constância da ameaça...

FS
O que você diria dos «novos filósofos» franceses, invenção controversa do momento?

EC Bem, não posso dizer que os conheço a fundo, mas em geral me parecem pessoas que estão começando a despertar do seu sonho dogmático...

FS
Você escreveu um dos seus melhores livros sobre o tema da utopia.

EC Lembro-me bastante bem de como meu interesse foi avivado, durante uma conversa em um café de Paris com María Zambrano, nos anos cinquenta. Decidi então escrever algo sobre a utopia. Pus-me a ler os utopistas: Thomas More, Fourier, Cabet, Campanella... No começo com uma exaltação fascinada; então com esgotamento; por fim com um tédio mortal. É incrível o fascínio que os utopistas exerceram sobre as grandes mentes: Dostoiévski, por exemplo, lia Cabet com admiração. Cabet, que era um idiota total, um sub-Fourier! Todos acreditavam que o *millenium*[5] estava por vir; em alguns anos, uma década no máximo... Seu otimismo era também deprimente, sua visão toda cor-de- rosa, aquelas mulheres de Fourier cantando enquanto trabalhavam nas fábricas... Este otimismo utopista é honestamente *cruel*. Lembro-me por exemplo de um encontro que tive com Teilhard de Chardin: o sujeito falava entusiasmado sobre a evolução do cosmos em direção a Cristo, o ponto ômega etc. Perguntei-lhe então sobre o que pensava a respeito da dor humana. «A dor e o sofrimento», ele me disse, «são um simples acidente da evolução.» Saí indignado, recusando-me a conversar com esse mentecapto. Acredito que a utopia e os utopistas tiveram o lado positivo, no século XIX, de chamar a atenção para a desigualdade social e para a urgência de remediá-la. Não esqueçamos que o socialismo, no fim das contas, é filho dos utopistas. Mas eles se baseiam na ideia equivocada da perfeição indefinida do homem. A ideia do *pecado original* me parece mais pertinente, desde que despida das suas conotações religiosas, em um nível puramente antropológico. Houve uma queda irremediável, uma *perda* que nada pode suprir. Na verdade, acho que o que me afastou em definitivo da tentação utopista foi meu gosto pela história; pois a história é o *antídoto* da utopia. Porém, embora a prática da história seja essencialmente antiutópica, é indiscutível que a utopia faz a história caminhar, a estimula. Apenas agimos sob o fascínio do impossível, o que equivale a dizer que uma sociedade incapaz de dar à luz uma utopia e se entregar a ela está ameaçada pela gangrena e pela ruína. A utopia, a construção de sistemas sociais perfeitos, é uma fraqueza bastante francesa; o que falta aos franceses em imaginação metafísica sobra-lhes em imaginação política. Fabricam sistemas sociais impecáveis, mas sem levar em conta a realidade. É um vício nacional: maio de 68, por exemplo, foi uma produção constante de sistemas de todos os tipos, alguns mais engenhosos e irrealizáveis do que outros.

O poder é o mal

FS
A utopia é, por assim dizer, o problema de um poder imanente e não transcendental na sociedade. O que é o poder, Cioran?

EC O poder me parece ruim, bastante ruim. Sou resignado e fatalista diante do fato da sua existência, mas acho que é uma calamidade. Veja, conheci pessoas que chegaram ao poder, e é algo terrível. Algo tão terrível quanto um escritor que consegue a fama. É como vestir um uniforme; quando se veste um uniforme, já não se é o mesmo: e, bom, chegar ao poder é vestir um uniforme *invisível*, sempre o mesmo. Eu me pergunto: por que um homem normal ou aparentemente normal aceita o poder, aceita viver preocupado da manhã à noite etc.? Sem dúvida porque dominar é um prazer, um vício. Por isso não há praticamente nenhum caso de ditador ou líder absoluto que renuncia ao poder de bom grado: o caso de Sula é o único de que me lembro.[6] O poder é diabólico: o diabo não passava de um anjo com ambição de poder. Desejar o poder é a grande desgraça da humanidade.

FS
Para voltar à utopia...

EC A busca pela utopia é uma busca religiosa, um desejo pelo absoluto. A utopia é a grande fragilidade da história, mas também sua grande força. Em certo sentido, a utopia é o que *resgata* a história. Pegue a campanha eleitoral na França como exemplo: se não fosse o componente utópico, seria uma desavença de lojistas... Veja, eu não poderia ser um político, porque acredito na catástrofe. De minha parte, estou certo de que a história não é o caminho do paraíso. Por outro lado, se sou um cético verdadeiro, não posso nem mesmo estar certo da catástrofe. Digamos que estou *quase* certo! É por isso que me sinto apartado de qualquer país, de qualquer grupo. Sou um apátrida *metafísico*, algo como aqueles estoicos do fim do Império Romano que se sentiam «cidadãos do mundo», o que é um modo de dizer que não eram cidadãos de parte alguma.

FS
Você não apenas abandonou sua pátria, mas também, o que é mais importante, sua língua.

EC É o maior acidente que pode acontecer com um escritor, o mais dramático. As catástrofes históricas nada são quando comparadas a isso. Escrevi em romeno até 1947. Naquele ano, estava em uma casinha perto de Dieppe e traduzia Mallarmé para o romeno. De repente, disse a mim mesmo: «Que absurdo! Por que traduzir Mallarmé para uma língua que ninguém conhece?». E então renunciei à minha língua. Pus-me a escrever em francês, e foi dificílimo porque, por temperamento, a língua francesa não me convém: preciso de uma língua *selvagem*, uma língua da embriaguez. O francês foi para mim uma camisa de força. Escrever em outra língua é uma experiência espantosa. Deve-se pensar sobre as palavras, sobre a escrita. Quando escrevia em romeno, fazia-o sem me dar conta daquilo, eu simplesmente escrevia. As palavras não me eram *independentes*. Assim que me pus a escrever em francês, todas as palavras se impuseram à minha consciência; eu as tinha diante de mim, fora de mim, com seus corpúsculos, e eu as buscava: «Agora você, e agora você». É uma experiência que se assemelha a outra, que vivi na minha chegada a Paris. Hospedei-me em um hotelzinho no Quartier Latin e, no primeiro dia, quando desci para telefonar na recepção, esbarrei no gerente do hotel, com sua mulher e seu filho, preparando o cardápio do dia: preparavam-no como se fosse um plano de guerra! Espantei-me: na Romênia sempre comi como um animal, quero dizer, sem prestar atenção, sem perceber o que significa comer. Em Paris, dei-me conta de que comer é um ritual, um ato de civilização, quase uma posição filosófica... Da mesma forma, escrever, em francês, deixou de ser um ato instintivo, como era o caso quando eu escrevia em romeno, e assumiu uma dimensão deliberada, assim como deixei de comer com inocência... Ao mudar de língua, de imediato liquidei o passado: mudei completamente de vida. Ainda hoje, todavia, parece-me que escrevo em uma língua que a nada se vincula, sem raízes, uma língua artificial.

FS
Cioran, com frequência você falou do tédio. Qual foi o papel do tédio, do desprazer, na sua vida?

EC Posso dizer que a minha vida foi dominada pela experiência do tédio. Conheci esse sentimento na minha infância. Não se trata daquele tédio que se pode combater por meio de recreações, da conversa ou do prazer, mas de um tédio – por assim dizer – *fundamental*; e que consiste nisto: mais ou menos de repente, em casa ou na casa de alguém, ou diante de uma paisagem tão bonita, tudo se esvazia de conteúdo ou de sentido. O vazio está em si e fora de si. Todo o universo se vê golpeado pela frivolidade. Nada nos interessa, nada merece nossa atenção. O tédio é uma vertigem, mas uma vertigem *tranquila*, *monótona*; é a revelação da insignificância universal, é a certeza, levada ao estupor ou à clarividência suprema, de que nada se pode, nada se deve fazer neste mundo ou no outro, de que não há nada no mundo que nos convenha e nos satisfaça. Por causa dessa experiência – que não é constante, mas recorrente, pois o tédio vem de *ataque*, mas dura muito mais do que a febre –, não consegui fazer nada sério na vida. Para dizer a verdade, vivi intensamente, mas sem conseguir me integrar à existência. Minha marginalidade não é acidental, mas essencial. Se Deus se entediasse, ele ainda seria Deus, mas um Deus marginal. Deixemos Deus em paz. Desde sempre, meu sonho foi ser inútil e inutilizável. No fim, graças ao tédio, realizei esse sonho. Um pormenor se impõe: a experiência que acabei de descrever não é necessariamente deprimente, pois por vezes se segue a ela uma exaltação que transforma o vazio em incêndio, em um inferno *desejável...*

FS

(E enquanto me preparo para partir, Cioran insiste).

EC Não se esqueça de dizer a eles que sou apenas um marginal, um marginal que escreve para despertar. Repita: meus livros procuram despertar.

Conversa publicada sob o título «Escribir para despertar», no jornal espanhol *El País* em 23 de outubro de 1977.

Notas:

[1] E. Cioran nasceu em Rășinari, um vilarejo rural localizado a oito quilômetros da sua capital Sibiu (ou Hermannstadt, seu nome alemão). [N. T.]

[2] Os Cárpatos constituem o prolongamento oriental dos Alpes, estendendo-se sobre os territórios da Áustria, da República Tcheca, da Hungria, da Eslováquia, da Polônia, da Sérvia, da Romênia e da Ucrânia. [N. T.]

[3] Na edição francesa, «Europe occidentale», Europa Ocidental; contudo, uma consulta ao original espanhol, publicado no jornal *El País* em 1977 – além de uma leitura atenta do contexto da resposta de Cioran –, mostrará a referência, em verdade, à Europa Oriental. [N. T.]

[4] *Breviário de decomposição* [*Précis de décomposition*] (1949). Ed. bras.: E. Cioran, *Breviário de decomposição*. Trad. de José Thomaz Brum. Rio de Janeiro: Rocco, 2011. [N. T.]

[5] Referência ao «reino de mil anos» das teorias milenaristas, segundo as quais uma transformação radical da sociedade estaria no horizonte. [N. T.]

[6] Lúcio Cornélio Sula (138-78 a.C.), general e estadista romano. [N. T.]

Conversa com
Helga Perz

HP

Monsieur Cioran, é preciso evitar a questão do sentido da vida a todo custo?

EC Essa questão me atormentou a vida inteira, mas nunca encontrei nenhuma resposta. Depois de ter lido e pensado bastante, cheguei à mesma conclusão a que chegaram o agricultor do Danúbio ou os analfabetos da pré-história: não há resposta. É preciso se resignar e aturar a vida como ela vem.

HP

A consciência de ser incompreendido e de permanecer sendo não tem uma dimensão encorajadora, como mostram os esforços sempre renovados de se explicar, e não se poderia deduzir disso um interesse inabalável pelo sentido?

EC Sou um pouco influenciado pelo taoismo, segundo o qual devemos imitar a água. Não fazer nenhum esforço e assimilar a vida com calma. Mas pelo meu temperamento sou o oposto exato disso. Um pouco histérico, uma espécie de epilético frustrado, no sentido de que não tive a sorte de ser epilético. Se eu tivesse uma doença verdadeira, ela teria sido um livramento para mim. Mas sempre tive de viver dilacerado por dentro, porque não encontrei fissuras fora de mim, e em uma grande tensão, contrária à minha visão da vida. Embora eu tenha uma concepção lúgubre da vida, sempre tive grande paixão pela existência. Uma paixão tão grande que se transformou em negação da vida, porque eu não tinha meios para satisfazer meu apetite pela vida. Portanto não sou um homem desapontado, senão um homem internamente abatido por conta do esforço em excesso. A passividade era para mim um ideal inacessível. Já me perguntaram por que não escolho o suicídio. Mas o suicídio para mim não é algo negativo. Pelo contrário. A ideia de que o suicídio existe me permitiu suportar a vida e me sentir livre. Não vivi como escravizado, mas como homem livre.

HP
Mas isso não prova que o senhor é um fanático pela vida?

EC O paradoxo da minha natureza é que tenho uma paixão pela existência mas ao mesmo tempo todos os meus pensamentos são hostis à vida. Sempre pressenti e senti o lado negativo da vida – tudo é vazio. Sofri fundamentalmente de tédio. Talvez seja inato e eu nada possa fazer. A palavra francesa que faz referência a isso é absolutamente intraduzível: o *cafard*. Eu tenho este *cafard*. Não há nada que se possa fazer. Ele tem de passar sozinho.

HP
Monsieur Cioran, a vida, com o passar dos anos, ficou-lhe mais simples ou mais difícil?

EC Imagine só: mais simples. Minha infância era o paraíso na terra. Nasci não muito longe de Sibiu, em uma cidadezinha de montanhesca na Romênia, e eu ficava da manhã à noite fora de casa. Quando tive de sair do vilarejo aos dez anos, para ir ao colégio, tive a sensação de uma catástrofe enorme. O pior aconteceu quando eu tinha dezesseis ou dezessete anos. Minha

36

juventude foi realmente uma catástrofe. Comecei a sofrer de insônia e não conseguia fazer o que quer que fosse. Passava o dia deitado. O contraste com minha infância foi uma grande experiência. Mas agora, algo como cinquenta anos depois, sinto-me mais feliz, pois já não vivo naquela tensão. Considero uma derrota. Antes eu era como um demônio, podia desabar a qualquer momento, mas de fato vivia intensamente.

Numa frase, em comparação ao jovem que fui, sou agora o que os franceses chamam de *raté*,[1] alguém que jogou a vida fora. Um miserável. Por causa dessa ideia grandiosa que tenho da minha juventude.

HP

E o senhor nunca recuperou a harmonia da sua infância?

EC   Não, mas lembro-me dela como de algo que se perdeu por completo, como se existisse em um mundo anterior. Parece-me tão distante no passado e ao mesmo tempo tão presente. Lembro-me com muita exatidão da minha infância, como todos os longevos, mas como algo completamente distante. Algo que não é nem mesmo minha vida, mas outra vida, uma vida anterior. Se minha infância tivesse sido triste, eu teria sido muito mais otimista nas minhas ideias. Mas sempre senti, mesmo que inconscientemente, esse contraste, essa contradição entre minha infância e tudo o que veio em seguida. Isso me destruiu por dentro, em alguma medida.

HP

A nostalgia do paraíso perdido?

EC   Sim. Há três lugares que são importantes para mim. Paris, Dresden e essa região de Sibiu onde nasci. Paris me fascinava; quando era jovem, queria ir a Paris e viver em Paris. Consegui, mas hoje estou um tanto cansado da cidade, já vivo nela há tempo demais. Dresden, depois de Paris, foi a cidade de que mais gostei. Sibiu está mais ou menos fora de alcance. Eu poderia voltar a ela, mas não quero. Já não tenho pátria. Mas o lugar em que passei minha infância é para mim tão presente como se eu o tivesse visto dias atrás.

HP

Certa vez o senhor disse que esse era o mundo do velho Império Austro-Húngaro. Esse estilo de vida ainda significa algo para o senhor?

EC   No fundo nada mais significa alguma coisa para mim, vivo sem futuro. O futuro me é alheio em todos os aspectos; quanto ao passado, é um mundo totalmente outro. Não vivo, a rigor, fora do tempo, mas vivo como um homem estagnado, falando metafísica e não historicamente. Para mim não há nenhuma saída porque não há sentido algum em haver uma saída. Vivo, assim, como em uma espécie de presente eterno sem propósito, e não sou infeliz por não ter propósito. Os homens devem se habituar a viver sem propósito, e não é tão simples quanto se acredita. Em todo caso, é um resultado. Acho que meus pensamentos se resumem a isto: viver sem propósito. Por isso escrevo tão pouco, trabalho pouco, sempre vivi à margem da sociedade, sou apátrida e tudo bem. Já não preciso de uma pátria, não quero pertencer a parte alguma.

HP

Monsieur Cioran, as ponderações sobre a morte não são sempre um modo de afugentar o medo? Já que nada temos além da vida, a morte só nos pode apavorar?

EC   Quando jovem, eu pensava na morte o tempo inteiro. Era uma obsessão, mesmo quando eu comia. Durante toda a minha vida estive sob a autoridade da morte. É um pensamento que nunca me deixou, mas que se amansou com o tempo. Ainda é uma obsessão, mas já não é um pensamento. Dou um exemplo: havia alguns meses, conheci uma senhora e nós conversamos sobre um conhecido em comum, alguém que eu não via há muito tempo. Ela disse então que era melhor não o ver outra vez, pois ele estava muito infeliz. Pensava apenas na morte. Respondi a ela: «No que mais a senhora quer que ele pense?». Não existe outro assunto, afinal. Claro, seria melhor não pensar nisso, mas não há ali nada de anormal. Não há outro problema. É precisamente porque fui ao mesmo tempo libertado e paralisado por esse pensamento da morte que não fiz nada na vida. Não se pode ter uma profissão quando se pensa na morte. Apenas se pode viver como eu vivi, à margem de tudo, como um parasita. O sentimento que sempre tive foi de inutilidade, de ausência de propósito. Pode-se dizer que é doentio, mas doentio apenas nos seus efeitos, não de um ponto de vista filosófico. Filosoficamente é bastante normal que tudo pareça inútil. Por que seria preciso fazer alguma coisa, por quê? Acredito que toda ação é fundamentalmente inútil. E que o homem frustrou seu destino, que seria o de nada fazer. Acho que o único momento correto na história é o da antiga Índia, quando se levava uma vida contemplativa, quando bastava ver as coisas sem se ocupar delas. Então a vida contemplativa foi de fato uma realidade.

HP

Mas isso não significaria que cada um vive apenas para si e não está jamais aberto ao outro?

EC   Não, não. Não sou um egoísta. Essa palavra não convém. Sou compassivo. O sofrimento dos outros tem sobre mim um efeito direto. Mas, se a humanidade desaparecesse amanhã, pouco me importaria. Escrevi recentemente até um artigo sobre isso: «La nécessaire catastrophe». O desaparecimento do homem é uma ideia que não me aborrece.

HP

Os amigos são importantes para o senhor?

EC   Sim, tenho muitos bons amigos que vejo com muito prazer, pois é somente graças aos amigos que se podem descobrir os seus próprios defeitos. Para melhorar interiormente, basta observar os amigos. Sou muito agradecido a todos os meus amigos, que aprecio tanto, pois faço tudo o que posso para não ter os mesmos defeitos que eles. Mas não consigo. A amizade apenas faz sentido quando não somos como nossos amigos. É preciso ser diferente deles. Senão, de que serviria a amizade?

HP

Seus amigos sempre foram modelos negativos para o senhor?

EC   Todos os seres são modelos negativos. Ninguém é santo. Mas a amizade deve ser fértil, pois nossos amigos são os únicos seres humanos que conhecemos com intimidade. O exemplo dos nossos amigos deve ser útil para nossa própria educação.

HP

Monsieur Cioran, um conflito fundamental no homem se deve ao fato de que o resultado de suas ideias não está sempre de acordo com o que se sente. Sempre há divergências. Pode-se remediar esse conflito? E seria possível considerar os momentos em que o saber e o sentimento se enlaçam como um apogeu na vida humana? Ou o senhor também rejeita isso?

EC O saber e os sentimentos raramente caminham lado a lado. Para mim houve apenas uma descoberta na história mundial. Está no primeiro capítulo do Gênesis, quando aparecem a árvore da vida e a árvore do conhecimento. A árvore do conhecimento que pode ser chamada de árvore maldita. A tragédia do homem é o conhecimento. Sempre percebi que, quando me dou conta de algo, meu sentimento com relação a isso se amansa. Para mim, o título mais bonito já dado a um livro é *Bewusstsein als Verhängnis* (A consciência como fatalidade). Um alemão o escreveu, o livro não é bom, mas esse título é a formulação que resume a minha vida. Acho que fui hiperconsciente durante toda a vida e foi daí que nasceu a tragédia.

HP

Para além da filosofia, o senhor ainda tem interesse em alguma ciência?

EC Não. Sabe o que me interessa? Li incontáveis livros de memórias. Me interesso por tudo o que narra uma vida, tudo o que é autobiografia, e gosto muito de ouvir alguém me contar sua vida, dizer-me coisas das quais não fala com ninguém. Não faz muito tempo, recebi uma carta espantosa de uma senhora. Escreveu-me dizendo que eu era seu deus, o maior homem que já viveu e outros delírios desta espécie. Preferi não responder. E então fui tomado pela vontade de conhecê-la, e ela veio me ver. Durante quatro horas, me contou toda a sua vida com detalhes incríveis, que nunca havia contado a nenhuma outra pessoa, tenho certeza. Parecia um tanto perturbada, admito, mas me fascinava. Eu mal disse uma palavra. No final, perguntei-lhe por que me havia contado tudo aquilo. Eu era apenas um escritor entre tantos outros, e nem sequer um grande escritor. Ela me respondeu: «Há três ou quatro anos, o acaso me levou ao seu *Do inconveniente de ter nascido*, e antes mesmo de tê-lo lido eu sabia que era o meu livro, escrito para mim». E foi embora, a doente cuja vida eu então conhecia. Veja que as pessoas me interessam, mas somente quando estão desassossegadas, quando vão mal.

HP

Mas não acontece a todo adulto de «ir mal»?

EC   Sim, mas em graus distintos. É preciso que tenha havido um golpe duríssimo na vida. Eu gostava dessa senhora como uma pessoa que ia realmente mal e porque ela me contou coisas que nunca mais contará a alguém. Foi algo excepcional, e, se me pergunto a respeito daquilo de que mais gosto na vida, é desses encontros excepcionais em que nos contamos tudo. Com pessoas às quais conto tudo e que me contam tudo. Talvez seja para mim a única justificativa da vida, tais encontros excepcionais. E talvez seja também o meu maior êxito, se é que se pode falar em êxito.

HP

Mas esse encontro excepcional não estabelece laço algum?

EC   Não. Mas tem algo transcendental. É como se tivesse acontecido em outro planeta, fora do tempo. Não tem história. Nem antes, nem depois. Há algo eterno.

Conversa publicada sob o título «Ein Gespräch mit dem Schrifsteller E.M. Cioran» no jornal alemão *Süddeutsche Zeitung*, n. 31, em outubro de 1978.

Notas:

[1] «Fracassado». [N. T.]

Conversa com
Jean-François Duval

J-FD

Como começar esta conversa? Você diz que nossos instintos são roídos pelo diálogo.

EC   Quando se fala, assim como quando se escreve, nada se resolve. Exceto interiormente. Descarrega-se. Esvazia-se um tanto. Olha-se com certo desprendimento para as questões embaraçosas, inquietantes... Amola-se menos. É este o sentido da conversa.

J-FD

Uma conversa a respeito da sua obra não poderia, por outro lado, permitir dissipar alguns mal-entendidos eventuais?

EC   Não sou contra o mal-entendido. É evidente que prefiro que o que se escreve sobre mim seja exato. Mas me parece que o mal-entendido pode ser frutífero. Porque faz com que as pessoas pensem. Enfim, não é uma teoria...

J-FD

Você ficaria descontente se sua obra fosse objeto de teses universitárias?

EC   Há algumas teses sobre mim. Mas sou contra as teses, contra esse gênero. Você sabe que vim a Paris para fazer uma tese? Eu havia passado em um concurso de filosofia na Romênia e fui professor de colégio durante um ano, e então falei: vou fazer uma tese em Paris. Era preciso um pretexto... Eu menti, claro. Nem sequer me preocupei em procurar um tema, escapuli para o Ocidente. E rompi totalmente com a universidade. Sou até mesmo um inimigo da universidade. Considero-a um perigo, a morte do espírito. Todo ensino, mesmo bom!, mesmo excelente!, é ruim, no fundo, para o desenvolvimento espiritual de alguém. Por isso considero que uma das melhores coisas que fiz na minha vida foi romper completamente com a universidade.

J-FD
Mas não com toda a tradição à qual você se vincula: Pascal, Baudelaire...

EC São os dois franceses em que mais penso. Parei de lê-los há muito tempo, mas penso mais do que o razoável em Baudelaire e Pascal. O tempo inteiro me refiro a eles, sinto uma espécie de afinidade subterrânea com eles. Então – é bastante curioso – um professor importantíssimo na Espanha escreveu um artigo sobre mim, dizendo que eu me aparentava a todos os moralistas franceses, exceto Pascal! Quando li isso, falei: que asneira! Porque um dos grandes momentos da minha vida, um momento vertiginoso, aconteceu em Bucareste, quando eu tinha dezessete anos e li, numa biblioteca pública, aquilo que Pascal escrevera à sua irmã, que pedia-lhe para se cuidar: você não conhece os inconvenientes da saúde e as vantagens da doença. Isso me arrebatou! Era praticamente o sentimento que eu tinha da vida na época. Posso até dizer que foi essa frase de Pascal que fez com que eu me interessasse por ele mais tarde.

J-FD
Mas esse seu Pascal foi o primeiro Pascal?

EC Sim, sim, o Pascal puramente subjetivo, o Pascal exemplar! É do Pascal cético, do Pascal dilacerado, do

Pascal que poderia não ter sido religioso, do Pascal sem a graça, sem o refúgio na fé, que me sinto próximo. É deste Pascal que me sinto aparentado... Porque se pode perfeitamente imaginar Pascal sem a fé. Aliás, Pascal não é interessante senão por esse lado... Durante toda a minha vida pensei em Pascal. O aspecto fragmentário, sabe, o homem do fragmento. O homem do momento, também... Há mais verdade no fragmento.

J-FD
É que, assim como ele, você é o homem do fragmento, seus escritos são fragmentários.

EC Sim. Tudo. Mas no meu caso é por outra razão. Eu me entedio. Quando me ponho a desenvolver algo, chamo-o de frivolidade. A meu despeiro, aprofundei certas coisas, já que tudo o que escrevi orbita as mesmas coisas. Mas não gosto de insistir, não gosto de demonstrar. Não vale a pena. Quem demonstra são os professores.

J-FD
Você é como aquele tirano cuja figura você evoca a certa altura, que não se preocupa em dar explicações. Você não demonstra, apenas afirma.

EC Exato! Eu não demonstro. Avanço por meio de decretos – entre aspas, certo? O que eu afirmo é resultado de algo, de um processo interior. E dou, se você preferir, o resultado, mas não escrevo o percurso ou o processo. Em vez de publicar três páginas, apago tudo exceto a conclusão. É algo por aí.

J-FD
Aforismos e fragmentos... Em ambos os casos, há a vontade de não dizer muito, de reter-se ao mínimo.

EC É exatamente isso. Não converter as pessoas. Não as convencer. Não gosto de convencer.

J-FD

Nietzsche respeitava Ralph Waldo Emerson como um mestre do aforismo. Ele considerava também que explicar é encolher-se, aviltar-se.

EC Li muito pouco de Emerson. Não sei por quê. Mas mal o conheço. Por outro lado, tenho a desgraça de ter lido muito. E, por exemplo, interessei-me muito pela poesia de Emily Dickinson, uma grande poeta, enorme!, que lia muito Emerson. Ela era um objeto de culto para mim – ainda é. Então eu deveria ter lido Emerson. Alguns outros escritores buscaram nele referência. O próprio Nietzsche, inclusive, em sua juventude. De qualquer forma, li algumas de suas coisas, mas não posso dizer que o conheço. Veja, para falar a verdade, acredito que um escritor apenas existe caso seja relido. Quando digo que gosto de algo ou que li algo, significa que reli. Várias vezes. Ler um livro uma única vez não significa coisa alguma. Por exemplo, conheço muito bem Dostoiévski, mas já o li cinco ou seis vezes. Ou Shakespeare. Ler uma vez é tomar conhecimento de algo, nada mais. Todos os escritores que contaram na minha vida, eu os reli.

J-FD

Você com razão é considerado um mestre do aforismo. Nas enciclopédias, atribui-se a você também, com frequência, o rótulo de niilista.

EC É um rótulo como outro qualquer... Deixa-me completamente indiferente. Não sou um niilista. Seria possível dizer que sou, mas isso não significa nada. Para mim é uma formulação vazia. Seria possível dizer, de forma simples, que tenho uma obsessão pelo nada, ou, antes, pelo vazio. Isso sim. Mas não que sou niilista.

Porque o niilista, no sentido corrente, é um sujeito que esculhamba tudo com violência, com segundas intenções mais ou menos políticas, ou Deus sabe o quê! Mas no meu caso não é nada disso. Então seria possível dizer que sou niilista no sentido metafísico. Mas mesmo isso não abrange nada. Prefiro o termo «cético» – ainda que eu seja um falso cético. Se você preferir, sou alguém que não acredita em nada, e é nessa direção que... E nem isso é verdade!

J-FD
Cada palavra é uma palavra em excesso, você escreve em *A tentação de existir*.[1] Como conciliar isso com sua preocupação formal, sua preocupação com o estilo? Não é contraditório?

EC Veja, eu penso o seguinte. Comecei a escrever em francês aos 37 anos. E pensava que seria fácil. Eu nunca havia escrito em francês, exceto cartas para mulheres, cartas muito pontuais. E, de repente, tive dificuldades imensas para escrever nessa língua. Foi uma espécie de revelação, essa língua completamente esclerosada. Porque o romeno é uma mistura de eslavo e latim, é uma língua elástica ao extremo. Pode-se fazer o que quiser com ela, é uma língua que não está cristalizada. O francês, por sua vez, é uma língua estagnada. E me dei conta de que não poderia me permitir publicar o primeiro fluxo, que é o fluxo verdadeiro. Não foi possível! Em romeno, não havia essa exigência de clareza, de transparência, e compreendi que em francês era preciso ser transparente. Comecei a ter o complexo do meteco, o sujeito que escreve numa língua que não é a sua. Sobretudo em Paris... É bem importante. Venho de uma província da Romênia, a Transilvânia, que pertencia à Áustria-Hungria. Ela dependia de Viena antes da guerra de 1914. E, como nasci antes da guerra de 1914, era austro-húngaro. Nessas regiões, falavam-se alemão, húngaro etc. Mas meus pais não sabiam uma palavra de francês. Por outro lado, em Bucareste, a capital, todo mundo era afrancesado. Todos os intelectuais falavam francês fluentemente. Todo mundo! E eu cheguei como estudante em meio a essa gente... É evidente que desenvolvi um complexo de inferioridade.

E, quando cheguei a Paris, não escrevi uma palavra em francês durante dez anos, exceto – como já disse – cartas muito pontuais. Então, de repente, em 1947, quando estava na Normandia, percebi que era um absurdo! Por que escrever em uma língua que ninguém conhece? Rasguei tudo o que havia escrito. Voltei a Paris com a ideia de nunca mais escrever na minha língua materna. Impus-me uma espécie de disciplina: queria escrever um francês se possível claro e transparente, sem me deixar impressionar pelos poetas contemporâneos. E no fim escrevi um tipo de francês convencional, meio abstrato. Mas em francês eu só podia escrever esse tipo de coisa. Eu sei francês, digamos, por essas nuances abstratas. Mas então, pode-se perguntar, por que essa preocupação com o estilo? Bem, porque você sabe que Pascal... Há as *Provinciais*[2] que ele escreveu dezessete vezes! Então falei para mim mesmo: se Pascal redigiu dezessete vezes suas *Provinciais*, eu, como meteco, devo afinal fazer um esforço... Veja, eu tinha escrito um ou dois livros em romeno de primeira! Nem mesmo os reli, era um único fluxo! São mal escritos, naturalmente. Eu não tinha esse tipo de complexo. Mas, quando vi Pascal e todos esses escritores franceses que eram obcecados pela língua, fiz um esforço considerável. Por exemplo, escrevi muito rapidamente o *Breviário de decomposição*. Foi tudo de um fluxo só. E o reescrevi quatro vezes. Tudo! Eliminando muitas coisas. É evidente que o livro perdeu muito de sua espontaneidade. Mas tratou-se de dar-lhe mais consistência. E sumir com o meteco, dentro do possível. Agora, você tem razão de apresentar o problema: se tudo está em dúvida, por que tentar formulá-lo bem? Mas também por que escrever? É verdade. São incompatibilidades inevitáveis.

J-FD
Alguns escritores – seus contemporâneos – buscaram dar conta de um certo deslocamento geral das coisas por meio do estilo.

EC Sim, mas eles podem fazê-lo na sua relação com o idioma. Não um sujeito como eu, porque se o tivesse feito alguém diria: mas ele não sabe francês. Teria sido fácil participar das vanguardas como estrangeiro. Bem fácil... Mas eu queria transportar certas sensações ao plano das ideias. E portanto não eram coisas expressas diretamente, senão coisas formuladas. E, quando se formula, é preciso ter clareza. O que escrevi são formulações. Por isso fiz esse esforço de estilo. Não sou um poeta, tampouco um escritor, em certo sentido. Eu me disse: já que tomei a decisão de escrever em francês, vou jogar o jogo. E, como já disse, esse complexo de inferioridade – não sei que outra palavra usar, tenho horror dessa expressão, mas enfim! – desempenhou um papel enorme. Sobretudo porque estudei o idioma. E quando vi, na história da literatura francesa, o quanto isso causou apreensão nos escritores... Enquanto na literatura alemã isso não existe; ninguém fala da dificuldade de escrever, ao menos não no plano da expressão. É uma obsessão francesa. E foi isso que me atingiu. Agora, no caso dos textos puramente literários, acredito que não se deva sobretrabalhar o texto.

J-FD
Seu classicismo estilístico não é um pouco anacrônico?

EC Para mim, isso não importa. Porque quem me lê o faz por uma espécie de necessidade. São pessoas que têm, como se diz, problemas – eu vejo pelas cartas que recebo. Gente deprimida, angustiada, obcecada, gente infeliz. E que não presta nenhuma atenção ao estilo. Gente que se reconhece mais ou menos nas coisas que formulei. No entanto, não me perguntei se é uma questão atual ou não, se está na moda ou não. Não se pode dizer que seja atual, é um estilo bastante neutro, um estilo que não é imagético, um estilo que não pertence a nenhuma época exata. Há um aspecto anacrônico, é evidente. Isso não conta tanto assim.

J-FD
Você diria que seu estilo em francês é resultado de uma restrição que você se impôs?

EC Não. Apesar de tudo, é meu modo natural. Acontece que é trabalhado. Não me é uma violência. Pensei em uma maneira de traduzir as coisas. Mas não me impus uma forma. E é evidente que tenho dois modos. Há um modo violento, explosivo, e o modo sarcástico, frio. Há alguns textos meus que são bastante violentos, bastante histéricos. Há outros que são frios, quase indiferentes. De qualquer maneira, tudo o que escrevi foi um tanto agressivo, não se deve esquecê-lo. E tento ao máximo abrandar um pouco disso.

J-FD Há pouco você dizia: por que escrever? A pergunta permanece.

EC Para mim mesmo. Percebi que formular me fazia bem. Porque este problema me foi colocado mais de uma vez. Em especial por dois estudantes na Espanha – o único país em que tive algum eco. Não é um sucesso de livros, de vendas. Mas desperta algo. E fico contente porque sempre tive um fraco pela Espanha. Por outro lado, na Alemanha, na Inglaterra, nada! É algo secundário... Recebi então de dois estudantes andaluzes uma carta que me impressionou extraordinariamente, dizendo: sua visão da vida exclui a escrita, você mesmo o afirma! Respondi: no fundo, tudo o que escrevi foi por necessidade imediata, eu queria me desprender de um estado que me era intolerável. Considerei então, e ainda considero, que o ato de escrever tem uma espécie de função terapêutica. Esse é o sentido profundo de tudo o que escrevi. E dei a esses estudantes uma espécie de explicação mais concreta daquilo que entendo por função terapêutica. Eu disse, veja: se vocês detestam alguém, basta pegar um pedaço de papel e escrever dez, vinte, trinta vezes «Fulano é um filho da puta, Fulano é um filho da puta...». E depois de alguns minutos já se estará mais manso e o odiará menos. Pois bem, para mim o gesto de escrever é exatamente isso, atenuar uma certa pressão interior, abrandá-la. Terapêutico, portanto. É verdade que – insisto nisso – parece um pouco ridículo, mas é a verdade. Para mim, o gesto de escrever foi saudável ao extremo.

Alguém pode então perguntar: mas por que publicar? Continuo: publicar é igualmente importante, ao contrário do que se acredita. Por quê? Porque, uma vez que o livro é publicado, as coisas ali expressas se tornam exteriores, não totalmente, mas em parte. Então o descarregamento esperado é ainda maior. Já não pertence a você. Você se desvencilha de algo. É como na vida, todo mundo diz: o sujeito que fala, que conta sua miséria, está livre. E é o sujeito mudo, o sujeito taciturno que se destrói, que desmorona, ou que talvez cometa um crime. Mas o fato de falar liberta. O mesmo com o fato de escrever. São coisas muito evidentes, mas eu as experimentei. Então digo a todos: publiquem seus manuscritos, tanto faz, sempre fará algum bem. E todas as obsessões das quais você fala terão menos importância para você...

Por exemplo, durante toda a minha vida fui assombrado pela morte, mas o fato de ter falado sobre ela fez com que... a morte siga me assombrado, mas menos. São problemas que não se podem resolver, são obsessões justificadas – não são obsessões, são realidades imensas... Escrevi sobre o suicídio, mas sempre expliquei: escrever sobre o suicídio é vencer o suicídio. Isso é importantíssimo.

Mas em teoria eu não deveria escrever uma só palavra, nem publicar. Se eu fosse absolutamente fiel a mim mesmo. Mas não posso sê-lo na medida em que, apesar de tudo, tomei o controle; em que quis me acomodar um pouco à existência. Foi preciso aceitar esse tipo de complacência, de transação, o que me permitiu viver. Estou absolutamente convencido de que, se não tivesse escrito, teria me suicidado. Tenho certeza. Mas projetei essas coisas no exterior, escarrei-as.

J-FD

Publicar é colocar o outro no jogo?

EC   Mas não se pensa no outro. Quando se escreve, não
se pensa em quem quer que seja. Quando se escreve
o que escrevi. Para mim, a humanidade não existe
quando escrevo. Não estou nem aí. E, quando se publica, não se pensa que será lido. Com certeza não!
É até inacreditável a que ponto me espanto quando
alguém me leu. Estou certo de que meus livros são
sobretudo livros que ajudaram pessoas. É por isso que
me considero um marginal, fora da literatura. Queria
apenas dizer como me sentia. Eu sou, como disse certa
vez, metafisicamente marginal. Dito isso, sua objeção
permanece. Porque normalmente seria preciso estar
plenamente de acordo com aquilo que se é.

J-FD
Você escreve para si. E, no entanto, você recorre de bom
grado ao «nós», cujo uso você aliás condena: «o plural implícito do 'se' e o plural confesso do 'nós' constituem o refúgio
confortável da existência falsa»,[3] você escreve no *Breviário
de decomposição*.

EC   É um «nós» que não o é. Quando digo «nós», muitas vezes quero dizer «eu». De forma alguma é aquele
«nós» do político, o «nós» do profeta ou Deus sabe
o quê, que fala em nome de outros. Definitivamente
não é a multidão, não tem nenhum sentido coletivo.
Nunca falei no nome de quem quer que seja. Mas é
para evitar o «eu» que é impossível em certos casos,
e para dar uma aparência objetiva às minhas coisas
subjetivas. É um truque literário, por assim dizer, para
diversificar as reviravoltas. E para dar um caráter objetivo a certas afirmações... E todavia não sou nem eu,
necessariamente! Transborda-me, porque vale também
para outros.

J-FD

O literato: um indiscreto que desvaloriza suas misérias, as divulga, as reverbera: um despudorado. Uma frase sua. Autorretrato?

EC Há algo indecente em se exibir, mas, no momento em que escreve, você não se exibe. Você está sozinho consigo. E não pensa que aquilo um dia será publicado. No momento em que escreve, só há você, ou você e Deus, mesmo que seja cético. É este, na minha visão, de fato, o ato de escrever, um ato de solidão imensa. O escritor apenas faz sentido nessas condições. O que se faz para além disso é prostituição. Mas a partir do momento em que você aceitou existir, deve aceitar a prostituição. Para mim, todo sujeito que não se suicida está prostituído, em um certo sentido. Há graus de prostituição. Mas é evidente que todo ato participa da marcha.

Mas eu sempre disse que há dois impulsos em mim. Lembre-se de Baudelaire, justamente, dos postulados contraditórias, do êxtase e do horror da vida... Quando se conhecem esses postulados contraditórios, como ele os chama, é lógico que haverá contradições, coisas condenáveis, impuras em tudo o que se faz. Você oscila entre o êxtase e o horror da vida... Ninguém é santo. As pessoas mais puras são aquelas que não escreveram, que nada professaram. São casos-limite. Mas, a partir do momento em que se aceita, em que se esbraceja para viver – para não se matar, digamos –, aceita-se certa complacência. O que chamo de impostura. Para mim, há aqui um sentido filosófico, evidentemente. Todo mundo é impostor, mas há também graus de impostura. Mas todos os seres vivos são impostores.

J-FD

O discurso tem então um valor terapêutico para você. Deve-se atribuir isso à psicanálise, que você parece condenar?

EC O discurso é obrigatório na psicanálise e por isso se torna tortura. É perigosíssimo. A psicanálise termina por levar as pessoas ao transtorno completo. Há casos em que o tratamento psicanalítico é indicado. Mas não é para todos. Conheci apenas desastres. Interesso-me pela psicanálise como fenômeno de época, não como terapia. E a meu ver até agora não se fez uma interpretação da psicanálise como etapa de civilização: por que agora? qual o sentido disso? Estou certo de que é um fenômeno bastante aflitivo e perturbador. A psicanálise, ainda, conseguiu o inverso daquilo que pretendia. Tornou-se cada vez mais vulgar.

J-FD

A psicanálise analisa, por definição, os processos. O que é antípoda da sua resposta.

EC Entre a sensação e a formulação há um espaço imenso. Entre o que se sente e o que se diz, o que se formula. Nada do que separa a sensação e a formulação é perceptível naquilo que escrevo. Seria normal que eu tivesse sido músico, pelo meu temperamento. É mais direto. Tudo o que é dito e tudo o que é formulado se desfaz na forma. Portanto o leitor deveria fazer um esforço imaginativo para remontar de formulação à sensação. Se eu tivesse dito tudo, seria possível recuperar o processo, mas o processo se dissipa naquilo que escrevo. Pode-se imaginar de onde saiu tal ou tal formulação. Mas é dificílimo remontar à origem, porque não expressei o percurso. Tudo o que escrevi pressupõe um percurso. É este o inconveniente, ou a vantagem, desse tipo de escrita ou de texto. É que não se desvela o processo. Seria preciso escrever confissões, escrever uma confissão expressaria tudo. Mas não é minha escolha. Não posso. Estes são meus limites, é evidente. Não sou um verdadeiro escritor, na minha opinião, porque o verdadeiro escritor teria buscado dar todos os ângulos, revelá-los, formular aquilo que aconteceu com ele. Quando escrevo, faço-o virtualmente... como posso dizer, é a vontade de algo final, terminal. Não de apresentar o processo. É evidente que o leitor pode se perguntar: mas de onde vem isso? de onde vem essa afirmação? Pode-se perguntar sobre o que se sustenta uma afirmação. Nada a sustenta. Mas é possível imaginar qual estado deu origem à formulação.

J-FD Você fala de confissões. Não há um aspecto do lamento romântico em você?

EC Sim. Senti-me bastante próximo do romantismo, sobretudo do alemão. Na minha juventude. E mesmo hoje não posso dizer que me desliguei por completo. O meu sentimento fundamental, o *Weltschmerz*,[4] o tédio romântico, não encontrou cura. Minha paixão pela literatura russa se deve em grande medida a isso. É a literatura que mais me marcou na vida. E sobretudo aquilo a que se chama, nas histórias da literatura, de byronismo russo. Porque, na minha visão, Byron era mais interessante na Rússia do que na Inglaterra, pelas suas influências. É desses byronianos na Rússia que me sinto mais próximo, e é então que realmente não me sinto um europeu ocidental; há, claro, episódios geográficos e de origem que interferem. Parte disso é verdade. Para mim, de todos os personagens de

Doistoiévski, Stavróguin é o que mais admiro e o que entendo melhor. No fundo, é um personagem romântico, que sofre o tédio.

Sinto-me muito menos romântico do que na minha juventude, é lógico. Mas o ponto de partida foi este: fui marcado pelo romantismo alemão na minha juventude. Por toda forma de romantismo, inclusive o romantismo francês. Se eu dissesse que uma das primeiras coisas que vi na França foi Combourg, o castelo de Chateaubriand – um escritor que já não leio há muito tempo! Uma das primeiras coisas que vi na França! Tem algum sentido, não? Porque senti uma paixão por sua irmã, Lucile de Chateaubriand. Li tudo sobre ela, poderia até escrever um livro. Na minha visão, é a figura mais bela do romantismo francês. Ela deixou apenas textos breves; não importa.

J-FD

Uma frase sua: «Duramos tanto quanto duram as nossas ficções». Ou ainda: «Enganar-se ou perecer». Isso lembra certos romances de Joseph Conrad, *Lord Jim* em particular.

EC Eu compartilho desse ponto de vista. Não li muito de Conrad – li três ou quatro livros, não mais. Mas gostei de tudo o que li. E gostei muitíssimo do personagem. Sabe por quê? Uma das razões pelas quais me interessei por ele é esta coisa extraordinária, uma das coisas mais desconcertantes que se podem imaginar: li em uma revista a parte do livro que sua esposa escreveu, em que ela conta o pedido de casamento... Conrad, como você sabe, era um navegador, um oficial da marinha. Um dia ele escreve à sua futura esposa: «Eu gostaria de conhecer a sua mãe». Ele as convida para um restaurante e diz à sua futura sogra: «Eu gostaria de me casar o

quanto antes, porque sei que não tenho muito tempo».
Gostei muitíssimo disso! Gostei bastante da visão que
Conrad tinha da vida em geral, é evidente.

Mas para dizer a verdade, sou quase incapaz de ler romances. Quase incapaz. Naturalmente, li muito Proust,
Dostoiévski, como já disse. Li muitíssimo na minha
juventude. Era uma espécie de doença, uma fuga. Se
alguma vez a leitura foi uma fuga diante da vida, foi
aqui! Eu me levantava às três, quatro horas da manhã.
E lia, como louco!, uma pilha de autores e tantos livros
de filosofia que já não consigo ler: parecem-me tediosos
e despropositados.

E há anos, quinze, vinte anos, sou incapaz de ler romances. Por outro lado, acredito que poucas pessoas no
mundo tenham lido tantos livros de memórias, tantas
autobiografias. De tudo! Toda existência, mesmo obscura. Você não imagina! Durante um ano inteiro, fiz
até uma antologia sobre o retrato nas memórias dos
moralistas franceses. Chamava-se *O retrato, de Saint-
-Simon a Tocqueville*. Li muita coisa que ninguém mais
leu – para buscar estes retratos. Um trabalho de cafetão. Fiz isso para uma fundação americana, porque
precisava de dinheiro. No fim, foi um fracasso e eles
nunca publicaram.

J-FD
O que te fascinava naquelas memórias?

EC Veja, trata-se também de enxergar como uma existência
termina. Quando tudo desanda. Em cada existência.
É um pouco mórbido. E também de como um sujeito
perde suas ilusões. Agora acabou, já não leio muito.
Mas durante anos foi uma espécie de doença, você

não pode imaginar a quantidade de livros que eu devorei. Enorme!

J-FD

Clamence, o personagem de *A queda* de Camus, não lê nada além de confissões...

EC   Esse é o livro que se passa na Holanda, não? Bom, foi o meu caso durante cinco, seis anos... Você não imagina o que eu devorei! Também porque não tenho destino exterior, sou um homem sem biografia; deve ter algo a ver.

J-FD

Mas você ainda lê?

EC   Prefiro ler a escrever. Apesar da obsessão de mim mesmo em que vivi, sou extrovertido, pois o próprio ato de ler o prova. Também me interesso pelo destino dos outros. Leio ensaios, coisas assim. Diários íntimos também. Sempre li muito e continuo a ler. É muito, muito curioso: vejo tantos sujeitos ao meu redor! mas eles não leem! Os escritores franceses não leem, não se interessam pelos outros... É evidente que, por outro lado, considerei sempre que é preciso fazer o mínimo. Não multiplicar os livros... Tem gente que me manda três ou quatro livros por ano...

J-FD

O *Breviário de decomposição* foi publicado apenas alguns anos depois de *O ser e o nada* de Sartre...

EC   Nunca li este livro. Por causa do estilo.

J-FD

O que quero dizer é que, enquanto sua obra for contemporânea à de Sartre e qualquer sujeito não engajado for considerado «canalha», você poderá escrever frases como: «Nunca ter a oportunidade de tomar uma posição, de se decidir ou de

se definir, não há voto que eu repita com maior frequência!».
É o completo oposto da moral sartriana.

EC Exatamente o oposto! No *Breviário de decomposição* há uma página contra Sartre, o capítulo que se chama «Sobre um empresário de ideias». Claro, existem alguns pontos em comum, porque li mais ou menos os mesmos filósofos. Li Heidegger na minha juventude. Não Husserl, ou muito pouco. Mas me sinto oposto a Sartre, a todas as suas posições, e até mesmo a suas ações na vida. Embora o personagem não me seja antipático. Sinto uma espécie de simpatia. Apesar de tudo, há lados generosos naquele indivíduo. Mas há ainda assim uma ingenuidade que me é incompreensível. O que digo não é negativo. Até Nietzsche me parece bastante ingênuo. Afastei-me de Nietzsche, por quem tinha tanta simpatia, tanta admiração. Mas me dei conta de que havia nele um lado excessivamente juvenil. Para mim. Porque eu era mais degenerado do que ele, mais velho. Ainda assim, eu conhecia melhor os homens. Eu tinha uma experiência da vida, do homem, mais profunda do que ele. Não o gênio. Mas qualquer um, um porteiro pode ter experiência maior do que um filósofo. Embora não tenha biografia, como disse, eu vivi. Nietzsche era um solitário... No fundo, ele conheceu as coisas apenas de longe.

J-FD
Nietzsche, ingênuo? Você pode explicar?

EC Aquele lado adolescente genial e impertinente que ele conservou. Ele não esbarrou nos seres. Viveu muito intensamente. Um gênio imenso. Mas não conheceu a lassidão do sujeito que vive em uma cidade grande. Que esbarra nos outros. Como é o meu caso.

J-FD

Você acredita que o homem é fundamentalmente mau?

EC Não. O homem é um abismo, digamos. Por essência. Antes mau do que bom. Disso não tenho dúvidas. Nietzsche também pensava assim. Mas Nietzsche era um sujeito puro, como todo solitário. Por isso me sinto bem mais próximo de La Rochefoucauld, dos moralistas franceses, dos sujeitos assim. Na minha visão, foram eles que enxergaram o homem, porque viveram socialmente. Eu não vivi socialmente, mas conheci muitos homens, tenho uma experiência grande do ser humano, apesar de tudo. Nietzsche não tinha.

J-FD

Nietzsche era puro. E era um homem... Então as duas coisas não são de todo incompatíveis...

EC Ele era puro como os solitários. Mas não conheceu todos os conflitos que existem entre os seres, as interioridades, tudo isso, justamente porque viveu sozinho. Ele os predisse, naturalmente, e pensou muito a esse respeito. Mas a experiência verdadeira do homem aparece em Chamfort, ou em La Rochefoucauld. Sem dúvidas, se Nietzsche tivesse vivido socialmente, teria visto as coisas mais ou menos como eles, e não livrescamente. Porque não viveu.

J-FD

E no fundo desse abismo? A catástrofe?

EC Eu acredito na catástrofe final. Para um pouco mais tarde. Não sei que forma ela terá, mas tenho a certeza de que é inevitável. Toda previsão é arriscada e ridícula. Mas sente-se bastante bem que as guinadas são ruins e que isso pode não acabar bem. Àquele que pede sempre um argumento, conto esta anedota. Um dia, quando ia ao Louvre, tive de atravessar o Sena. Há sempre um número enorme de carros na rua paralela ao rio. Não notei a mudança do semáforo e continuei. De repente me vi encurralado no meio do asfalto, cercado por centenas de carros... Então tive como que uma iluminação: Inferno! Como uma coisa assim foi possível! Uma monstruosidade! Que o homem tenha chegado a isto! Já chega! Não é preciso um argumento. Inferno!

Um dia desses, um filósofo veio aqui me ver. Nunca me dou bem com ele, porque para ele tudo é cor-de-rosa. Ao sair daqui, continuamos a conversa na rua. Dirigimo-nos à bifurcação do Odéon e ele me disse: «No fundo, você sabe, a frase de Marx segundo a qual não existe problema que não se possa resolver...». E nesse momento vimos um engarrafamento imenso. Tudo estava bloqueado. Eu disse: «Dá uma olhada! Veja este espetáculo! O homem criou o carro para ser independente e livre. É este o sentido do carro, e veja no que deu».

E tudo aquilo que o homem faz acaba dessa maneira. Tudo acaba por ser bloqueado. Esta é a humanidade, o aspecto trágico da história. Tudo o que o homem inventa termina com o avesso do que se havia concebido. A história toda tem um sentido irônico. E chegará um momento em que o homem terá feito exatamente o contrário de tudo o que queria. De um modo superevidente.

J-FD

Por que esta fatalidade?

EC No momento em que alguém sai do seu molde original... O homem nasceu para viver como os animais – e se lançou em uma aventura que não é natural, que é estranha. E então já não há um modelo de existência fixado em definitivo. Mas essa aventura do homem é anormal, volta-se necessariamente contra ele. O homem, que apesar de tudo é um animal genial, tem o destino do sujeito que se envolve com algo fantástico, mas que arca com as consequências disso. Porque é excepcional em excesso para que acabe bem. Segue um caminho que somente pode levar à ruína... Não é pessimismo. Nunca afirmei a invalidez do homem. Considero apenas que o homem tomou um caminho ruim e que não conseguiria não o fazer.

Conversa inédita de junho de 1979 com Jean-François Duval, jornalista e escritor suíço.

Notas:

[1] *La tentation d'exister*. Inédita no Brasil. Ed. port.: E. Cioran, A tentação de existir. Trad. de Miguel Serras Pereira e Ana Luísa Faria. Lisboa: Relógio d'Água, 1988. [N. T.]

[2] *Les Provinciales*. Ed. bras.: B. Pascal, As provinciais. Trad. de Roberto Leal Ferreira. São Paulo: Filocalia, 2016. [N. T.]

[3] «Le pluriel implicite du 'on' et le pluriel avoué du 'nous' constituent le refuge confortable de l'existence fausse.» Há uma nuance bastante própria da língua francesa que cerca o primeiro dos pronomes citados e que tentei reproduzir na tradução: a impessoalidade do «on» [se], que produz um verbo reflexivo mas que pode também representar um grupo como «a gente». [N. T.]

[4] Um «cansaço do mundo», uma melancolia profunda. Neologismo empregado pelo escritor alemão Jean Paul Richter. [N. T.]

Conversa com
Léo Gillet

LG
Acabamos de ouvir essa litania dos títulos de seus livros, que são bastante eloquentes. Um dia, listei-os para uma pessoa que não conhecia sua obra. Ela exclamou: «Mas esse senhor não gosta da vida!». Esta lhe parece uma objeção séria? Você sente que esta observação marca como que uma incompreensão?

EC Não sei muito bem o que responder. Devo dizer que esses títulos são espalhafatosos demais, agressivos demais na minha visão. Quando escrevi meus primeiros livros, pensei que pararia por ali. Até então eu considerava um livro como uma espécie de altercação com a vida, como uma luta, um acerto de contas. O pensamento que me governava na época era: «Ou a existência, ou eu!». Um dos dois deve ceder. Eu considerava então que esses livros eram um ato de agressão. Depois escrevi um outro livro; mais tarde, outro. Unicamente porque eu era um homem desocupado, que nunca teve profissão. Era preciso, afinal, fazer algo. Fiz esses livrinhos, como você pode ver. É meio constrangedor falar dos próprios livros, mas já que estou aqui para fazer confissões: por que não as fazer? Quando publiquei meu segundo livro, *Silogismos da amargura,*[1] todos os meus amigos, sem exceção, disseram: «Você se comprometeu, é um livro insignificante, uma bobagem, não é sério». Falou-se dele apenas na *Elle*, a revista de moda, e houve um pequeno artigo na *Combat*, do meu amigo Guy Dumur – talvez você o conheça –, que citava Talleyrand para dizer que tudo o que é exagerado é insignificante. Pois bem, era ao meu livro que ele se referia. Se eu falo sobre esse detalhe, é porque quero revelar algumas manobras do mercado editorial, veja: é uma espécie de lavagem de roupa suja. Posso?

LG

Sim, claro.

EC Foram impressos 2 mil exemplares desse livro, em 1952, e eram vendidos por quatro francos; venderam-se 2 mil exemplares em vinte anos. E no fim, eu me disse: «As pessoas têm razão, o livro é pífio, não merece existir, enfim, merece seu destino». Quando a Gallimard o publicou como livro de bolso, há alguns anos, tornou-se uma espécie de pequeno breviário de uma juventude fora dos eixos, e atualmente é um dos livros mais presentes... Uma senhora veio aqui em casa não faz tanto tempo, uma mulher responsável pela edição, e me disse: «Eu dou qualquer coisa para que você escreva um outro livro desse tipo». Respondi: «Não posso..., não se escrevem essas coisas por encomenda». Mas para falar a respeito do destino do livro: nunca, mas nunca teria imaginado que este livro pudesse ser desenterrado. E isso não só na França, até na Alemanha publicaram há pouco um par de páginas sobre mim em um jornal de esquerda em Berlim, em que se fala deste livro em um artigo chamado «*Nichts als Scheisse*» (Pura merda). [*Risos.*] E eu apareço em um mar de excrementos, a ponto de me afogar. Mas o curioso é que o artigo não é contra mim. Normalmente seria uma surra, mas não.

Menciono tudo isso apenas para dizer que se pode prever qualquer coisa, menos o destino de um livro. Digo a todos os escritores que vejo: «Veja, não adianta fazer previsões, quando se escreve um livro nunca se sabe o seu destino. E isso vale para todo mundo, mas é preciso ter a experiência. Portanto é inútil criar ilusões ou afundar em depressão porque um livro não dá certo. Um livro esquecido ou malsucedido pode sempre ressurgir». Veja: eu, que não sou nem um pouco otimista, às vezes o sou. Não vou continuar, senão você vai me tomar por um vaidoso.

LG   De forma alguma, você está aqui para falar sobre você. Mas com alguma frequência você se engalfinha com as ideias em seus livros. Desde o início da sua obra você arremete, de alguma maneira, contra o pensamento em todas as suas formas. O que explica a degeneração do pensamento?

EC   Acredito que essa degeneração seja inevitável. Pois, assim que se concebe algo, apega-se a isso. Assim que se tem uma ideia, fica-se contente de tê-la. É o lado esnobe das ideias. Mas, para o público, para as massas, para o mundo inteiro, no fundo, uma ideia se apresenta forçosamente. Projeta-se tudo nela, pois tudo é afetivo. Eu diria que não existe real senão aquilo que é afetivo. Há um filósofo romeno em Paris chamado Lupasco,[2] que identifica a afetividade com o Absoluto. Como a afetividade existe, e projeta-se a afetividade nas ideias, toda ideia corre o risco de tornar-se paixão e, portanto, um perigo. É um processo absolutamente fatal. Não existe ideia neutra em absoluto, mesmo os lógicos são passionais. Faço uma pequena observação aqui. Todos os filósofos que conheci na vida eram pessoas profundamente passionais, impulsivas e execráveis. Seria possível esperar de sua parte, justamente, uma neutralidade. Afirmo – e não sei quantos filósofos conheci ao longo da minha vida, mas conheci uma quantidade considerável – que *todos* eram pessoas passionais e atravessadas por essa afetividade. Portanto, se aqueles aos quais corresponde manter-se em espaço ideal ou idealizado contaminam a ideia, se aqueles que justamente deveriam dissociar-se dela deslizam na paixão, como querer que a massa não o faça? O que é a ideologia, no fundo? A conjunção da paixão com a ideia. Daí a intolerância. Porque a ideia em si não seria perigosa. Mas, quando a acompanha um pouco de histeria, é o fim. Seria possível falar sem parar sobre isso, não há saída.

LG
Há uma outra fera sombria nos seus livros, que é a história. Você e a história não são grandes amigos...

EC Não acontece só comigo. O pensamento de Eliade[3] também é contra a história. No fundo, todos os povos do Leste Europeu são contra a história. E eu digo por quê. Os povos do leste, qualquer que seja sua orientação ideológica, preservam necessariamente um preconceito contra a história. Por quê? Porque são vítimas dela. Todos esses países sem destino do Leste Europeu são países que foram, afinal, invadidos e subjugados: para eles a história é obrigatoriamente demoníaca.
Aliás, vou dizer melhor: a história é a negação da moral. Ao se aprofundar na história, pensar sobre ela, é estritamente impossível não ser pessimista. Um historiador otimista é uma contradição de termos. Não consigo concebê-lo de forma alguma. Descobri a história como

disciplina teórica bastante tarde; na minha juventude eu era orgulhoso demais para ler historiadores. Na minha juventude eu lia apenas filósofos, então abandonei os filósofos e me meti a ler poetas. E por volta dos quarenta anos descobri a história que eu desconhecia. Bom, isso me *aterrou*. É a maior lição de cinismo que se pode imaginar. Pegue qualquer período da história, estude-o um tanto a fundo e as conclusões a se tirar são necessariamente terríveis. Para os povos do Leste Europeu, que sempre foram objeto da história, é algo execrável. Sempre tive uma visão, posso dizer, desagradável das coisas. Mas a partir do momento em que descobri a história, perdi toda ilusão. É realmente obra do diabo! Pense você, que já passou por isso, em todos os eventos a que assistiu de perto ou de longe: qual conclusão tirar deles? A de que todos os valores morais e outros de que se fala não têm nenhuma realidade, nenhuma eficácia. A história é um desdobramento fatal que o homem imagina poder domar. O que é falso. Neste sentido eu seria bastante fatalista, como todo o Leste Europeu. Todos lá são fatalistas, mesmo aqueles que fingem o contrário. E é compreensível. Mas, mesmo sem isso, se pensarmos bem: dominam-se as coisas em superfície, não com profundidade. O problema da liberdade é simplíssimo, de um ponto de vista filosófico: somos livres, temos a ilusão da liberdade nos gestos aparentes. Mas no fundo não somos livres. Tudo o que é profundo nega a liberdade. Há uma espécie de fatalidade secreta que governa tudo. A palavra alemã que o expressa muito bem é *Verhängnis*. Há um livro cujo título me fascinou e que dominou minha juventude, um livro que lamentavelmente é ruim, mas cujo título é extraordinário:

Bewusstsein als Verhängnis (A consciência como fatalidade). O livro é de um jovem chamado Seidel, que se suicidou após tê-lo escrito. Mas duas coisas sobreviveram a ele: seu suicídio e o título. O livro é ilegível.

LG   Voltemos à história e à questão de saber se há nela algum sentido. Deseja-se que a história tenha um sentido, assim como se deseja que a vida tenha um sentido. Você escreve: «As ondas, caso se pusessem a pensar, acreditariam que avançam, que têm um propósito, que progridem, que trabalham para o bem do mar, e não deixariam de elaborar uma filosofia tão tola quanto o seu zelo» (*Ébauches de vertige*).[4] De onde vem essa exigência do homem de dar um sentido às coisas?

EC   Veja, é porque todo homem que age projeta um sentido. Atribui um sentido àquilo que faz, é em absoluto inevitável e lamentável. Não se pode agir... Nunca fui capaz de fazer algo com minha vida. Por que não agi na vida? Porque não acredito no sentido. Pelo pensamento e pela experiência interior, descobri que nada tem sentido, que a vida não tem nenhum sentido. O que não impede que se projete um sentido enquanto se esbraceja. Eu mesmo vivi em simulacros de sentido. Não se pode viver sem projetar um sentido. Mas aqueles que agem acreditam implicitamente que aquilo que fazem tem um sentido. Do contrário, não se mobilizariam. Se tirarmos a conclusão prática da minha visão das coisas, permaneceríamos aqui até a morte, não nos moveríamos, não haveria nenhum sentido em sair do sofá. Minha existência como ser vivo está em contradição com minhas ideias. Como estou vivo, faço aquilo que os vivos fazem, mas não acredito naquilo que faço. As pessoas acreditam naquilo que fazem, pois do contrário não poderiam fazê-lo. Não acredito naquilo que faço, embora acredite um pouco, apesar de tudo: é essa mais ou menos a minha posição. Mas todas as pessoas que conheci na vida, todas as pessoas que fazem algo, todas as pessoas que têm um projeto acreditam nele, projetam nele um sentido. E isso que se experimenta na vida cotidiana, veja só, acontece também no nível da história. As pessoas não podem imaginar que esta história não tenha ao menos algum sentido. A história tem um *curso*, mas a história não tem um *sentido*. Se você pegar o Império Romano: por que conquistar o mundo para então ser invadido pelos germânicos? Não tem nenhum sentido. Por que a Europa Ocidental se debateu durante séculos para criar uma civilização que agora está visivelmente ameaçada em seu interior, uma vez que os europeus estão minados por dentro? Não é um perigo exterior qualquer que seja grave, mas eles estão amadurecendo seu desaparecimento. Toda a história universal é assim: em certo momento toda civilização amadurece o seu desaparecimento. Então nos perguntamos qual é o sentido desse desdobramento. Mas não há sentido. Há um *desdobramento*. Qual é o sentido? Por que fizeram catedrais? Veja Paris, que fez catedrais: tem agora a Torre Montparnasse. Fazer a Torre Montparnasse depois de ter feito catedrais: pode-se dizer então que a história tem um sentido? Que a vida de Paris tem um sentido? Não. Consome-se, faz-se algo e depois se desaparece. Mas esta história, da qual falei tão mal, se desdobra, por quê? Porque as pessoas sempre acreditaram em um sentido. A negação da história, no fim, é a filosofia hindu: a ação considerada como algo insignificante, inútil. É apenas a suspensão do tempo que conta. E de fato, se pensamos sobre as coisas, devemos parar de agir, de nos mover. Devemos nos atirar no chão e chorar.

LG
Dessa ausência de sentido, passo a um outro tema dos seus livros – o *vazio*. No entanto há dois tipos de vazio, se pensarmos bem. De um lado, há o horror do vazio e, do outro, a atração do vazio. Portanto de um lado há o tédio, o tempo que passa, e do outro há aquilo que um filósofo budista chamou de o néctar do vão, o que os budistas chamam de *shunyata*. Esse vazio do qual se diz: «Apenas a percepção do vazio permite triunfar sobre a morte, pois se a tudo falta realidade, por que a morte seria provida dela?». Você poderia me falar um pouco desses dois tipos de vazio?

EC Há de um lado o tédio e do outro o vazio como experiência metafísica. Para falar do tédio: todos o conhecem. Deixe-me fazer uma pequena exibição de saber: você sabe que o escritor que falou mais profundamente sobre o tédio foi Senancour. Ele escreveu um livro hoje esquecido chamado *Obermann*. Seu livro é aquilo que se poderia chamar de uma *cultura* do tédio.

E então talvez você se lembre nas *Memórias* de Saint-Simon[5] do retrato extraordinário que ele faz do Regente,[6] que é uma figura fascinante. O Regente é aquele que sucedeu a Luís XIV. Ele escreve que esse Regente era um sujeito incapaz de fazer o que quer que fosse. Exceto encher a cara todas as noites e então chamar as prostitutas. Talvez ele não tenha sido um mau líder. Mas mostrou não se interessar por coisa alguma. Então Saint-Simon diz algo extraordinário sobre ele: *nasceu entediado*. O retrato que Saint-Simon pinta na sequência é bastante atual. Diz que o Regente não poderia amar ou odiar quem quer que fosse. O vigor do amor e o vigor do ódio são um e o mesmo. Quando se é incapaz de odiar, se é incapaz de amar. De modo que o Regente deu o tom do século XVIII.

E teve como amante, por apenas duas semanas, a mulher que falou mais profundamente, ao lado de Senancour, sobre o tédio: a marquesa Du Deffand.[7] A marquesa já não é lida hoje, mas suas cartas são absolutamente extraordinárias. Estão entre as mais profundas que uma mulher já escreveu. De longe melhores que as da Madame de Sevigné.[8] Suas cartas se dirigiam a Walpole,[9] também a Voltaire, mas sobretudo a Walpole: tinha uns sessenta anos e escrevia cartas de amor a este jovem que lhe implorava para que parasse, pois as cartas, se abertas, poderiam comprometê-lo na Inglaterra. Mas por que ler essas cartas? Porque são a melhor descrição viva do tédio: *do tempo que não flui.* Do tempo sem objeto. É o tédio que beira o desespero. Essas cartas nunca foram reeditadas. Mas como experiência viva são extraordinárias.

Em seguida, há Chateaubriand. Ele dá a mesma definição de Heidegger para o tédio. Para ele, o tédio é a percepção daquilo que existe. É por meio do tédio que se veem as coisas, que se as percebem, e que se sente viver. Em *Atala*[10], Chateaubriand diz: *Eu não percebia minha existência senão no tédio*. No tédio, o tempo não flui. Cada instante se dilata e a passagem de um instante a outro não se dá, por assim dizer. A consequência é que se vive em um desapego profundo das coisas. Todo mundo conheceu o tédio. Tê-lo conhecido ocasionalmente não é nada. Mas ter conhecido um estado de tédio constante durante um período da vida é uma das experiências mais terríveis de que se pode sofrer. Acredita-se que apenas os velhos se entediam. Eu conheci o tédio sobretudo na minha juventude. É indiscreto, mas não importa: lembro-me com perfeição da minha primeira experiência consciente do tédio. Eu tinha cinco anos – é ridículo, mas enfim –, lembro-me da tarde, exatamente três horas, tive essa experiência que formulei mais adiante, senti o tempo se *descolar* da existência. Pois o tédio é isso. Na vida, a existência e o tempo caminham juntos, compõem uma unidade orgânica. Avança-se com o tempo. No tédio, o tempo se desata da existência e se torna *exterior* a nós. Ora, aquilo a que chamamos vida e ato é a inserção no tempo. Nós *somos* tempo. No tédio já não estamos no tempo. Por isso esse abalo extraordinário, o sentimento de desconsolo profundo, e devo ser objetivo: pode-se acabar gostando deste estado. Conheci essa espécie de complacência com o tédio na minha vida. Mergulha-se, chafurda-se no tédio. É uma experiência que pode ser aterrorizante, para dizer a verdade. Não me arrependo de tê-la conhecido; todos, aliás, a conhecem de uma maneira ou de outra. Mas insisto: o tédio contínuo, o tédio que se prolonga por meses, é o tédio verdadeiro. O tédio que dura meia hora, ou duas, ou uma tarde, está muito distante disso.

Pode-se ir até Baudelaire, que é o mais profundo poeta do tédio. Faço um pequeno desvio para os russos: durante todo o tempo de Lermontov e de Dostoiévski, há a experiência do tédio. É aquilo que se chama de byronismo russo que triunfou e cuja expressão mais extraordinária é o tédio de Stavróguin, dos *Demônios*. Há um tédio russo, vê-se de Gógol a Tchekhov; pode-se dizer que toda a Rússia czarista é a experiência do tédio. Insisto em dizer que considero *Os Demônios* a maior obra do século XIX. O melhor romance também em geral. E Dostoiévski, o maior escritor de todos os tempos, o mais profundo.

Passo agora ao vazio, que se assemelha em seu exterior ao tédio. Mas o vazio neste sentido definitivamente não é uma experiência europeia. É oriental, no fundo. É o vazio como algo positivo. É como convalescer de tudo. Subtrai-se toda propriedade ao ser. E, em vez do sentimento de falta, e portanto de vazio, é o sentimento de plenitude pela ausência. Portanto, o vazio como instrumento de salvação, por assim dizer. Como passagem, como caminho de salvação. Chama-se *shunyata*, e é a vacuidade. A vacuidade, em vez de causa da vertigem, como o tédio é para nós, é antes uma forma de vertigem. Não é uma experiência negativa, não mesmo. É uma espécie de encaminhamento para a libertação. Eu me permito apontar o seguinte: para mim, a escola filosófica mais avançada, aquela depois da qual, em todo caso, já não há nada a dizer, é a escola *Madhyamaka*, que integra o budismo tardio, que se situa em torno do século II da nossa era. Há três filósofos que a representam: Nagarjuna, Chandrakirti e Shantideva. São os filósofos mais sutis que se podem imaginar. São mais sutis que Zenão de Eleia. Se você preferir, para simplificar, imagine um Zenão de Eleia que recorresse à sua força dialética para destruir tudo e por meio dessa destruição libertasse o indivíduo. Não é de forma alguma, portanto, algo negativo. É – depois de ter arrasado *tudo* – não ter nenhum vínculo: é ser verdadeiramente desprendido, ser superior a tudo. Triunfou-se sobre o mundo: já não há coisa alguma. Para nós que vivíamos e vivemos na cultura ocidental, essa forma desmoderada de pensamento é chamada, enfim, de niilismo. Mas não é niilismo, uma vez que seu propósito, sua consequência, enfim, são uma espécie de êxtase vazio, sem conteúdo, e portanto um regozijo perfeito. Por quê? Porque já não há coisa alguma. E é assim que algo que para nós é negação para eles é triunfo. Esse é o lado verdadeiramente positivo das posições extremas do pensamento oriental. Portanto, aquilo que para nós é ruína para eles é conquista. Esta escola madhyamakana não é tão conhecida no Ocidente, eu mesmo falo com um ar de autoridade mas também não a conheço bem, pois há pouquíssima coisa escrita sobre ela e nem tudo está traduzido. Sabe-se dela por meio das traduções tibetanas, mas é de uma sutileza alucinante. E tudo isso para quê? Para libertar o espírito e o coração. Não é, portanto, uma dialética niilista, em absoluto, é um erro chamá-la de niilista. Nagarjuna destrói *tudo*, tudo, tudo, tudo, ele toma os conceitos da filosofia e os arrasa um depois do outro. E então há uma espécie de *luz*.

LG

Obrigado, você fala tão bem sobre isso. [Pequeno riso interior de Cioran.] Em *Écartèlement*,[11] você escreve: «Caso fosse possível ensinar geografia ao pombo-correio, de repente seu voo inconsciente, direto ao destino, seria impossível». E acrescenta: «O escritor que muda de língua se vê na situação desse pombo sábio e transtornado».

EC   Então outra vez vou falar sobre mim. Veja, eu cheguei à França em 1937. Nunca pensei que um dia me meteria a escrever em francês; no fundo, não me considero um escritor. Tornei-me escritor por acidente. E, enfim, nem mesmo isso é verdade. Seria preciso formular de outro modo. Era 1947, eu estava em uma cidade próxima a Dieppe, de férias, e me divertia traduzindo Mallarmé ao romeno. E de súbito falei: «Mas isso não faz sentido!». Eu estava na França havia dez anos, e por que traduzir Mallarmé ao romeno justamente agora? Eu disse: «Não! Vou largar isso tudo. Vou começar a escrever em francês». Voltei a Paris e comecei de imediato, por assim dizer. E escrevi a primeira versão desse livro que se chama *Breviário de decomposição*. Escrevi-a muito rápido. E mostrei esse manuscrito a um amigo, que me disse: «Não funciona, é preciso reescrevê-lo». Não o reescrevi, mas passei um ano inteiro lendo os autores do século XVIII. Inclusive a Madame Du Deffand, de quem falávamos há pouco. Li todas as mulheres do século XVIII. [*Risos*.] Mademoiselle de Lespinasse[12] e tal. E então montei uma segunda versão desse livro. E, para falar a verdade, reescrevi-o então quatro vezes. E escrever aquilo me esgotou. Veja por que eu o fiz: li que Pascal havia escrito *dezessete* vezes algumas *Provinciais*. É assombroso! Eu disse: «Se Pascal reescreveu algumas *Provinciais* dezessete vezes, por que eu, como meteco, não escreveria esse livro quatro vezes?».

Tenho que dar certos detalhes: a língua francesa é uma das línguas mais difíceis que existem. Você não pode imaginar o quanto. Uma língua como o romeno, mistura do eslavo e do latim, à qual falta completamente o rigor e que se pode escrever como quiser, certo? E em todas as línguas se pode escrever como quiser, exceto em francês. Eu estava em Paris e descobri duas coisas na França. O que significa comer. E o que significa escrever. Antes de vir para a França, eu comia como um bicho. Porque minha mãe *nunca* explicou: ao meio-dia nós vamos comer isso e isso. Eu *nunca* ouvi um comentário dizendo: isto é bom, isto é ruim. Nós comíamos e ponto. [*Risos*.] Minha família não era exatamente pobre, longe disso, mas não se considerava o ato de comer como parte da civilização. Embora eu não venha de um povo civilizado, mas, enfim, o problema não é este. Estamos falando de outra coisa. Mas veja o que aconteceu: quando cheguei a Paris, fui parar em um hotelzinho do Quartier Latin. Eu descia todas as manhãs para usar o telefone, e lembro-me de que no início eu ouvia a proprietária, o marido e o filho conversando: «Mãe, o que vamos almoçar hoje?». Juro: durante meia hora, eles se organizavam. Eu pensava que receberiam convidados. Aconteceu duas ou três vezes, e então falei: «É isso, comer é um ato intelectual. Faz realmente parte da civilização». E comecei, quando comia, a fazer comentários: «É bom». Comecei a comer de forma consciente.

Veja, o mesmo aconteceu com a escrita. Escrevi vários livros em romeno, todos mal escritos: eu achava que escrever não tinha importância alguma. Escreve-se para dizer as coisas, mas o modo de escrita, a expressão em si, não tinha para mim qualquer importância. Mas na França entendi que o ato de escrever participa de fato da civilização, assim como a comida. É exatamente o mesmo: um ato *consciente*. Tal qual não se pode escrever em francês de forma inconsciente. Houve alguém que desempenhou um papel importantíssimo quando comecei a publicar meus livros. Eu conhecia uma personagem do qual tentarei desenhar um pequeno retrato. Posso até dizer seu nome, não faz diferença, que era *monsieur* Lacombe, e que se arrastava pelo Quartier Latin. Era um homem com uma barbicha, maneta – tinha perdido um braço na guerra de 1914 –, e que era um grandíssimo conhecedor da língua basca. Ele nunca havia escrito coisa alguma, exceto alguns panfletos na juventude. Era riquíssimo, não fazia absolutamente nada e tinha do francês um conhecimento extraordinário. Era um *maníaco*: por exemplo, ia com frequência aos cursos da Sorbonne e, se um professor cometia algum erro de francês, ele contestava na sala! [*Dá um soco na mesa, risos.*] Exatamente o homem de que eu precisava. E, como éramos dois desocupados, nos víamos com frequência. Era um grande conhecedor da língua francesa. Mas, como eu dizia, com exceção de alguns panfletos em basco, nunca havia escrito coisa alguma. Tinha uma biblioteca impressionante. Aliás, era um erotômano, tinha uma coleção extraordinária sobre o assunto, da qual citava coisas obscuras. Ele abordava todas as mulheres nas ruas, ou quase todas. E seu prazer era conversar com as prostitutas. E o que me divertia enormemente era que repreendia as prostitutas pelos erros de francês. [*Risos.*] E pode parecer idiota, pode parecer ridículo, mas esse homem teve sobre mim uma influência extraordinária. Quando de fato terminei aquele *Breviário de decomposição*, disse ao *monsieur* Lacombe: «Tenho de lhe mostrar meu livro». Ele disse: «Puxa, se você quer...». Marcamos de nos encontrar em um café, apareci com meu manuscrito. Li uma página em voz alta e ele dormiu. Entendi que não havia o que fazer. Eu gostaria que ele o olhasse de perto: ele recusou. Mas até certo ponto eu devia, eu devo esse livro a ele. Com sua mania de meditar sobre as palavras, de corrigir todos, até mesmo os professores, ele contribuiu para aquilo que chamo de consciência do ato de escrever. Era justamente o que eu não tinha... E que só se desenvolveu profundamente na França. Apenas na França o fato de escrever é algo realmente sagrado. É um tanto idiota isso que acabo de contar, mas, enfim, é verdade por inteiro. Você sabe que durante a guerra de 1914, no *Bulletin des Armées*, já não me lembro como se chamava, *um terço* das cartas que chegavam se dedicava à crônica gramatical. E ainda hoje não é raro ver gente discutindo sobre palavras. Eu comentava isso com um irlandês, e disse-lhe que, na minha visão, apenas os franceses tinham esse culto da língua; ele me disse: «Não, há os irlandeses também». Mas isto não é verdade, os irlandeses são falastrões... Não é a mesma coisa. Falo do ato consciente de escrever. Se eu não tivesse vindo à França, talvez até escrevesse, mas jamais saberia que estava escrevendo. E há sobretudo a superstição da perfeição... Veja, quando se lê na biografia dos escritores, já não sei qual escritor reescrevia cada carta três ou quatro vezes... Então não há vacilos: não faz o menor sentido dizer, por exemplo, fulano escreve em um alemão perfeito. Isso não tem sentido algum. Nem mesmo para o inglês. De todo modo, ninguém o diz. Quando você lê, por exemplo, as crônicas literárias no *Observer*, no *Sunday Times* ou no *Die Zeit*, nunca ou quase nunca se diz «Está bem escrito». Esse é um conceito estritamente francês. Não existe em lugar algum. Conheço muitos estrangeiros, porque em Paris só vejo estrangeiros, escritores, e nunca se fala disso, um americano nunca vai dizer: «Está bem escrito». Essa é uma prerrogativa francesa. Veja, durante a insurreição de 68, como eu moro em frente ao Teatro Odéon, com frequência eu ia ouvir os discursos. E os estudantes diziam o tempo inteiro: «Mas por que nossos camaradas trabalhadores não vêm falar?». Então um sujeito disse: «Nossos camaradas trabalhadores não querem vir falar em público porque têm medo de cometer erros». A linguagem tornou-se, portanto, uma espécie de absoluto. Na história da humanidade é realmente um caso único. Já que falei do século XVIII, Madame Du Deffand menciona o caso de um certo Thomas, bastante conhecido na época, que esteve a ponto de não entrar na Academia por ter cometido um solecismo. É inaudito. Aqui, devo fazer um comentário: esse culto da língua, essa idolatria da língua está prestes a desaparecer. Agora há editores em Paris que dizem: «Deixe os erros de francês, não têm nenhuma importância. Desconsidere-os». Isso sinaliza uma virada muito grave. Mas faz parte da decadência geral. Não vale a pena insistir, vale?

LG Pode-se dizer que quase toda a sua obra está em fragmentos. De onde vem essa predileção pelo fragmento?

EC Porque sou preguiçoso. Para escrever algo contínuo, é preciso ser um homem ativo. Eu *nasci* no fragmento. Escrevi também textos contínuos, mas nem vale a pena citá-los. Agora só escrevo aforismos: sou vítima das minhas próprias ideias. Afinal tudo o que fiz foi atacar a literatura, atacar a vida, atacar Deus. Por que alguém nestas condições escreveria algo contínuo? Para provar o quê? Foi uma lógica inflexível que me conduziu a tal atitude, e é a que mais convém ao meu temperamento. Nunca escrevi algo sem partir dos dados vividos. Tudo o que escrevi, escrevi por causa de tal, tal e tal. Porque tive a vantagem de não ser professor, de não dar aulas, de não ter profissão, e portanto de não estar engessado por uma espécie de rigor intelectual. Sempre me considerei irresponsável. Então, para mim, escrever é dizer o que quero. Sem o prejuízo de me contradizer, isso não tem a menor importância. Não escrevi por honrarias ou sucesso. Durante tanto tempo, fui praticamente desconhecido na França. Exceto em alguns círculos muito restritos. Então disse: «É o que mais convém ao meu temperamento...». No fim, é verdade: sofri também a influência dos moralistas franceses. Admirei muito Chamfort, La Rochefoucauld e todos esses na minha juventude. Li Joubert, todos os moralistas. Mas é uma questão de temperamento. Sabe, escrever aforismos é bastante simples: você vai a um restaurante, uma senhora diz alguma besteira, isso inspira um pensamento, você volta para casa, você escreve. É mais ou menos esse o mecanismo, não é? Ou no meio da noite tem-se uma inspiração, uma formulação se insinua, três horas da manhã se escreve essa formulação. E no fim isso se torna um livro. Não é algo sério. Não se poderia ser professor em uma faculdade com aforismos. Não é possível. Mas acredito que, em uma civilização que se desintegra, esse tipo de coisa pode funcionar bastante bem. É evidente que nunca se deve ler um livro de aforismos de cabo a rabo. Porque se tem a impressão de um caos e de uma falta total de seriedade. Deve se lê-lo *unicamente* à noite, antes de dormir. Ou em um momento de desânimo, de desprazer. Não faz sentido ler Chamfort de cabo a rabo. Tais aforismos se destroem um ao outro. Os aforismos são generalidades instantâneas. É um pensamento descontínuo. Tem-se ali um pensamento que parece explicar tudo, aquilo que se chama de um pensamento instantâneo. Um pensamento que não contém muito de verdade, mas que contém um pouco de futuro. Nas experiências da vida, podem-se sempre verificar seu sentido e seu conteúdo. É uma dobra mental que se precisa ter. Na Rússia, na literatura russa, até onde sei não há aforismos. Na Alemanha, pouquíssimos. Apenas Lichtenberg e Nietzsche praticam esse gênero. Na Itália tampouco: o aforismo ainda é uma especialidade francesa. Mas é uma mistura de seriedade e falta de seriedade. Por vezes faço afirmações completamente insensatas que me são jogadas na cara. Posso muito bem dizer: «Veja, digo o contrário: basta virar a página». Não que eu seja um sofista, o moralista não é um sofista. Mas são verdades pensadas na experiência. São verdades falsamente fragmentárias. É preciso aceitá-las como tal. Mas, evidentemente, a vantagem do aforismo é que não existe a exigência de oferecer provas. Lança-se um aforismo como dá-se um tapa.

LG

Então você se interessa muito por filosofia oriental. Você vê alguma justificativa nessa diferença fundamental que se faz sempre entre o Ocidente e o Oriente?

EC Veja, eu não conheço o Oriente. Conheço um pouco o budismo. Também conheço um pouco a filosofia hindu. Devo dizer que considero a filosofia hindu como a mais profunda que já existiu. Naturalmente, pode-se dizer: há a filosofia hindu, depois a filosofia grega e a filosofia alemã como grandes sistemas. Mas a vantagem da filosofia hindu é esta, que é considerável: na Índia o filósofo é obrigado a praticar sua filosofia. Ele faz filosofia *em função* da prática: afinal busca-se a libertação. Não é um exercício intelectual. Há sempre um complemento. Enquanto isso, os grandes sistemas estabelecidos na Grécia e na Alemanha são construções em que não há tal relação com a experiência vivida. Elabora-se um sistema e ele permanece. Ninguém exige a um filósofo que seja também um sábio. E, aliás, não há sábios no Ocidente, pensando bem: quem é sábio? Montaigne. Mas lembre de algum depois de Montaigne... Depois houve Goethe, vá lá, mas o exemplo não é bom. Montaigne, sim, é um sábio. Mas na literatura francesa ou alemã ou inglesa não há sábios. Não é uma especialidade ocidental. Era uma especialidade da Antiguidade, mas uma Antiguidade decadente. No momento em que a filosofia começava a desmoronar. Enquanto isso, no Oriente não se podem imaginar os mestres taoistas como tratantes intelectuais ou professores. Não era uma profissão. Sua vida estava indissociavelmente vinculada a seu pensamento. E isso é, entretanto, algo capital. Pessoalmente, eu respeito não tanto os indivíduos que vivem seu pensamento, mas aqueles que estão diretamente mesclados na vida. Mas o filósofo ocidental é alguém que foi construído. Quando se pensa nos grandes, nos sistemas alemães, isso *nada* tem a ver com a vida. A filosofia ocidental é uma série de hipóteses que mais tarde deram origem a construções fantásticas, mas isso não surgiu da vida, tampouco foi elaborado a partir da vida. Na Índia, na China, toda a tradição filosófica o diz. Cito algo: isso vai dar uma ideia. Eliade me contou que seu professor de filosofia, Dasgupta,[13] que escreveu a maior história da filosofia hindu em inglês, disse-lhe o seguinte: «O maior pensador do Ocidente é o Mestre Eckhart».[14] Eu o mencionei recentemente a um filósofo alemão, que caiu no riso, achava algo totalmente idiota: e é, todavia, verdade. Pode-se dizer que o Mestre Eckhart é o pensador mais profundo que já nasceu no Ocidente. Não é de forma alguma um exagero ou uma aberração. Mas um tipo de pensador como o Mestre Eckhart é, acredito, um caso único. Além disso, o Mestre Eckhart era um escritor imenso. Acho que a ideia de Dasgupta é verdadeira. Mestre Eckhart de fato é um pensador que poderia ter nascido na Índia. Recomendo um livro impressionante: um livro publicado – pelo que me lembro – em 1927, de Rudolf Otto. Otto escreveu um livro sobre o sagrado, um livro banal de divulgação. Mas escreveu, entre outras coisas, uma obra que foi traduzida ao francês: em alemão chama-se *West-Östliche Mystik*.[15] Foi publicado pela Payot. Por que esse livro é tão interessante? Ele mostra os paralelos. A própria ideia de que possa haver ali alguma influência é impossível. Mas por meio de citações ele mostra um certo paralelismo. Mostra como as duas místicas evoluem com independência uma da outra para tocar os maiores problemas metafísicos. Por vezes até mesmo na linguagem há correspondências. É muito impressionante ver algo assim. Não sei por que esse livro foi esquecido. É um grandíssimo livro que ilumina muito bem o problema da mística. Veja, no fundo é preciso separar a religião da mística. Talvez não por completo, mas a mística é algo à parte. Foi por meio dos místicos que os ocidentais se aproximaram dos orientais. Também nisso a visão mística é *inconcebível* sem experiência. Um místico sem êxtase não existe. Portanto é preciso ter *atravessado*. O que é interessante é que a experiência mística é formulada quase nos mesmos termos em duas civilizações tão diferentes. Porque no fundo, se você pensar no êxtase – seja no Oriente ou no Ocidente, não importa –, há altitudes que forçam a linguagem. Onde quer que estejamos, somos obrigados a usar certas expressões. Há portanto uma semelhança nas alturas. Digamos: no vértice da vertigem. Então Rudolf Otto, um grande especialista na filosofia hindu, mostra – e é muitíssimo impressionante – como esses dois grandes pensadores místicos se conectam. Śaṅkara[16] era menos místico do que grande filósofo, enquanto Mestre Eckhart era de fato um grande místico e um grande filósofo. Chegam quase à mesma linguagem.

LG
Você diz que se interessa pela dimensão concreta dessa filosofia hindu e do budismo. O budismo não permite uma chegada à libertação unicamente pelo conhecimento. Há também práticas de meditação e exercícios...

EC Os exercícios nunca me interessaram, para ser honesto. Mas o budismo me interessa já há muito tempo: o budismo permite que se alcance uma religião sem ter fé. O budismo é uma religião que prescreve apenas o conhecimento. Ensina que somos apenas compostos, e que esses compostos se dissolvem, que não têm realidade, mostra sua não realidade. E então diz: agora arque com as consequências. Não quero me lançar na exegese do budismo, mas já que falo de mim, aproveito para falar da minha relação com o budismo. Durante muito tempo me considerei um budista. Eu falava, me gabava, tinha orgulho daquilo. Até que um dia me dei conta de que era uma farsa. Ainda hoje estou de acordo com todas as constatações negativas do budismo: não somos reais, tudo é uma mentira, tudo é ilusão... Mas a *trilha* que o budismo prescreve me é inacessível. A renúncia ao desejo, a destruição do eu, a vitória sobre o eu. Se você permanece apegado ao seu eu, o budismo é uma impossibilidade. É preciso, portanto, triunfar sobre si mesmo. Mas percebi que não poderia triunfar sobre mim. E que eu era obcecado por mim mesmo, como todos somos. Todos os não budistas. E, um dia, falei: «Esta impostura tem que acabar, seu budismo é uma mentira». E por anos vivi com autenticidade essa presunção inaudita, até me comparando a Buda. E é verdade que minha experiência da vida me conecta a Buda. Mas a visão de Buda da morte, da velhice, do sofrimento, é uma experiência que vivi e que ainda vivo. É a minha realidade cotidiana. Mas as soluções que Buda prescreve não são as minhas, pois não posso renunciar ao desejo. Não posso renunciar a *nada*. E, então, falei: «É preciso pôr fim a esta impostura. Sou um budista unicamente nos registros sobre o sofrimento, a velhice e a morte». Mas, quando Buda diz: agora é preciso renunciar ao desejo, triunfar sobre o eu, não posso. E não posso porque vivi na literatura e tudo o que escrevi, no fundo, gira ao meu redor. Seja de mim mesmo, seja do eu em geral. E o budismo é o exato oposto disso. E então, além disso, a grande ideia do budismo é a renúncia. E devo dizer que, quando olho em volta, vejo pouquíssima gente capaz de renunciar. Eu mesmo, para ser honesto, percebi que sou *incapaz*. Poderia contar um caso: conheci uma dondoca que o tempo todo me dizia ser budista. Era riquíssima. Como eu morava em hotel (vivi durante 25 anos em um hotel), falei para mim mesmo: «Eu também queria um apartamento». E aquela mulher tinha uma dezena de imóveis em Paris, então pedi-lhe para me dar um apartamento: «Já que para você o eu não existe, não vai fazer diferença alguma...». [*Risos.*] E no fim ela me disse: «Sim, veja só, no Quartier Latin eu tenho uma casa enorme, vou mostrar a você». Ela me levou ao último andar e disse: «São dois quartos, um no começo do corredor e outro no final». Ela me propunha aquilo como apartamento. Respondi: «Mas no hotel onde moro tenho dois quartos adjacentes no sótão. E você me propõe dois quartos cada um de um lado desse corredor imenso. E você me pede um valor mais alto do que pago no hotel!». Preciso dizer que levei isso a mal, muito mal, e a ataquei. Escrevi um artigo contra todos que se entusiasmam com a Índia. Disseram que ataquei Eliade. Não é verdade, nem um pouco. Eu ataquei aquela dondoca. E, no fim, falei para mim mesmo: «O que esta mulher é, você é também, porque no fundo você fala de triunfo, diz que é superior ao mundo, se dá ares de um grande metafísico, e no fundo faz o que todo mundo faz da vida». E me dei conta de que não temos a tessitura espiritual para nos tornarmos budistas. Pois o budismo apenas faz sentido se for vivido. Por exemplo: sou um homem raivoso ao extremo. Fico com raiva, não consigo me controlar. Este é um dos maiores pecados para Buda – a raiva. Embora tente, não consigo de forma alguma controlar a raiva. Aliás, vou citar um exemplo que me espantou muitíssimo. Como contar? No budismo, tudo o que é rancor, tudo o que é raiva, tudo o que é mau humor, tudo isso, até a *tristeza*, deve ser superado – e então é a serenidade. Sou incapaz disso.

Mas gostaria de citar o exemplo que me espantou tanto: não sei como contá-lo. Serei exato. Alguns dias antes da entrada dos alemães em Paris, alguém me disse que o dinheiro perderia completamente o valor. Eu tinha mil francos. Seria uma burrice perder aqueles mil francos. Eu só tinha um terno, podia ter outro. E fui aos boulevards para comprar um outro, mesmo estando plenamente consciente da indecência de ir comprar um terno quando tudo se esbarrondava. Entrei em uma loja na qual não havia ninguém, naturalmente. O vendedor me mostrou uma série de ternos. E, de repente, dei-me conta: «A burrice é comprar o terno!». E o sujeito me disse: «O senhor não gosta de nenhum?». Respondi: «Não...». Ele me disse: «Babaca!». E de imediato pensei: «Ele tem razão, comportei-me como um babaca, não é hora de comprar um terno, quando todo o país desmorona. Esse sujeito está certo em me dar uma lição». Foi isto. Aconteceu há quarenta anos. Há dois ou três anos, acordei no meio da noite, de um sobressalto: «Ah!», falei: «Ah!», com a vontade de degolar aquele sujeito. Que eu tinha esquecido por completo, que havia por completo saído da minha cabeça, era uma história totalmente esquecida. E, quase quarenta anos depois, acordei sobressaltado pensando em matar o sujeito! Em vingar aquele insulto de me chamar de babaca. Então, falei: «Se um pensamento tão ruim pôde existir em mim subterraneamente durante quarenta anos, um pensamento que estava enraizado em mim, estou então marcado pelo pecado original, sou uma criatura caída, não tenho um destino espiritual. Li todos os grandes místicos, devo dizer, mas no fundo não tenho a tessitura de um místico, porque não concebo que um místico seja capaz de guardar rancor de um sujeito por quarenta anos...». Essa foi para mim uma lição de modéstia fantástica. O exemplo que dei é meio idiota. Mas é, mesmo assim, muito importante neste âmbito de não ceder à mentira. Afinal, é evidente que nas coisas espirituais se é facilmente tentado pela mentira. E que caímos sempre em ilusões sobre nós mesmos. No budismo, a ilusão é a ignorância. E todas as desgraças do mundo se devem à ignorância, segundo Buda.

LG

Você nasceu na Romênia, em uma região onde convivem alemães, húngaros e romenos chamada Transilvânia. Seu pai era pároco, certo? Algo que desempenha um papel muito importante no que você escreve, desde sua juventude, é a insônia. O que foi que o marcou tão profundamente na juventude para que você perdesse o sono?

EC　É um tanto amargo falar de coisas tão pessoais. Mas, já que você cita a insônia, acho que não é assim tão ruim ter sofrido de insônia na juventude, porque isso abre os olhos. É uma experiência dolorida ao extremo, uma catástrofe. Mas faz entender coisas que os outros não conseguem entender: a insônia te coloca fora da esfera dos vivos, fora da humanidade. Você está *excluído*. Você vai para a cama às oito da noite, às nove ou às dez, e no dia seguinte se levanta às oito e começa sua vida. O que é a insônia? Às oito da manhã você é exatamente o mesmo que às oito da noite! Não há nenhum progresso. Há apenas aquela noite imensa. E a vida só é possível pela descontinuidade. É por isso que as pessoas suportam a vida, graças à descontinuidade que o sono dá. O desaparecimento do sono cria uma continuidade nefasta. Você tem apenas um inimigo: o dia, a luz do dia. Não quero entrar em detalhes, não vale a pena. É extremamente dolorido. Mas o que acontece é o seguinte: quando você está acordado, você está sozinho... com quem? Com ninguém. Está sozinho com a ideia do Nada, uma palavra desgastada por causa do Sartre... Mas torna-se uma evidência, você o percebe quase fisicamente. E todas as coisas que eram apenas conceitos tornam-se para você realidades vivas. De início, o tempo assume uma outra dimensão. O tempo mal passa. Minuto após minuto. E cada minuto é uma realidade. Um tempo que flui mas que não avança. Não se sabe em qual direção ele avança. Prefiro não descrever o processo psicológico do sujeito que permanece por horas assim, quase ouvindo a passagem lenta do tempo. No fundo todas as doenças psíquicas, todos os alvoroços internos, na minha visão, vêm de uma percepção especial do tempo. Falávamos há pouco do tédio: no tédio o tempo se torna algo estrangeiro. Mas na insônia o tempo se torna um inimigo. É um tempo no qual não se pode entrar. Qual o sentido dessa passagem do tempo? Você está lá, o mundo inteiro ronca, o universo ronca, e você é o único acordado. Então não quero falar do aspecto trágico, mas você sabe que 90% dos suicídios se devem à insônia. Não vou citar estatísticas, mas isso não tem importância. Eu *sei*. É a insônia. Um insone se suicida; aquele que desconhece a insônia, não. A menos que seja um larápio, um ladrão, um criminoso que quer o fim. Mas, em geral, não. Quase todos os suicídios sem razão se devem à insônia. Pode-se suportá-la, como é o meu caso, desde que não se trabalhe. E até já usei esta expressão – se meus pais não tivessem *financiado* a minha insônia, com certeza eu teria me matado. É um pouco despudorado expor isso tudo, mas, enfim, são coisas que qualquer um pode conhecer, por isso falo delas. Não é uma experiência individual, não sou só eu; conheço um mundaréu de gente que passa pelo mesmo. Já conversei com médicos sobre a insônia, e eles não sabem coisa alguma. Quem não viveu pessoalmente essa tragédia não consegue compreender. E, para mim, a insônia é a *maior* experiência que se pode ter na vida. É a mais terrível, nenhuma das outras chega perto em comparação. Sobre isto, sou categórico e definitivo. Estou tendo um acesso de indiscrição e, como é a segunda vez na vida em que falo publicamente, vou fazer uma confidência.

Quando eu tinha vinte anos, minha mãe estava evidentemente desesperada por ter um filho que às três horas da manhã saía de casa para caminhar pela cidade. Que não fazia nada, que lia. Isso não tinha sentido algum: enfim, eu era um fracasso completo. Eu era um sujeito que prometia muito e não cumpria nada. Conto isso porque... você vai ver. Eu tinha então vinte anos e minha mãe e eu estávamos sozinhos em casa. Eram – eu menciono sempre o horário, pois em todos os momentos extraordinários da vida o horário é importante, não em si, mas para mim –, eram duas horas da tarde, lembro-me, e eu estava *jogado* em um sofá. E disse: «Não aguento mais!». E minha mãe, que era esposa de um pároco, na verdade de um padre ortodoxo – é preciso levar em conta a época –, disse-me o seguinte: «Se eu soubesse, teria feito um aborto». Devo dizer que essas palavras, em vez de me deprimirem, foram uma libertação. Isso me fez bem... Porque entendi que eu não passava de um acidente. Não precisava levar a minha vida a sério. Foram palavras *libertadoras*. Contudo, era uma época em que o aborto não era admitido nas famílias, era algo encoberto. Agora estas coisas são normais. E mesmo assim minha mãe, que era casada com um pároco, me disse aquilo... E foi mais ou menos depois disso que entendi que minha mãe era uma mulher inteligente... e antes eu a desprezava. Houve duas coisas que fizeram com que eu começasse a apreciá-la, pois um dia ela me disse que só gostava de Bach (eu também o considerava um grande músico...), e aquelas palavras sobre o aborto.

LG Para voltar a essa insônia: ela é em alguma medida uma imagem, talvez uma caricatura do despertar da consciência...

EC Sim, a insônia é realmente o momento em que se está *totalmente* sozinho no universo. *Totalmente*. E, se tivéssemos fé, seria muito mais simples. Mas mesmo eu, que não tinha fé, pensava com frequência em Deus. Por quê? Porque, quando *tudo* desmorona, quando *tudo* desaparece, é preciso conversar com alguém, afinal não se pode falar sozinho a noite inteira. E o pensamento de Deus vem automaticamente. E, aliás – é muito importante que eu o diga –, foi aos 25 anos que tive uma crise religiosa. Uma crise religiosa *sem* fé. Mas durante todo um ano não fiz nada além de ler sobre a vida dos santos. Devorei *tudo*, e sobretudo os santos. [*Risadinhas*.] Eu estava como um louco, lia apenas isso. E Shakespeare. São coisas que não se combinam bem, mas, no entanto, sim... Pode haver relações. E por quê? Porque, quando se vive totalmente só, quando o universo é esvaziado, se toca em uma espécie de limite. E esse limite é aquilo a que se chama Deus, no fundo, por um descrente. E por que eu entendi o Mestre Eckhart? Você vai ver. Mestre Eckhart também fala de Deus como uma espécie de limite, mas que se deve transpor. É preciso ir *além* de Deus, na divindade. Ele chega, acredito, a usar a expressão: a divindade Deus se esgota em Deus. E foi durante aquelas noites de insônia que compreendi de fato a mística, os estados supremos, porque no fundo o que é fascinante na mística é que ela concebe estados supremos, depois dos quais há apenas a loucura. Você está no meio da noite, tudo desmoronou, mas aquele Deus não se revelou e tem-se a impressão de uma presença misteriosa. E então por vezes se conhece também o êxtase, razão pela qual gosto tanto de Dostoiévski. Ele descreveu o êxtase sem fé. É Kirilov, é o epilético, todos os epiléticos de Dostoiévski conhecem o êxtase sem fé. E eu, sem ser epilético, conheci também esse êxtase, que leva à compreensão do êxtase religioso. Você não vai acreditar, mas reli cinco vezes o *Livro da vida* de Santa Teresa D'Ávila. D'Ávila, não de Lisieux.[17] Eu li quase todas as biografias místicas. O que se vê nesses estados é como se pode transcender Deus. Deus é o limite extremo; pode-se ir além do limite extremo. E isto é o êxtase. É o que o Mestre Eckhart chama de divindade para além de Deus. E quando se tem o êxtase... Tive cinco ou seis na minha vida, mas então nunca mais; falta-me, portanto, uma vocação mística, e é verdade que eu tampouco era epilético. Mas esses são casos-limite. E devo dizer que são sensações extraordinárias. Eu me dizia que estava acordado havia anos, o que era então um capital extraordinário de sofrimento. Mas, ao conhecer o êxtase, falei: «Não quer dizer nada». Todos os sofrimentos que suportei foram amplamente compensados por esses momentos magníficos. Que não se podem descrever, não faria o menor sentido. Mas então é quando se tem a impressão de ter ultrapassado Deus. E sem ter a impressão de que se está mentalmente afetado. Nunca tive a impressão de que era louco ou mentalmente debilitado, nem um pouco. Eu estava perfeitamente lúcido. Mas essa é a recompensa da insônia. Porque nem tudo está perdido... Há algo positivo nesse estado. E então, por ter conhecido o êxtase, era inevitável que eu me interessasse pelos místicos que tiveram a experiência e a descreveram. Em meio às páginas mais extraordinárias que se podem ler para descrever esta vida estão as de Dostoiévski – o único escritor que conheceu essa experiência e falou dela. Por vezes fala-se de Dostoiévski e de Shakespeare para perguntar qual deles é o maior, mas isso não faz sentido. Agora, pode-se dizer que Dostoiévski atingiu fronteiras às quais Shakespeare não chegou. Shakespeare é infinitamente mais poeta, o que Dostoiévski não é. Mas Dostoiévski foi até o limite da razão, até a vertigem suprema. Foi até o desfazimento para o salto ao divino, para o êxtase. Para mim, é o maior escritor, o mais profundo e aquele que entendeu praticamente tudo, em todos os campos, até mesmo na política. Você tem mais perguntas?

LG

Tenho ainda uma última pergunta. Toda consciência está, é claro, consciente do sofrimento, certo? Em *Ébauches de vertige*, você escreve: «Caso se pudesse ter consciência dos órgãos, de todos os órgãos, seria possível ter uma experiência e uma visão absolutas do seu próprio corpo, o qual estaria tão presente na consciência que já não poderia executar as obrigações a que está sujeito. Ele próprio se tornaria consciência e deixaria então de desempenhar seu papel de corpo».

EC Acredito que todo mundo já teve essa experiência. É evidente que nossa sina, justamente, é outra vez aquela história da *Bewusstsein als Verhängnis*, da consciência como fatalidade, como perigo. É evidente que a consciência de fato é inimiga da vida. Sabe-se que assim que se torna consciente de um movimento (Kleist trata disso no *Sobre o teatro de marionetes*[18]), já não se pode fazê-lo. Faz-se errado. Quando nos analisamos, quando pensamos em nossos corpos, quando pensamos em nossos olhos, de repente nos perguntamos: mas tudo isso...? Tem-se a impressão de que já não pode funcionar. Que não há sentido algum. Que os órgãos vão pedir demissão, vão se aposentar. Pela inação pode-se atingir uma espécie de consciência total dos órgãos, mas é uma experiência que não é recomendada ou recomendável. É perigoso ao extremo, e vai-se apenas ao desmoronamento. É muitíssimo possível que quem se interroga todo o tempo sobre seu mecanismo físico encontre aí a causa de sua depressão, no fato de ser *consciente* dos seus órgãos. Não se deve fazê-lo, em absoluto. Eu poderia dar detalhes; acho melhor não.

LG Mas então, para fazer cessar o sofrimento que acompanha a consciência, talvez fosse preciso eliminar toda essa consciência, essa consciência que nos faz perceber também aquilo que dá prazer, aquilo que faz bem. Isso não seria, em algum nível, jogar fora o bebê junto com a água do banho? Se estamos tão dolorosamente conscientes das coisas, só nos resta a escolha entre o esquecimento e a ilusão. Não há nenhuma outra solução para escapar deste sofrimento além de pura e simplesmente eliminar essa consciência?

EC Não se pode eliminá-la. Se você está fadado à ruína, por exemplo, se o instinto de destruição subsiste em você, já era, certo? Pode-se muito bem se desfazer, é uma solução – o desfazimento. Mas não se pode reter seu próprio corpo com as mãos. Penso em algo que aconteceu comigo recentemente. Há duas semanas recebi uma carta. Eu tinha um amigo que era fotógrafo. Não era filósofo, havia lido pouquíssimo, mas era um homem totalmente despido de ilusões. Conheci-o no final da guerra. Quando falava com ele, eu por vezes tinha a impressão de ser ingênuo. E este homem, com sessenta anos, casou-se com uma jovem. Tiveram um filho. Eu lhe disse: «Mas, enfim, você que não tem ilusões sobre coisa alguma, como pode fazer algo assim?». E ele: «É isto, essa mulher me arrebatou...». Parece-me que o verdadeiramente belo da vida é já não ter em absoluto qualquer ilusão e fazer um ato de vida, de ser cúmplice em algo assim, de estar em contradição total com aquilo que se sabe. E, se há na vida algo misterioso, é justamente isto: que sabendo o que sabemos somos capazes de realizar um ato que é negado pelo saber. E devo dizer que esse fotógrafo de fato era uma excelente pessoa, na época eu o via com frequência, mas em um certo momento paramos de nos ver; a última vez que nos vimos foi há sete anos, porque ele, um judeu alemão, havia voltado à Alemanha. E fiquei extremamente espantado de receber uma carta do seu filho, que me escreveu no mesmo dia em que o pai morreu: «Antes de morrer, meu pai pensou em você e me pediu para lhe escrever algo – digo isso por vaidade; seus livros o acompanharam por todos estes últimos anos». E parece-me que, quando recebemos uma carta como essa, dizemos a nós mesmos que, afinal, escrever vale a pena; é uma justificativa, digamos. Porque aquele homem que havia suplantado tanto, que já não acreditava em absolutamente coisa alguma, que se deixou arrebatar e cometer esse ato imprudente que é o casamento e ter um filho, essa contradição entre seu saber e seus atos dá uma dimensão misteriosa à vida e em um certo sentido a repara. Não acredito que valha a pena se lançar em grandes teorias metafísicas sobre o que é o mistério etc.; o mistério é isto, que se pode fazer algo que contradiz tudo aquilo que se sabe. É portanto uma espécie de aventura, uma loucura.

LG Eu gostaria de terminar com uma última citação que me parece bastante comovente. Você diz a certa altura do *Écartèlement*: «Apenas é possível se contentar consigo quando nos lembramos daqueles instantes nos quais segundo uma palavra japonesa se percebem os 'Ah!' das coisas». Qual é este «Ah!» das coisas?

EC É algo que se pode sentir, mas que não se pode expressar em palavras, em todo caso, exceto ao se dizer «Ah!» infinitamente. [*Risos.*] Não há explicação racional para coisas assim. [*Estouro de risos.*] Sinto muito, não tenho resposta, não pode haver resposta: não se pode formular abstratamente uma coisa que deve ser sentida.

(Pergunta do público)

O que você pensa do suicídio?

EC A beleza do suicídio está em ser uma decisão. É bastante lisonjeiro, no fundo, poder se extinguir. O suicídio em si é um ato extraordinário. Como Rilke fala da morte que se tem em si, tem-se também o suicídio em si. O pensamento do suicídio é um pensamento que ampara a vida. Esta é a minha teoria. Peço desculpas por me citar, mas acredito que devo. Já disse que sem a ideia do suicídio eu teria me matado, há muito tempo. O que quero dizer? Que a vida é suportável unicamente com a ideia de que podemos deixá-la quando quisermos. Está a *nosso* critério. Essa ideia, em vez de ser desvigorante, deprimente, é uma ideia que entusiasma. No fundo estamos atirados neste universo, sabe-se lá por quê. Não há razão para que estejamos aqui. Mas a ideia de que podemos vencer a vida, de que nós *temos* a nossa vida, que podemos abandonar o espetáculo quando quisermos, essa é uma ideia entusiasmante. Uma das razões pelas quais sempre tive uma atitude anticristã é que o cristianismo empreendeu campanhas contra o suicídio, enquanto o suicídio é o auxiliar do homem. É uma das grandes ideias que o homem conserva. Afinal, durante dois mil anos impediu-se que as pessoas se matassem. [*Risos.*] Não, exagerei a minha reflexão, não que se matassem, mas que tivessem a ideia de se matar. Você sabe que sob a monarquia, quando alguém se matava, sua fortuna era entregue às damas da Corte. Vemos isso em

Saint-Simon, em Dangeau:[19] o rei entrega à condessa Fulana a fortuna de Fulano porque ele se matou. Sem o suicídio, a vida seria, na minha visão, realmente insuportável. Não é preciso se matar. É preciso *saber* que é possível se matar. Essa ideia é animadora. Permite suportar *tudo*. É uma das maiores vantagens dadas ao homem. Não é complicado. Não sou a favor do suicídio, sou apenas a favor da utilidade dessa ideia. É preciso dizer até mesmo às crianças na escola: «Veja, não se desesperem, vocês podem se matar quando quiserem». [*Risos*.] Mas é verdade. As pessoas não vão se matar por isso, não haverá mais suicídios. Defendo uma reabilitação desse pensamento. Tenho certeza de que o homem precisa disso: quando pensamos por que fomos jogados aqui, não se sabe. O que fazemos não tem qualquer interesse, em geral. Por quê? Quando soubermos o que o futuro reserva aos homens... A ideia de que somos senhores de nós mesmos, de que basta nos matarmos... Tudo está resolvido. Veja, tenho um amigo que me telefona vez ou outra: ele quer se suicidar. E faz muitíssimo tempo. Ele estava em uma clínica psiquiátrica, era menor de idade e me pediu a autorização. Respondi-lhe: «Não posso dar a autorização, porque não quero ir para a cadeia, não posso. Você sabe que sou a favor do suicídio, mas não posso encorajá-lo». Com covardia, eu disse: «Pergunte ao psiquiatra. Se ele concordar, só lhe resta o suicídio». E depois – ele estava no interior e veio a Paris –, por assim dizer, ele não saía do meu pé. Porque me telefona cinco, seis, dez vezes por ano: «Quero me matar». E eu digo: «Veja, o único conselho que posso dar é: espere 24 horas. Se amanhã você ainda quiser se matar, você vê. Talvez não. Mas não se mate de repente, de imediato». E então, como ele é um tanto desequilibrado – vou terminar aqui, porque o exemplo é grotesco –, ele me disse (telefonou-me há alguns meses): «Desta vez, estou falando sério. Vou me matar». E eu disse: «Por que você já não o fez?». «Porque os meus pés estavam sujos e não tive força para lavá-los.» Eu disse: «Mas o que isso importa?», e ele: «Não, não, quero estar vestido apropriadamente». [*Risos.*] Veja, quando se escreve sobre estas coisas, elas perturbam, geram certa chateação. Alguém me telefona e me diz: «Escuta, preciso te ver agora mesmo pois sinto que vou me matar». E eu digo: «Olha, eu não posso, tenho visitas em casa, não posso». Ele diz: «Não! Sinto que vou me suicidar». E eu: «Mas você não tem algumas horas? Pode esperar um pouco». Eu digo: «Escuta» – ele morava em Montparnasse –, «podemos nos encontrar às onze e meia no Dôme»[20]. Mas me senti constrangido, passei a noite me dizendo: «Meu Deus, teria sido melhor concordar em vê-lo de imediato». E vi sua mulher, que esperava do lado de fora. E isso foi terrível... Pensei: «Puxa, ele se matou». Fiquei muito, muito envergonhado. Perguntei-lhe: «E seu marido?». Ela então disse: «Pois então: ele adormeceu. Eu não queria acordá-lo». [*Risos.*]

Há um lado cômico. Mas esse mesmo garoto tentou de fato o suicídio há três semanas. Ele tinha seus motivos para se suicidar, é evidente... Então, sua esposa o surpreendeu no banheiro no instante em que ia engolir os comprimidos e chamou uma ambulância. E, quando a ambulância chegou, com cinco socorristas, ele disse: «Mas... eu queria me matar por razões metafísicas». Os socorristas responderam: «Não, não, nós viemos por outros motivos». [*Risos*.]

LG

Bom, obrigado. Você falou um bocado. Obrigado. Você falou quase sem pausa, imagino que esteja cansado. Acredito que vamos parar por aqui. Obrigado. [*Aplausos*.]

Conversa pública na Maison Descartes em Amsterdã, em 1º de fevereiro de 1982.

Notas:

[1] *Syllogismes de l'amertume*. Ed. bras.: E. Cioran, Silogismos da Amargura. Trad. de José Thomaz Brum. Rio de Janeiro: Rocco, 2011.[N. T.]

[2] Stéphane Lupasco (1900-1988). [N. T.]

[3] Mircea Eliade (1907-1986), filósofo e romancista romeno. [N. T.]

[4] Em tradução literal, «Esboços de vertigem». Obra inédita em português, publicada originalmente em 1979. [N. T.]

[5] Claude-Henri de Rouvroy, conde de Saint-Simon (1760-1825), filósofo e economista francês. Suas *Memórias* foram publicadas postumamente em 1829. [N. T.]

[6] Philippe d'Orléans (1674-1723) ganhou a alcunha de «Regente» por ter ocupado a posição de rei da França durante a minoridade de Luís XV. [N. T.]

[7] Marie de Vichy-Chamrond (1696-1780), marquesa Du Deffand, autora de cartas e frequentadora dos salões. [N. T.]

[8] Maria de Rabutin-Chantal (1626-1696), marquesa de Sévigné, autora francesa de cartas. [N. T.]

[9] Horace Walpole (1717-1797), 4º conde de Orford, político e escritor britânico. Autor de romance gótico, *The Castle of Otranto* [O castelo de Otranto], publicado em 1764. [N. T.]

[10] Romance indigenista de Chateaubriand publicado em 1801. Ed. bras.: F.-R. de Chateaubriandi, Atala. Trad. de Dirceu Magri. Rio de Janeiro: Vermelho Marinho, 2020. [N. T.]

[11] Em tradução literal, «Desmembramento». Obra publicada em 1979, inédita em português. [N. T.]

[12] Jeanne Julie Éléonore de Lespinasse (1732-1776), autora de cartas e frequentadora dos salões. [N. T.]

[13] Surendranath Dasgupta (1887-1952), historiador da filosofia hindu e pensador indiano. Orientou a pesquisa de Mircea Eliade na Universidade de Calcutá entre 1928 e 1931. A obra a que Cioran faz referência na sequência é *A History of Indian Philosophy* [Uma história da filosofia indiana], publicada em cinco volumes entre 1922 e 1955. [N. T.]

[14] Eckhart von Hochheim (1260-1328), ou Mestre Eckhart, teólogo e filósofo alemão. [N. T.]

[15] «Mística do Ocidente e do Oriente», em tradução literal. Obra inédita em português. [N. T.]

[16] Adi Xancara (ca. 788-ca. 820), ou Ādi Śaṅkara, mestre espiritual do hinduísmo e filósofo da Advaita Vedānta, vertente célebre do pensamento hindu. [N. T.]

[17] Cioran quer evitar a confusão possível com Santa Teresa de Lisieux, nascida Thérèse Martin (1873-1897) e conhecida como Santa Teresinha do Menino Jesus. [N. T.]

[18] H. von Kleist, Sobre o teatro de marionetes. Trad. de Pedro Süssekind. 3a ed. Rio de Janeiro: 7Letras, 2013. [N. T.]

[19] Referência ao *Journal de Dangeau* [Diário de Dangeau], de Saint-Simon. [N. T.]

[20] Café du Dôme, restaurante tradicional de Paris, inaugurado em 1898 no bairro de Montparnasse. [N. T.]

Conversa com
Luis Jorge Jalfen

LJJ
Monsieur Cioran, eu venho da Argentina, um país muito distante em espaço mas bastante próximo da tradição europeia, o que nos oferece, ciclicamente, problemas de identidade cultural. Há, no entanto, uma grande diferença entre as Américas do Norte e do Sul. Eu gostaria de inaugurar este encontro perguntando-lhe como você enxerga o futuro da América.

EC   No que diz respeito à América do Norte, trata-se, na minha visão, de uma civilização sem futuro. E não falo do ponto de vista técnico.

LJJ
Sim, acredito que fazemos alusão ao sentido da existência.

EC   A América do Norte não tem a vontade de se impor na história. Ela defendeu valores que lhe são por completo estrangeiros. Entretanto, o que é interessante nela é que tudo o que ela empreende fracassa.

LJJ
Mas eu diria que na América Latina nosso problema é que as classes governantes acreditam no progresso como se fôssemos europeus e não sul-americanos. Pensa-se que existe uma história única, que enutreda por um percurso semelhante, e que basta mergulharmos nela. Na dianteira do «progresso» e do consumo, vão os Estados Unidos, a Alemanha, a França

e os países nórdicos. O resto corre atrás, *em vias* de encontrá-los. Mas, como as grandezas correspondem exatamente aos países «desenvolvidos», como no paradoxo de Zenão, nunca poderíamos alcançá-los. É necessário reconsiderar essa arapuca do movimento histórico regido por uma única medida.

EC   O pavor de todos esses países, das grandes civilizações como a França, a Alemanha, a Inglaterra, é assumir responsabilidades. Tudo o que queriam é que a história se fizesse longe deles. Os povos não estão no mesmo nível de cansaço. Se todos estivessem igualmente esgotados, a harmonia universal se estabeleceria. É uma lástima, pois há povos que não se cansaram. A França tem mil anos de história atrás de si. É o povo que mais engenhou guerras em um milênio, mas parece não as ter levado em conta. O caso da Alemanha é um pouco diferente; ela não teve uma existência nacional e tem um destino relativamente recente como grande nação, grande potência. Exatamente por isso pôde provocar duas guerras mundiais. Foi preciso que todo mundo participasse para frear seu ardor. Mas hoje está no mesmo estágio da França e da Inglaterra. Acredito até que por ora está curada do desejo de conquistas. De toda forma, é a isto que se reduz a história universal: as nações não podem atingir o mesmo grau de esgotamento.

LJJ

Penso que a questão que você levanta deve ser colocada em relação à falta de consciência da finitude. Há alguns dias, li certas declarações de Leonardo Sciascia – escritor italiano que acaba de receber um prêmio – segundo as quais falta ao Ocidente uma autenticidade do sentimento da morte, uma consciência verdadeira dos limites. Ele atribui um valor bastante medíocre à vida, à qualidade da existência.

EC   Trata-se da fuga diante da morte, da rejeição da morte. Quanto mais se é civilizado (no mau sentido do termo), mais se recusa a morte. Para o homem do campo, para os antigos habitantes da terra, a vida e a morte se situavam no mesmo plano. O homem urbano, por outro lado, deixa a morte de lado, a marginaliza.

LJJ

E ainda mais: a morte agora é administrada pela medicina – que é a sua burocratização.

EC   É isto, justamente, eludir a presença da morte, para a velar e a mascarar. É por isso que o homem ocidental, o homem civilizado, se sente mal e corre para o médico, para a farmácia. Na minha visão, trata-se de um terror do sofrimento.

Mas para voltar ao que dizíamos antes, não é a evolução histórica ou simplesmente a evolução que explica a tragédia do homem. É a tragédia inicial; o problema está aí, no fato de que o homem é trágico em si.

LJJ

Há toda uma ordem de problemas que me preocupa muito: trata-se das coisas como tais; quero dizer que falamos da condição humana e do seu caráter metafísico; do fato de que a expulsão do paraíso e todos esses fenômenos primeiros e originais selam o destino e a existência. Mas até que ponto essas determinações metafísicas não se incluem na significação das coisas em si, de *todas as coisas*? Acredito que ainda somos humanistas e românticos demais.

EC   Porque estamos contaminados pelo homem e pelo seu desejo de dominação.

LJJ

Os filósofos, que deveriam ser aqueles que falam daquilo que é, dedicam-se a escrever sobre a consciência, a percepção, os valores, o conhecimento. Mas, para saber o que é uma rosa, o sol, o espaço e o tempo, ou a vida, nossa cultura prefere se amparar nos botânicos, nos astrônomos, nos físicos e nos biólogos.

EC Parece que o surgimento do homem se deve a uma explosão de megalomania. A ambição está na origem dos desastres. É o que torna as pessoas infelizes – o desejo de se superar. Todo o mal vem dessa vontade de superação, dessa doença mental, dessa onipotência. O homem é uma aparição estranha, fruto de um dever original que o impulsiona para além dos seus limites, para além do que é humano. É essa a sua marca e – algo extraordinário – é por isso que ele está condenado. O homem forçou seus próprios limites. O homem nada é ou, em todo caso, é pouca coisa. Mas, ao querer ser tudo, perdeu-se por falta de modéstia e já não se consegue conter. É por isso que não se pode fazer coisa alguma. E é também nisso que reside o aspecto genial do homem. Ele deve insistir; está aí a lógica da existência humana. É normal, no fim. Se há uma palavra para descrever o futuro, é «estagnação». Seu destino é estagnar-se pois todo destino excepcional implica uma queda. Estou mais e mais convencido de que o homem terminará – metafisicamente, historicamente – por ser um fantasma, uma sombra; ou se tornará uma espécie de jubilado ou de imbecil. Não se pode «salvá-lo» porque a trilha escolhida é necessariamente perversa. Se me oponho às utopias, é porque o homem se comprometeu com um caminho que apenas pode levá-lo à sua perda. Ele não pode se comportar de outra forma, não pode recuar, está aí a sua tragédia. O homem tem tudo, exceto sabedoria. Por exemplo, conheço um bocado de gente tentado por ela; mas são monstros incapazes de sabedoria, e eu mesmo sou mais incapaz do que os outros. Somos todos não sábios.

LJJ

Monsieur Cioran, pergunto-me, e lhe pergunto: qual é o papel do pensador neste tempo de descaminhos?

EC Apenas testemunhar. Não pode ter influência alguma no fluxo das coisas. O pensador traz um testemunho. É como um guarda que acaba de presenciar um acidente. Foi este o caso de Montaigne, mas sua mensagem não encontra eco em meio aos pensadores. Há gente cujo destino é interessante, mas em meio aos filósofos não há sábios. O homem se tornou fundamentalmente incapaz de sabedoria.

Veja, eu não sou filósofo. Estudei filosofia quando era jovem, mas abandonei qualquer ideia de me voltar para o ensino. Não passo de um *Privatdenker* – um pensador privado –, busco falar daquilo que vivi, das minhas experiências pessoais, e renunciei a constituir uma obra. Por que uma obra? Por que a metafísica? Carnap[1] disse algo profundo: «A metafísica são músicos sem aptidão musical».

LJJ

O que você responderia se eu lhe perguntasse: «Onde está o tabernáculo?», isto é: Onde estão as Tábuas da Lei? Quem são seus guardiões? Onde se podem encontrar certos tipos de prova da divindade – não quero dizer pessoalmente, claro, mas como fenômeno original da presença, como manifestação da verdade? Há tais cronistas entre nós? Essas testemunhas existem?

EC Sim, existem. Podem-se encontrá-las em qualquer meio, e não têm nenhuma relação com aquilo que se chama de nível intelectual. Conheci gente de todos os tipos, gente que *entendeu*. Para mim, a humanidade se divide em duas categorias: aqueles que não entenderam (quase toda a humanidade, aliás) e aqueles que entenderam, e que são apenas um punhado. Mas então o que significa «ter entendido»? Conheci em Paris um mendigo que tocava flauta nos terraços dos cafés. Passava o tempo inteiro pensando. Um dia, em desespero completo, veio à minha casa. Até então eu acreditava que havia morrido, pois fazia anos que não o via e ele não tinha endereço fixo ou casa conhecida. Por vezes dormia sob as pontes, por vezes nos grandes hotéis, pois ganhava bastante dinheiro mas o gastava todo. Naquele reencontro, eu disse a ele: «Escute. Você é o maior filósofo de Paris, o único grande filósofo contemporâneo». Respondeu-me: «Você está tirando com a minha cara. Está zombando de mim». Protestei: «Não, de modo algum. Se te digo isso, é porque você *vive*, você pensa o tempo todo; você experimenta os problemas e os problemas são parte da sua vida». Sua existência me lembrava a daqueles filósofos gregos que faziam seus discursos nas ruas e nos mercados. Suas palavras se confundiam com a própria vida.

Mas, para voltar ao que dizíamos, é preciso que se reconheça que aqueles que *entenderam* são em geral aqueles que fracassaram na vida. Lembro-me de um outro caso, o de alguém que havia sido riquíssimo em um país do Leste Europeu. Depois de perder tudo, passou a viver em um sótão. Certa vez, disse-me algo extraordinário: «O regime comunista me tirou tudo, mas sou-lhe grato, pois ao perder tudo encontrei Deus». Você vê por que o fracasso é indispensável ao progresso espiritual? O fracasso é uma experiência filosófica capital e proveitosa.

Durante a minha juventude, conheci alguém que teve sobre mim uma influência imensa. Ele iria se casar, mas no dia do casamento, no último segundo, desapareceu; abandonou todos e sua futura esposa. Desde então, leva uma vida marginal. É um homem que felizmente não persegue propósito algum na vida; cada vez que o encontro, fala como um sábio. O homem que vence é, por outro lado, alguém que não enxerga para além do seu propósito pessoal.

LJJ

Monsieur Cioran, nestas conversas que o senhor teve a gentileza de conceder, não podemos deixar de considerar a situação do homem ocidental. Acredito que na Argentina ela nos preocupa em especial. Tem-se a impressão de que nem o sofrimento contemporâneo, nem a sociedade do consumo, nem a sociedade supostamente «socialista» podem abrandá-la. Seria possível dizer que este sofrimento original se manifestará sempre, sob novas formas.

EC Existe em nós um medo terrível de sofrer. Mas, afinal, querer erradicar a dor tem algum sentido? Dado que mesmo os seres primitivos sofreram, a dor é uma constante. Antes não havia medicamentos, mas hoje inventou-se um conjunto de meios para evitar o sofrimento. Considere que o cristianismo, por exemplo, seria privado de toda consistência se as ideias de sofrimento e de dor fossem apagadas. Nos nossos dias, a dissimulação dessa dimensão metafísica caracteriza o homem civilizado. De minha parte, não sou crente, mas a religião me interessa. E o que é paradoxal é que muitíssimos fiéis, por outro lado, não se interessam nem um pouco pela religião e pelo que ela implica. Porque, caso fossem apagados o mal ou o pecado original – que estão ligados ao sofrimento –, o cristianismo já não teria sentido. Entre muitas outras coisas, será impossível explicar a história do homem ocidental.

LJJ

Você acredita que a filosofia tem algo a dizer a respeito dessa evasão da dor e da morte?

EC Não acredito. Pode-se dizer que a filosofia está, no fundo, dissociada; tornou-se uma atividade em si. O que isso significa? Que, antes mesmo de abordar um problema, ela toma a palavra e assim acredita dizer algo sobre a realidade. Aquele que «inventa» a palavra por vezes «desvela» a realidade – mas, na minha visão, este não é o melhor caminho; pode ser muitíssimo perigoso. É por isso que acredito que em filosofia não é preciso inventar constantemente palavras novas, termos técnicos. Nietzsche não criou palavras, o que não abrandou sua obra. Pelo contrário: essa tecnificação é o grande perigo da filosofia universitária, e é isso que a distancia das coisas.

LJJ

Ao que tudo indica os imperativos técnicos ganharam também a esfera do pensamento e aquilo que se chama de «humanidades».

EC Mas note que, no fundo, todos sabem que é por meio da especialização e da técnica que o mundo se destruirá. E agora é preciso admiti-lo como um fato incontestável. Antes, os pais acreditavam que o futuro dos seus filhos seria feliz; diziam: «Para eles, as condições serão melhores». No presente, tenho pena daquelas crianças de ontem, pois certamente sentem que sua vida mudou;

agora, o progresso existe, todo mundo fala disso, mas o próprio progresso está comprometido. Antigamente havia o medo do fim do mundo – algo que estava por vir –, mas agora o apocalipse está presente, afinal, nas preocupações cotidianas de todos e de cada um.

LJJ

É interessante, pois você sugere que todos, no íntimo, têm essa terrível convicção...

EC   Sim...

LJJ

Perdoe-me, mas isso pode nos dar a possibilidade de ir ao cerne de um problema importante sobre o qual estruturar o diálogo reflexivo e em direção ao qual podemos dirigir nossa atenção.

EC   Mas sem que o diálogo consiga impedir a catástrofe que, na verdade, já está aqui. Pode-se levar a compreensão do problema ou o diálogo até o fim, mas – como eu disse – isso não impede, na minha visão, a catástrofe.

LJJ

O que você chama de «catástrofe»? Não se trata da explosão da bomba atômica.

EC   Não, embora isso também faça parte. O perigo de uma explosão nuclear está sem dúvidas incluído nisso que chamo de «catástrofe», mas não interessa pois é evidente.

LJJ

É que o homem de hoje vive sob a pressão de imperativos que considera naturais. A industrialização nos custou a alma – como a Fausto – e nós não sabemos o que fazer com o tempo ganho. Porém, por um mecanismo estranho, tudo contribui para engordar os preconceitos, que são moeda corrente. Pior ainda: as próprias críticas são engolidas pelo Grande

Moloque.[2] Você sabe que esta cultura pode digerir de tudo. Até mesmo Nietzsche, por exemplo, que foi um dos mais eminentes críticos do «sucesso» da sociedade industrial de consumo que nascia, integra os programas universitários, nos quais é consumido.

EC   Mas este perigo está à espreita de todos; é o perigo do êxito. Gostaria de recuperar algumas palavras de Pascal: «Você não tem ideia dos perigos da saúde e dos proveitos da doença».

O drama da existência em geral consiste no fato de que tudo o que se ganha por um lado, por outro se perde. A humanidade poderia muitíssimo bem ter permanecido inerte. Indo ao fundo das coisas, percebe-se que o homem teria tido interesse em permanecer tal como estava. Por que esse alvoroço da novidade; da novidade no campo do pensamento, da poesia, em tudo?... Sempre e ainda a novidade. É ridículo. Creio que a ideia mais simples, a mais direta, mas a mais difícil, é a de viver com suas próprias contradições. É preciso aceitá-las.

LJJ
No campo filosófico, também se impõe fazer coabitarem as contradições, mas não – como pretendem a dialética e o marxismo – superá-las. Para mim, não há essencialmente uma superação, porque não há uma verdade. Supor o contrário é tentar acomodar a esperança ou especular sobre a necessidade de salvação. Acredito que se trata de assumir o que se nos apresenta como estrangeiro, como outro, oposto, sem esperar dele a menor gratificação. Talvez seja nisso em que consista a sabedoria; no fim, os orientais – e o zen em particular – o sabem, quando falam da conciliação dos opostos. Acredito que assumir as contradições implica um começo do conhecimento.

EC   Sabe de uma coisa? Em uma certa época, ocupei-me muito do budismo. Pensei que era budista, mas no fim fui tapeado. Entendi afinal que não tinha nada de budista e que era prisioneiro das minhas contradições, por causa do meu temperamento. Renunciei então àquela ilusão orgulhosa, depois disse que precisava me aceitar como era, que não valia a pena falar todo o tempo de desapego, pois sou um tanto frenético. Aceitas as contradições, descobri que, mesmo que não fosse uma forma de equilíbrio, pelo menos eu estava muitíssimo melhor do que quando vivia uma mentira. O terrível, quando alguém pratica a filosofia oriental, é que ela apresenta uma versão lisonjeira e autoindulgente de si mesma. Acredita que está acima de tudo e de todos, mas no fim supera esse estado e chega à conclusão de que é uma figura miserável. Tais mudanças são necessárias, porque não é possível criar uma imagem ideal de si mesmo, uma imagem homogênea.

LJJ

Certo. Mas, então, como viver? Hoje, a existência está atormentada pela precipitação. Para nós, homens da técnica, o desafio no mundo das comunicações, da televisão, das transformações é: como viver com coisas desse tipo, quais relações estabelecer com elas? Pois não podemos parar de ouvir o rádio ou evitar sermos atropelados por um automóvel; estamos em um campo técnico e a questão é saber como esquivar-se de pensar e de viver sob as ordens da lógica científica.

EC   Concordo totalmente com você.

LJJ

Então, a questão que surge inevitável e de maneira urgente é como evitar tornar-se um profeta do apocalipse. Quero dizer que não se trata de cair no pensamento milenarista, que considera a realidade um castigo dos tempos, por não sei quais erros cometidos. É claro que não se pode romper com a técnica. A pergunta que fica é: como viver com ela?

EC   Eu, por exemplo, gosto de caminhar, mas não consigo fazê-lo com tranquilidade em Paris. Tenho de tomar o trem para o interior. Com isso sou cúmplice da técnica.

LJJ

Sim, mas o risco vai muito além dessa cumplicidade primária que todos compartilhamos. O desenvolvimento da técnica deixa crer que tudo é possível e que a cada momento coisas novas são possíveis, de um caráter qualitativamente superior. Aí mora um dos perigos: a fabricação de ilusões, de utopias de superioridade. Trata-se de um utopismo dos especialistas, que nada mais é do que o devaneio moderno da dominação do mundo a partir dos elementos técnicos.

EC   Claro, mas trata-se de uma dominação absolutamente antinatural.

LJJ

Diante deste panorama, qual é o seu diagnóstico ou, para dizer de outra forma: onde irrompe a catástrofe?

EC   Não se pode antecipar coisa alguma sob uma forma acabada. Ninguém está em condições de enxergá-lo de maneira precisa, mas o que se pode dizer é que a aventura humana não pode durar para sempre. A catástrofe, para o homem, se deve ao fato de que ele não consegue permanecer só. Não há ninguém que consiga ficar só consigo mesma. Hoje todos aqueles que deveriam viver consigo mesmos correm para ligar a televisão ou o rádio. Acredito que, se um governo eliminasse a televisão, as pessoas matariam umas às outras nas ruas, porque o silêncio as aterrorizaria. Em um passado distante, as pessoas se mantinham muito mais em contato consigo mesmas, por dias e meses, mas hoje isso já não é possível. É por isso que se pode dizer que a catástrofe aconteceu, o que quer dizer que agora vivemos catastroficamente.

LJJ

Eu gostaria agora de falar sobre o caráter convivial da sua escrita. Acredito que você pratica um exercício testemunhal sob o signo do registro. Trata-se de uma escrita itinerante que ensina a viver com o pensamento, e a ver as coisas. Digo isso porque, do contrário, pode-se ter a impressão de que você vive trancafiado em uma cela monástica sem contato com a existência, profundamente solitário e amargurado.

EC   É evidente que isso não é verdade.

LJJ

Não, mas quero sublinhá-lo, porque sua atitude é – pelo contrário – bastante saudável. Você busca o campo, conversa com os vagabundos, dialoga com as pessoas mais simples e com as mais sofisticadas. E me parece que isso é importante, sobretudo aqui em Paris, onde a formalidade e os preconceitos dominam amplamente as relações humanas.

EC   Veja, eu nasci em uma cidadezinha nos Cárpatos, na Romênia. Quando era pequeno, eu passava todo o meu tempo fora de casa, nas montanhas, da manhã à noite, como um animal selvagem. Aos dez anos, meus pais me transplantaram para a cidade. Ainda me lembro daquela viagem, em que me levaram em uma carroça puxada por cavalos; eu estava desesperado. Eles me haviam desenraizado, e ao longo do trajeto – que durou uma hora e meia – eu pressentia uma perda irreparável. Essa história pode servir de parábola: honestamente, teria sido melhor que não houvesse civilização, e que homem permanecesse como na Bíblia, em Gênesis, mais precisamente. Na minha visão, a verdade está nesse livro. É um testemunho, no qual tudo está contido. Se o lemos com atenção, percebemos que tudo ali se explica. Depois disso, há apenas comentários...

LJJ   Mesmo os da ciência?

EC   Com certeza. A ciência é a dissimulação da sabedoria em nome do conhecimento do mundo.

Conversa publicada em *Occidente y la crisis de los signos*, de Luis Jorge Jalfen, publicado pela Editorial Galerna em Buenos Aires, 1982.

Notas:

[1] Rudolf Carnap (1891-1970), filósofo alemão naturalizado estadunidense. Membro do Círculo de Viena e expoente do positivismo lógico. [N. T.]

[2] Moloque – «Moloch», no original – é um deus cujo culto se difundiu na região de Canaã – atuais Israel, Gaza, Cisjordânia, Líbano e parte da Síria –, segundo a tradição bíblica. Reaparece em certas vertentes cristãs como demoníaco. [N. T.]

Conversa com
Verena von der Heyden-Rynsch

VH-R

Já há algum tempo você interessa com minúcia por Isabel da Baviera.[1] Afinal, o que despertou este interesse por um personagem que por vezes foi tão mal compreendido?

EC   Gostaria de começar por uma citação: «A ideia da morte purifica e age como um jardineiro que arranca as ervas daninhas do seu jardim. Mas tal jardineiro quer estar sempre sozinho e se exaspera quando curiosos espiam por sobre o muro. Assim escondo meu rosto atrás de uma sombrinha ou de um leque para que a ideia da morte possa cultivar-se em paz dentro de mim».

Essas poucas frases, que li em 1935, quando tinha 24 anos, foram o ponto de partida desse interesse passional que sinto pela imperatriz Isabel. [...] Este verbo «cultivar» não aparece no texto alemão original, que diz apenas «trabalhar». Mas esta imprecisão, no fundo muito fiel, oferecia ao texto uma nuance poética que iria me perseguir até a obsessão.

VH-R

Em seu prefácio, Maurice Barrès[2] escreve que os comentários de Sissi compilados por Christomanos são «o poema niilista mais espantoso já visto em nossas latitudes». Você diria igualmente que se trata de niilismo ou, antes, de um *desengaño*?

EC   Embora se possam recuperar alguns comentários tingidos de niilismo, essa palavra tem no caso dela uma conotação filosófica desconfortável. Ela era totalmente *desengañada*,[3] desiludida, alheia ao mundo. Não se preocupou com os debates ideológicos de sua época, pois tinha uma formação principalmente literária. Sua «filosofia» vinha de Shakespeare, em especial dos bufões de Shakespeare. Não há, portanto, niilismo – mas uma ironia suprema, uma lucidez desesperada.

Quando se pensa na sua visão das coisas, é impossível não pensar em Hamlet exaltando diante de Rosencrantz e Guildenstern o esplendor do universo, do céu e da terra, do homem, ser único, auge da criação, e acrescentando que a seus olhos tudo isso não passava de «quintessência do pó».[4]

VH-R

Maria Valéria, a filha favorita de Sissi, atribui a amargura da mãe ao «sentimento de ter se enganado com relação a tanta gente que amou». Ela apresenta a mãe como uma jovem que teria encarado a vida cheia de esperança, mas que a incompreensão e as decepções teriam impelido a uma fuga do mundo, até mesmo a um desprezo do mundo. Você concorda?

EC   Não quero minimizar suas decepções e seus martírios, mas não acredito que tenham desempenhado um papel fundamental. Ela se teria desiludido sob qualquer circunstância, nasceu desiludida. Pense naqueles que praticam a ironia, que recorrem a ela o tempo inteiro. De onde vem isso? A causa não é exterior; é interior, está neles. É do fundo de um ser que emana a exigência de destruir ilusões e certezas, fatores do equilíbrio falso sobre o qual repousa a existência. «A loucura é mais verdadeira do que a vida», disse a imperatriz, e ela poderia ter chegado a essa conclusão sem o auxílio de nenhuma decepção.

Por que ela gostava tanto dos bufões de Shakespeare? Por que ela visitava hospitais psiquiátricos onde quer que estivesse? Tinha uma paixão marcada por tudo aquilo que é extremo, por tudo aquilo que se afasta do destino comum, por tudo aquilo que está à margem. Ela sabia que a loucura estava nela, e essa ameaça talvez a envaidecesse. O sentimento de singularidade a sustentava, carregava-a, e as tragédias que arrasaram sua família apenas aumentaram sua determinação de se distanciar das pessoas e fugir dos deveres, oferecendo assim ao mundo um exemplo raro de deserção. [...]

VH-R
Sissi acreditava que o amor era algo que não se devia levar a sério; era capaz de ser bastante fria, mesmo com os próprios filhos, à exceção de Maria Valéria. Como você explicaria o fato de ela levar tão a sério o caso com Pacher,[5] esse romance, que a envolveu a ponto de escrever a seu respeito longos poemas de amor? Eram os fantasmas de uma mulher frustrada?

EC Acredito eu que ela era incapaz de viver uma paixão verdadeira. A ilusão que está inextricavelmente emaranhada à paixão era-lhe impossível. Talvez tenha se apaixonado como passatempo. Com a ajuda dos anos, suas relações com as pessoas se tornaram mais e mais estranhas. Procurou seus semelhantes em outros lugares..., chamou o Oceano de seu «confessor» e uma árvore de Gödöllő de sua «confidente», sua «melhor amiga», íntima, ela dizia, «que sabe tudo aquilo que está em mim e tudo aquilo que acontece no tempo em que estamos separadas». E acrescentou: «Não contará coisa alguma a quem quer que seja». Em mais de um aspecto ela lembrava o rei Lear.

Ela detestava os homens, à exceção do populacho, dos pescadores, dos agricultores, dos bocós da cidade. Estava em seu elemento apenas durante os pensamentos solitários. Uma figura me vem à lembrança: a de uma finlandesa de uns quarenta anos, sempre vestida de preto, com a qual eu conversava com frequência na minha juventude, no parque do manicômio de Sibiu, na Transilvânia. Conversávamos em alemão, pois ela não falava romeno ou francês. Tinha o hábito de caminhar sozinha em uma ruela distante. Foi lá que um dia lhe perguntei: «O que você faz aqui o dia inteiro?». E ela: «*Ich hamletisiere*», «Eu hamletizo». É uma resposta que Sissi poderia ter dado. [...]

VH-R

A figura de Isabel voltou hoje a uma grande atualidade. Qual pode ser a razão?

EC   A ruína da Áustria – já se disse e redisse – prenuncia a do Ocidente. Falou-se até mesmo em um ensaio geral... O que está para nos acontecer, o ato seguinte da tragédia histórica da Europa, já se deu em Viena, desde então um símbolo da decadência. Sem esse passado de glória, Sissi teria sido apenas um assunto inesperado para biografias ou uma deusa dos derrotados. A Rússia czarista não teve a sorte de ter uma figura análoga no fim, pois a última czarina foi uma psicopata lastimável e grotesca.

Na história, apenas os períodos de decadência são cativantes, pois é neles que surgem de fato as questões da existência como um todo e da história como tal. Tudo se eleva ao trágico, todo acontecimento de repente toma uma dimensão nova. As obsessões, os modismos, as bizarrices de uma Sissi apenas poderiam tomar tal abundância de sentido em uma época prestes a terminar com uma catástrofe modelo. É por isso que a figura da imperatriz é tão significativa e é por isso que nós a compreendemos melhor do que a compreenderam seus contemporâneos.

Paris, janeiro de 1983. Conversa publicada em 1986 na obra *Vienne, 1880-1938: L'Apocalypse Joyeuse*, editada pelo Centre Georges Pompidou.

Notas

[1] Em alemão, Elisabeth Amalie Eugenie von Bayern – assim como em francês. Opto aqui pela tradução canônica do nome ao português, embora possa produzir alguma confusão com Isabel da Áustria, personagem distinto. [N. T.]

[2] Maurice Barrès (1862-1923), escritor e político, expoente da direita nacionalista francesa. Verena von der Heyden-Rynsch faz referência, em sua pergunta, à obra *Élisabeth de Bavière, impératrice d'Autriche : pages de journal, impressions, conversations, souvenirs*, de Constantin Christomanos, cujo prefácio é de Maurice Barrès. «Sissi», mencionada a seguir na pergunta, é a própria Isabel da Baviera. [N. T.]

[3] Ambos os interlocutores empregam o termo em espanhol. [N. T.]

[4] *Hamlet*, ato II, cena II (300). [N. T.]

[5] Friedrich Ludwig Pacher von Theinburg. [N. T.]

Conversa com
J. L. Almira

JLA

O corpo, aquilo que você chamou de consciência dos órgãos, é uma constante em seu trabalho. Por quê?

EC   Se recupero a minha infância e adolescência, constato que sempre senti um desconforto que os anos delimitaram e acentuaram. Um desconforto que se intromete na vida e a desassossega. Mas trata-se de um desconforto global, não de uma doença, que em todo caso seria uma doença virtual, irreal. No fundo, tudo se reduz a uma questão de fisiologia.

JLA

Em seu último livro, você afirma que não há nada mais misterioso do que o destino de um corpo. O que você quer dizer, exatamente?

EC   Nós dependemos do corpo; é como um destino, uma fatalidade mesquinha e lamentável à qual estamos sujeitos. O corpo é tudo e é nada: um mistério meio degradante. Mas o corpo é também uma potência fabulosa. Mesmo quando já não se pode esquecer da dependência gerada uma vez que ela se torna consciente.

JLA

Um médico francês acaba de publicar um livro sobre a influência da climatologia sobre o indivíduo. Na epígrafe aparece uma citação sua sobre o tema.

EC   Uma das razões pelas quais a liberdade nos pode ser negada é nossa dependência do fator meteorológico. A liberdade é uma ilusão, pois depende de coisas que não deveriam nos condicionar. Minhas ideias sempre me foram ditadas pelos meus órgãos, que por sua vez estão sujeitos à ditadura do clima. O corpo desempenhou um papel muitíssimo importante na minha vida. E é algo que se acentua com a idade. Nietzsche percebeu bastante bem esse condicionamento do clima. Meu próprio desconforto, de ordem climatológica, está ligado ao desconforto de natureza metafísica. Não digo que o clima condiciona a metafísica, mas constato uma certa simultaneidade entre o questionamento metafísico e o desconforto físico. Muito cedo tive consciência dessa evidência e, envergonhado, sempre busquei escondê-la.

JLA

Em *Écartèlement*, você se define como secretário das suas sensações, o que carrega uma importância particular no caso de um escritor. Essa constatação postula, além disso, a unidade indissolúvel entre corpo e mente.

EC   Eles estão, de fato, ligados intimamente. É evidente que nas biografias de escritores e de filósofos não se fala muito sobre isso, porque é um assunto embaraçoso. Reconhecer esse fenômeno, para um escritor, é diminuir o que ele faz, pois significa dizer que nossos estados e nossos sentimentos mais íntimos estão à mercê da meteorologia. Escravização humilhante na qual não é preciso insistir.

JLA

Os anos ajudaram a controlar os humores do seu corpo ou acentuaram tal escravização?

EC Vou contar uma anedota. Acabo de receber uma carta de um amigo que conheço desde sempre, na qual ele me diz não acreditar em uma só palavra de tudo aquilo que escrevi «porque te conheço bem e sei que você é muito alegre», o que mostra até que ponto é possível se enganar. Seja qual for o meu estado de espírito, sempre consegui escondê-lo sob um comportamento autocentrado. Sou escravo dos meus nervos, mas posso fingir e o faço, comédia que me permite, por exemplo, ir jantar em um estado de desespero absoluto e contar histórias banais sem pausa. Não sei se é pudor ou mecanismo de defesa; em todo caso, se a minha dependência da fisiologia não fosse tão avassaladora, eu jamais teria de recorrer a essa alegria aparente. É evidente que há o seu inverso. Kierkegaard conta que, quando voltava para casa, depois de fazer todos rirem em um salão, queria apenas se suicidar – crise natural que eu mesmo atravessei em uma série de ocasiões. Lembro agora que, logo depois da publicação do meu livro na França [*Breviário de decomposição*, 1949], cinco escritores que eu desconhecia por completo me convidaram para almoçar. Posso jurar que durante as três horas que a refeição durou eu falei apenas sobre o bidé. Eles esperavam, claro, que eu falasse do meu livro, e lembro-me ainda da sua expressão de espanto quando segui falando do desdém que sinto pelos alemães por não terem bidés. Pois não posso falar daquilo que mais me afeta se não estiver a sós com alguém: aquele momento durante o qual duas solidões podem tentar se comunicar.

JLA
Se quisermos falar do tédio, será inevitável voltar à fisiologia.

EC   O tédio foi e é a desgraça da minha vida, inconcebível sem uma base fisiológica. O que acontece é que o sentimento de vazio que precede ou que é o próprio tédio se transforma em um sentimento universal que abarca tudo, fazendo com que toda a base orgânica meio que desapareça. Mas diminuir essa base é trapacear.

JLA

Qual a sua primeira lembrança do tédio?

EC   Foi durante a Primeira Guerra. Eu tinha cinco anos. Uma noite – no verão, com certeza –, tudo à minha volta perdeu o sentido, esvaziou-se, petrificou-se: uma espécie de angústia insuportável. Embora não pudesse formular aquilo que estava acontecendo, eu tomava consciência da existência do tempo. Nunca consegui esquecer dessa experiência. Falo do vazio essencial, que é uma tomada de consciência extraordinária da solidão do indivíduo. É um sentimento tão estreitamente ligado à minha vida que eu poderia experimentá-lo, tenho certeza, até mesmo no paraíso. É evidente que, se ele nos marca de forma tão profunda, é porque é a expressão capital de nós mesmos. Neste momento, o tédio tem má fama; costuma-se dizer que quem está entediado é ocioso, o que não está certo, pois essa inatividade carrega em si uma explicação do mundo. Por isso me interesso tanto pelo tédio monástico, a *acédia*, o fato de que a vida monástica é governada pela tentação e pelo perigo do tédio. Os monges egípcios são sempre descritos à janela, esperando sabe-se lá o quê. O tédio é a grande ameaça espiritual, uma espécie de tentação diabólica.

JLA

Você escreveu pouquíssimo sobre o sexo.

EC Céline disse que o amor era o infinito ao alcance de um cachorrinho.[1] É a melhor definição que conheço. Se não tivesse esse aspecto duplo, essa incompatibilidade desconcertante, seria preciso deixar a questão para ginecologistas e psicanalistas. Em pleno delírio sexual, qualquer um tem o direito de se comparar a Deus. O curioso é que a inevitável decepção posterior não afeta o resto da vida; é momentânea. Aconteceu de eu me dizer que se pode ter uma visão pós-sexual do mundo, visão que seria a mais desesperada possível: o sentimento de ter investido tudo em algo que não valia a pena. O extraordinário é que se trata de um infinito reversível. A sexualidade é uma impostura imensa, uma mentira gigantesca que invariavelmente se renova. Não há dúvida de que o momento pré-sexual triunfa sobre o pós-sexual: é o infinito inesgotável de que Céline fala. E o *desejo* é este absoluto momentâneo impossível de se erradicar.

JLA
De onde vem esse amor pela Espanha que, embora você escolha ser um apátrida, o leva a escrever que renuncia a tudo, exceto ao espanhol que você queria ter sido?

EC Quando era estudante, li um livro sobre a literatura espanhola contemporânea que resgatava a anedota do agricultor que subia em um vagão da classe econômica e exclamava, ao descarregar o embrulho enorme que trazia: «Como tudo está longe!».[2] Essa frase me impressionou tanto que a coloquei no título de um dos capítulos do meu primeiro livro em romeno. Como sempre aconteceu comigo, um detalhe ínfimo desencadeou uma paixão. Muito jovem, li Unamuno – algo sobre a conquista –, Ortega e, claro, Santa Teresa. O aspecto não europeu da Espanha me atrai, uma espécie de melancolia permanente, de nostalgia incontestável.

JLA

Qual é para você a diferença entre melancolia e nostalgia?

EC O fundo metafísico da nostalgia é comparável ao eco interior da queda, da perda do paraíso. Um espanhol dá sempre a impressão de lamentar algo. Claro, o que é significativo é a intensidade com que se sente esse algo. A melancolia é uma espécie de tédio refinado, o sentimento de não pertencer a este mundo. Para um melancólico, a expressão «nossos semelhantes» não tem sentido algum. É uma sensação irremediável de exílio, sem causas imediatas. A melancolia é um sentimento profundamente autônomo, tão independente do fracasso quanto das grandes conquistas pessoais. A nostalgia, por outro lado, sempre se amarra a algo, mesmo que apenas ao passado.

JLA

Eu gostaria que nós falássemos daquilo que você chamou de masoquismo histórico dos espanhóis.

EC O sonho histórico desmedido da Espanha, um sonho fantástico que acabou em derrota, sempre me fascinou. Todo o alvoroço da conquista ruiu. A Espanha foi o primeiro grande país a sair da história, presságio grandioso daquilo que a Europa é no presente. Curiosamente, tal fracasso permitiu à língua espanhola ser universal hoje.

JLA

Como uma visão quase teatral da Espanha.

EC Os espanhóis praticam a chacota fanaticamente. Seu orgulho pessoal, sempre acompanhado da ironia, se volta contra eles e, graças a isso, não é insuportável, em absoluto. Durante uma das minhas viagens à Espanha, no trem, no vagão econômico, uma criança que devia ter uns doze anos se pôs a recitar poemas. Pareceu-me tão extraordinário que fiz um gesto de indelicadeza irreparável e pavorosa: dei-lhe um punhado de moedas. Ela pegou o dinheiro e jogou-o a meus pés. Sua reação me pareceu sublime. A Espanha representa para mim a emoção em sua forma pura. É impossível conviver com os agricultores franceses ou alemães, para não falar dos ingleses, mas na Espanha, como acontece também na Romênia, o povo do campo existe.

JLA

Abominável Clio, você escreve em seu último livro[3] de forma lacônica, quase lapidar.

EC Por muitos anos desprezei tudo aquilo que se relacionava com a história. E sei por experiência que é melhor não lhe conceder muita atenção, deter-se nisso, porque representa a maior prova de cinismo que se pode imaginar. Todos os sonhos, as filosofias, os sistemas ou as ideologias se despedaçam contra o grotesco do desenvolvimento histórico: as coisas se produzem sem piedade, de uma maneira irreparável; o falso, o arbitrário, o fatal triunfam. É impossível meditar sobre a história sem sentir uma espécie de horror por ela. Meu horror se converteu em teologia, a ponto de me levar a crer que não se pode conceber a história sem o pecado original.

JLA

Por que você usa com tanta frequência as alegorias cristãs para explicar a história?

EC Não sou crente, mas sou forçado a admitir a existência do pecado original como ideia, porque aquele que a teve acertou na mosca. A história do homem começou com uma queda. Entretanto não posso admitir que antes houvesse um paraíso; prefiro acreditar que algo se estilhaçou quando o homem começou a se manifestar, que algo se despedaçou nele, talvez quando se tornou o homem propriamente dito. Durante muito tempo me interessei pela decadência do Império Romano, cujo fim desesperado, total e vergonhoso é um modelo para todas as civilizações. E, se no presente me interesso tanto pelo Ocidente, o Ocidente contemporâneo, é porque ele lembra o crepúsculo das grandes civilizações anteriores.

JLA

E o progresso?

EC O progresso, em essência, não existe. Reconheço apenas o progresso tecnológico, ao qual tudo de que gosto é completamente alheio. Em tudo aquilo que diz respeito ao destino humano, nada se ganha chegando tarde. Se eliminamos da história a ideia do progresso, chegamos à conclusão de que aquilo que vem no futuro não tem nenhuma importância. Não faz sentido lamentar ter nascido cedo demais. Pelo contrário, devemos ter simpatia por aqueles que virão depois. Por muito tempo, os antigos foram invejados, e, então, sobretudo a partir do século XIX, fez-se o contrário. Parece-me que nestes últimos anos houve uma mudança na consciência da Europa.

Ninguém mais inveja os jovens, pois sabe-se que o futuro, com ou sem guerras, será um terror. Claro, a negação do progresso tem também um aspecto mesquinho. Parece-me inconcebível admitir que alguém nascido depois de mim terá vantagens que eu não conheci: o orgulho não tolera. No final, não há diferença alguma entre viver daqui a cinquenta ou cem anos e ter vivido cem anos atrás.

JLA
Parece que para você a história é governada pelos mesmos mecanismos de qualquer outra existência.

EC Sim, a história pode ser comparada a uma vida que surge e se desfaz. É uma questão de ritmo. Acredito que o homem não deveria ter se comprometido com a história, deveria ter levado uma vida inerte, próxima da animalidade, sem orgulho ou ambição. Não deveria ter cedido à tentação prometeica, pois Prometeu foi o grande instigador. Como todos os benfeitores, faltava-lhe perspicácia, era um ingênuo. A verdade é que a história universal não é mais do que uma repetição de catástrofes à espera da catástrofe definitiva, e sob esse ponto de vista a visão cristã da história se mostra muito interessante, pois Satanás tem o papel de senhor do mundo e Cristo, o de alguém que não terá nenhuma influência antes do julgamento final. Cristo será todo-poderoso, mas apenas no fim. Essa é uma ideia profunda, uma visão da história quase aceitável hoje em dia.

JLA
Você reconhece que isso que você acaba de dizer é reversível, que nós poderíamos afirmar o contrário sem expandir muito a margem de erro?

EC Acredito que o destino do homem é, como o de Rimbaud, cintilante – isto é, breve. As espécies animais teriam durado milhões de anos se o homem não tivesse posto fim a elas; mas a aventura humana não pode ser infinita. O homem deu o melhor de si. Todos sentimos que as grandes civilizações ficaram para trás. O que não sabemos é como será o fim.

135

Conversa publicada sob o título «Los detalles mínimos y las pasiones desencadenadas» no jornal espanhol *El País* em 13 de novembro de 1983.

Notas:

[1] «O amor é o infinito posto ao alcance dos cachorrinhos, e eu tenho minha dignidade, ora essa!». (P. Céline, *Viagem ao fim da noite*. Trad. de Rosa Freire D'Aguiar. São Paulo: Companhia Das Letras, 2009). [N. T.]

[2] Na tradução do romeno de Fernando Klabin, «Como tudo é distante!» (Cioran, Nos cumes do desespero, op. cit.). [N. T.]

[3] Referência a *Écartèlement*, publicado em 1979. [N. T.]

Conversa com
Lea Vergine

EC   Sou em geral hostil às entrevistas. É preciso permanecer à margem, não fazer autopropaganda. Mas, conforme envelhecemos, fazemos concessões. Nunca dei entrevistas na França e nunca estive na televisão, porque não me interessa ser reconhecido por todo mundo. No entanto, há confidências que só podem ser feitas em uma conversa, que não podem ser escritas, a menos que em uma autobiografia. Não quero contar minha vida, não vale a pena. Mas sou indiscreto por natureza e portanto gosto de contar anedotas pessoais. É por isso que, ao envelhecer, começo a me prestar ao jogo.

LV

Então a «decomposição» avança?

EC   [*Risos.*] Sim, a minha decomposição. No fundo, todos os meus livros são autobiográficos, mas de uma autobiografia velada.

LV

Não tão velada!

EC   [*Risos.*] Não, não tanto!

LV

Como pode-se viver a metafísica hoje? Em sua carta de resposta ao pedido por esta entrevista, você escreveu que nós teríamos uma conversa meio frívola e meio metafísica. O que significa para você este termo que é para mim um tanto repulsivo, na medida em que me traz à mente a procura de Deus?

EC   Não sou alguém de fé.

LV

Espero mesmo!

EC   Não acredito em Deus nem em nada. Mas tive, por exemplo, uma crise religiosa aos 26 anos de idade, e durante um ano inteiro a única coisa que fiz foi ler os místicos e as vidas de santos. No fim, entendi que não era feito para crer – dei-me conta disso com uma grande crise de desespero. Eu lia apenas Shakespeare (vivia em uma cidade de interior, na Romênia) e textos religiosos. Escrevi um livro de comentários a esses textos, ao mesmo tempo a favor e contra a religião. Esse livro deveria ter sido publicado pelo meu editor na Romênia, ele o havia aceitado sem ler; quando leu, confessou-me: «Não posso publicá-lo, fiz minha fortuna com a fé em Deus e não quero editar esse livro que pode me prejudicar». O livro foi impresso mais tarde e quase todos os meus amigos se enfureceram quando o receberam; diziam: «Não é possível falar assim de Deus e mesmo da santidade!». Quase todos me atacaram. O livro foi publicado em 1937,[1] quando cheguei a Paris...

LV

Com que idade você chegou a Paris?

EC   Com 26 anos, mais ou menos. Minha mãe leu o livro e me escreveu: «Você deveria ter publicado o livro depois que nós morrêssemos». Meu pai era um pároco ortodoxo, minha mãe não era crente. Ela me disse: «Não entendo, há trechos completamente místicos e trechos de um niilismo absoluto e de um cinismo total!». Minha atitude com relação à religião é ainda hoje a mesma, uma mistura de tentações contraditórias. Então escrevi à minha mãe: «Veja, é o livro mais religioso que já foi publicado nos Bálcãs!». Eu não poderia dizer na Romênia, porque seria uma idiotice, como era uma idiotice dizer nos Bálcãs, aquele exagero enorme, sabe, que era o livro mais religioso... porque os Bálcãs são como a Bulgária, houve movimentos religiosos extremamente interessantes, na Idade Média houve os bogomilos, uma seita segundo a qual o mundo era produto de um deus qualquer, perverso, injusto. Escrevi um livro chamado *Le Mauvais démiurge*,[2] no qual o Criador é um canalha. Minhas relações com a teologia e a metafísica são portanto duplas.

LV
Ambíguas?

EC   Ambíguas porque é possível citar trechos completamente contraditórios. De todo modo, como são questões insolúveis e já que, por temperamento, mudo constantemente de humor, não posso construir um sistema. Um sistema não suporta a contradição. Essa é a minha atitude e assumo as suas consequências. Por isso escrevo fragmentos, para poder me contradizer. A contradição faz parte da minha natureza e da natureza de todos, no fundo.

LV
Com frequência, quando se fala de Cioran na Itália, o comentário é o seguinte: «É uma escrita interessante, mas é um autor reacionário, que teve relações com o fascismo». Você pode detalhar sua posição?

EC   Seria preciso contar tudo o que aconteceu na Romênia no tempo da minha juventude, seria longo demais. Eu era contra o rei, odiava-o com um ódio feroz que se devia a um fato bastante específico: eu lia todos os dias em uma biblioteca diante do palácio real (eu era paupérrimo) e via o rei sair, entrar etc. Terminei por nutrir um ódio terrível contra ele. Nessa época eu era completamente anarquista, tinha 21 anos. Não era um pensamento político, mas uma revolta absoluta. Aconteceu àquela altura algo que teve um peso determinante na minha existência; talvez tenha sido o momento mais extraordinário da minha vida. Eu tinha dois amigos de infância, nós éramos estudantes em Bucareste: um era apolítico e o outro, comunista militante – havia escrito com dezesseis anos um livro chamado *A morte da civilização capitalista*. Eu o admirava muito. Existia, nessa época, uma organização que era uma mistura muitíssimo estranha de fascismo, misticismo e de fanatismo religioso ortodoxo, chamada Arcanjo Miguel. Um dos adeptos do movimento era Marin Stefanescu, um filósofo que havia estudado em Paris antes da guerra de 1914. Era boa pessoa, mas depois feriu-se na guerra e tornou-se um tanto desmiolado. Tinha discursos do tipo: «Nenhum ser consciente pode ser comunista, Platão era consciente, portanto não poderia ser comunista». Raciocínio absurdo, e meus dois amigos e eu zombamos dessa idiotice. Em uma tarde de domingo, fomos os três a um encontro com o filósofo. Nós nos sentamos no centro de uma grande sala e, cada vez que ele lançava uma das suas ideias, eu ria como um maluco. A certa altura, ele disse: «Nosso país está ameaçado, e todos nos sacrificaremos pela pátria». Todos se puseram de pé, menos eu. Fiquei sentado e me dobrei de rir. Ele disse outras bobagens, e eu sempre: «Ha ha ha!». Fui então cercado e me ferrei! Fiz algo que até hoje não consigo entender. Pulei em cima das pessoas, cheguei a um corredor e fugi. Quatro caras me esmagaram, mas a polícia estava ali e me salvou. Precisei me esconder por cerca de um mês porque eles me procuravam. Foi então que surgiu um problema psicológico: eu estava com tanto medo que comecei a me interessar por aquele grupo. E, como eles lutavam contra a pessoa que eu mais odiava no mundo, isto é, o rei, comecei a ter simpatia por eles. Felizmente vim para Paris como bolsista do governo francês. Eu era amigo do diretor do Instituto Francês de Bucareste, que me mandou a Paris para fazer minha tese de doutorado. Desde então, praticamente rompi com a Romênia. Ainda não defendi a tese, mas meu orientador era inteligente; e, como eu já tinha andado por toda a França de bicicleta, ele me disse algo formidável: «Vale mais atravessar a França pedalando do que fazer uma tese de doutorado». Fiquei então em Paris e não escrevi nada em francês até 1947, quando comecei o *Breviário de decomposição*, publicado em 1949.

LV   Por que você se considera apátrida?

EC   Sou juridicamente apátrida, e isso corresponde a algo profundo, mas não ideológico ou político. É meu estatuto metafísico. Quero ser sem pátria, sem identidade. Eu bebia muito na minha juventude, bebe-se muito nos Bálcãs, por desespero. Eu lia Buda quando enchia a cara. Eu tinha uma antologia budista em alemão; era meu livro de cabeceira, lia-o antes de dormir. Não esqueça que meu livro sobre os santos foi publicado em 1937, antes que eu viesse para a França. É o melhor que escrevi em romeno: não tem relação alguma com o que estava acontecendo, eu não tinha nenhuma afinidade com os problemas que a história oferecia naquela época. Meu filósofo era Chestov, um judeu russo que teve certa influência na França do pós-guerra. Seu discípulo Fondane,[3] um judeu romeno, era meu melhor amigo... Morreu em Auschwitz. Era bastante conhecido na França antes da guerra. Ficou em casa em vez de se esconder e fizeram-no prisioneiro; era um dos sujeitos mais interessantes que conheci em Paris. Agora fala-se dele outra vez e toda sua obra está reeditada. Chestov era um Dostoiévski em versão contemporânea, um Dostoiévski filósofo.

LV

Dizem que você é o Dostoiévski dos aforismos...

EC De início fascinei-me pela sua epilepsia, sabe, sempre me considerei um epilético fracassado. Desde os dezessete anos vivo como se pudesse ter uma crise epilética, o que chamo de minha crise epilética cotidiana. Fui professor durante um ano: os alunos me chamavam de lunático demente... [Risos.]

LV

Mas é preciso se especializar na demência, não é fácil!

EC Eu estava extraordinariamente infeliz. Como professor, veja só o que eu fiz como professor! Ia para a aula, demorava-me por uma meia hora, dizia algumas provocações, meus alunos ficavam desorientados. Eu perguntava, por exemplo, a um deles: «Por qual razão não se pode dizer fenômenos psicológicos, mas deve-se dizer fenômenos psíquicos?». O aluno respondia: «Um fenômeno psíquico é instintivo, normal». E eu: «Isso não é verdade, tudo aquilo que é psíquico é anormal; não apenas o que é psíquico, mas também aquilo que é lógico», e chegava a acrescentar: «O próprio princípio da identidade é doentio». O espanto na aula era geral!

Eu estava em Brașov, uma cidade no interior da Romênia, e lia Shakespeare, havia decidido conversar apenas com Shakespeare, todos os dias ia ler em um café. Certa vez, o professor de educação física se sentou à minha mesa. Perguntei-lhe: «Quem é você?». E ele: «Você não me reconheceu? Sou o professor de educação física» – «Como assim? Você não é Shakespeare? Então cai fora!». E ele saiu por aí dizendo que o Cioran tinha recusado conversar porque ele não era Shakespeare! Eu era mesmo meio maluco. Tinha um gosto pelo excesso, teria aderido a qualquer coisa que fosse excessiva, mesmo a uma seita religiosa mórbida.

LV
Você é considerado um misantropo, um personagem sombrio, no melhor dos casos um intelectual tímido e medroso. Mas apenas quem conhece o desespero conhece a alegria de viver... O que há de verdadeiro naquilo que se escreve sobre você?

EC Ah! A alegria de viver! Não quero usar essa expressão. Tudo o que escrevi é uma espécie de terapia. Meus livros dão uma ideia fragmentária de mim por uma razão precisa: porque escrevo apenas em momentos de desconsolo, porque não escrevo quando estou contente... Escrever o quê?

LV
Quando você está contente?

EC Às vezes acontece. [*Risos.*] Acontece com frequência... O que eu poderia dizer? Não posso descrever um dia de sol, o sol aliás me deprime, estou sujeito à melancolia. Meu trabalho... em resumo... meus livros oferecem uma ideia incompleta. É justamente graças a eles que não me tornei epilético. [*Risos*.] A epilepsia não realizada se transferiu para os meus livros; quase tudo o que escrevi, escrevi em momentos de uma exaltação sombria. Posso dizer que desde os dezessete anos de idade não passo um único dia sem uma crise de melancolia. Mas sou em sociedade o homem mais alegre que se possa imaginar.

LV   Você costuma participar da sociedade?

EC   Não mais, mas o fiz durante algum tempo; contudo vejo muita gente, muitos estrangeiros. Não falo em público sobre aquilo que me interessa profundamente, falo sobre a chuva e sobre os dias bonitos.

Escrever para mim é uma espécie de cura. Como escrevi certa vez a Octavio Paz, o que é verdadeiramente extraordinário é que cada vez que termino de escrever tenho vontade de assobiar. Não acredito na literatura; acredito apenas nos livros que traduzem o estado de espírito daquele que escreve, a exigência profunda de se desvencilhar de algo. Cada um dos meus textos é uma vitória sobre o desconsolo. Meus livros têm vários defeitos, mas não são calculados, são realmente escritos no calor da hora: em vez de estapear alguém, escrevo algo violento. Não se trata portanto de literatura, mas de uma terapia fragmentária: são vinganças. Meus livros são frases escritas para mim ou contra alguém, para não agir. Ações frustradas. É um fenômeno conhecido, mas no meu caso é algo sistemático.

Falo muito sobre mim: na minha visão, um autor deve fazê-lo. Montaigne disse que ele próprio era a matéria da sua obra. Há escritores mais pudicos que o disfarçam. Pascal, por exemplo, fica no meio do caminho, é mais pudico, não recorre à primeira pessoa, rejeita o *eu* de Montaigne como algo de mau gosto. Se alguém escreve, é para se desvencilhar de alguma coisa; não existe literatura impessoal. Dizem que a filosofia é impessoal, mas eu sou um falso filósofo. Estudei filosofia, escrevi uma tese sobre Bergson, mas deixei de acreditar na filosofia por causa de uma catástrofe pessoal de que falo em todos os meus textos: a perda do sono. Aos vinte anos, abandonei então a filosofia, pois não me serviria para coisa alguma. Aquele período de loucura sobre o qual eu falava ao tratar das tentações políticas corresponde a essa fase da insônia. Livrei-me dela na França: sofro ainda hoje, mas não no sentido patológico. Com 26 ou 27 anos, eu dormia por duas ou três horas no máximo. Tudo o que escrevi nessa época é delirante, e não se pode compreender nenhuma das minhas reações sem remetê-las a essa catástrofe. Era tão grave que a minha mãe chorava... Passava todas as noites perambulando... Um dia, eu lhe disse: «Não aguento mais»; ao que ela respondeu com uma frase que ainda hoje me impressiona (não se pode esquecer que minha mãe era casada com um pároco): «Se eu soubesse, teria abortado». Isso me sobressaltou, mas me fez muitíssimo bem.

Tudo o que escrevi sempre nasceu de algo, de uma conversa, de uma carta recebida. Eu poderia escrever – e talvez fosse mais interessante que os meus livros – o porquê dos meus textos, mostrando o aspecto mesquinho, a origem acidental...

LV
Como você gostaria de ser definido?

EC Não sei... Pode-se dizer qualquer coisa.

LV

Qual relação você tem consigo hoje em dia?

EC Veja, não é excelente.

LV

Mas tampouco é péssima.

EC Não, porque, apesar de tudo, não posso negar que estou velho. Mas não me sinto particularmente velho...

LV

Ser velho é algo que te aborrece?

EC Sim e não. Não, porque sei exatamente aquilo que o futuro nos reserva, mas me incomoda um tanto porque gostaria de presenciar a catástrofe e tenho a impressão contrária – de que não serei sua testemunha [*risos*] ou sua vítima. Tenho uma visão precisa do porvir. Falo da catástrofe histórica, naturalmente, não da atômica. Além disso, enquanto velho, eu me aguento mas não aguento os velhos; os outros velhos. São os jovens que leem meus livros. Escrevi um livrinho chamado *Silogismos da amargura*, que abriga coisas insolentes. Escrevi-o logo depois da guerra, quando estava completamente pobre e muitíssimo cínico. Quando o livro saiu, o *Breviário de decomposição* tinha acabado de ser publicado, e meus amigos disseram: «Você se comprometeu, é insolente mas não é sério». Houve apenas duas resenhas curtas, uma delas na *Elle* (por isso nunca serei um antifeminista por completo). O livro foi um fracasso total. Saiu em 1952 e em vinte anos vendeu apenas 2 mil exemplares – só custava quatro francos, uma mixaria! O livro foi considerado ruim e eu acabei concordando. Vinte e cinco anos depois, foi publicado como livro de bolso e é hoje o meu livro mais lido na

França e na Alemanha. Pode-se antecipar o destino de um homem, mas não o de um livro.

LV
A tentação de existir inclui o texto que você considera o melhor dos que você escreveu, as trinta páginas sobre os judeus. Você gosta dos judeus?

EC Conheci muitos judeus extremamente interessantes, são as pessoas mais inteligentes, imprevisíveis, as mais generosas nas relações humanas. Quando cheguei à França, os únicos que se interessaram por mim e perguntavam como eu seguia vivendo eram judeus. Vivi com os refugiados políticos judeus húngaros em 1937.

LV
Quais são os escritores com quem você convive ou conviveu em Paris?

EC As pessoas mais interessantes são aquelas que não escreveram coisa alguma. Sabe-se que os escritores são interessantes; seu trabalho, de todo modo, é conhecido. Então meus melhores amigos, tanto na Romênia quanto na França, eram pessoas que não escreviam ou eram significativamente mais interessantes. O escritor vende seu passado. Desfaz-se dele. Mas aquele que não se manifestou, aquele do qual se diz ser fracassado, guarda tudo em si porque não falou, esta é a vantagem.

LV
O que Paris significa para você?

EC Um mundaréu de coisas! É a paixão da minha vida... mas que agora acabou. Quando cheguei a Paris com uma bolsa francesa, decidi que era preciso viver nesta cidade a todo custo. Escrevi um artigo, o último em romeno, sobre o Quartier Latin: era de uma tristeza horrível que quase comprometeu minha bolsa de estudos.

Começava com uma citação de Rilke: «Vem-se aqui para viver, ou antes, para morrer». O artigo teve uma repercussão grande na Romênia, porque para os romenos Paris era o paraíso na terra. Seu sonho era torrar uma fortuna em Paris e então se suicidar. Escrevi o seguinte: «É uma das cidades mais tristes, mais melancólicas do mundo».

LV

O que você queria que fosse escrito sobre você mas que nunca se escreveu?

EC ... Como sempre escrevi sobre mim, como posso dizer?, não tenho o ponto de vista adequado. Não sei... Acho que o problema que se coloca é antes o seguinte: como é que pude viver com a visão da vida que tenho? Todo mundo sempre se perguntou por qual razão não me suicidei – e a pergunta de fato não é absurda. Não quero falar sobre isso, não vale a pena. A resposta é esta, vou te mostrar. [*Ele pega uma revista,* La Délirante, *e aponta as linhas seguintes: «Como dia após dia vivi na companhia do suicídio, seria injusto e ingrato da minha parte caluniá-lo. Há algo mais saudável, mais natural? O que não é saudável é o apetite inveterado de existir, deficiência grave, deficiência arquetípica, minha deficiência».*][4] Esta é a verdade.

LV

Uma virtude negativa e um defeito louvável.

EC De quem, de mim?

LV

Não, em geral.

EC Um dos meus amigos de juventude, um armênio que perdeu toda a família, agora está cansado de viver. É mais velho do que eu, tem quase oitenta anos e me escreveu em um momento de depressão profunda. Pediu-me uma espécie de autorização para se suicidar. Respondi: «Se você ainda consegue rir, não cometa suicídio; se não consegue, então sim». São as últimas palavras que posso dizer a alguém que me consulta. Enquanto você pode rir, mesmo que tenha mil razões para se desesperar, é preciso continuar. Rir é a única desculpa da vida, a grande desculpa da vida! E devo dizer que mesmo nos grandes momentos de desespero eu tive forças para rir. Essa é a vantagem dos homens sobre os animais. Rir é uma manifestação niilista, assim como a alegria pode ser um estado fúnebre.

Conversa publicada sob o título «Anarchia, disperazione, tenerezza», na revista *Vogue Italia*, n. 413, em agosto de 1984.

Notas:

[1] *Lacrimi şi sfinţi*, inédito no Brasil, mas conta com edição portuguesa: E. Cioran, Lágrimas e santos. Trad. de Cristina Fernandes. Lisboa, Ed. 70, 2022. [N. T.]

[2] Em tradução literal, «O mau demiurgo». Publicado originalmente em francês pela editora Gallimard, em 1969. Inédito em português. [N. T.]

[3] Benjamin Fondane (1898-1944), filósofo e poeta romeno naturalizado francês. [N. T.]

[4] Ver «Tares», em *La Délirante*, n. 8, verão de 1982, p. 21. [Nota da edição francesa.]

Conversa com
Gerd Bergfleth

GB

Monsieur Cioran, por que o senhor tomou a decisão de escrever em francês, quando já havia publicado alguns livros em romeno?

EC   Foram as circunstâncias que me levaram ao abandono da língua materna. Simone Weil dizia que mudar de religião é tão perigoso para um crente quanto mudar de língua é para um escritor. Não sou inteiramente dessa opinião. Escrever em língua estrangeira é uma emancipação; é livrar-se do seu próprio passado. No entanto devo confessar que no início o francês me parecia uma camisa de força. Nada poderia convir menos a um balcânico do que o rigor desta língua. O romeno, mescla de eslavo e latim, é um idioma despido de elegância mas poético na medida do possível, aberto às dicções de Shakespeare e da Bíblia. Tudo o que escrevi naquele país é despojado da mínima preocupação com o estilo; tudo é desastrosamente espontâneo. Mais tarde, quando me pus a escrever em francês, acabei percebendo que adotar uma língua estrangeira era talvez uma libertação mas também uma provação, até mesmo um suplício, embora fascinante.

Agora vou lhe contar como acabei por desertar a minha língua. Cheguei a Paris em 1937 como bolsista do Instituto Francês de Bucareste. Comprometi-me a escrever uma tese – um compromisso puramente formal. No fundo, nunca cogitei produzir nenhum trabalho sério, em momento algum busquei me aproximar de um tema, embora o tempo inteiro eu desse a entender que não o fazia por causa do risco de um esgotamento. Depois de um ano precisei enviar a Bucareste, para a renovação da minha bolsa, duas cartas de recomendação. Não conhecia ninguém, nunca havia feito um curso. Não queria de maneira alguma voltar para lá. O que fazer? Liguei para um amigo e pedi-lhe que me apresentasse a Louis Lavelle,[1] que ele encontrava de vez em quando. E lá fomos nós. Eram onze e meia. Eu queria causar boa impressão e desandei a falar de filósofos pouco conhecidos na França, em particular Georg Simmel, meu ídolo àquela altura, e de um punhado de livros e autores que me encantavam na época. Meia hora depois, ouvi barulhos no cômodo vizinho: era hora do almoço. Ele me perguntou: «Qual é exatamente o propósito da sua visita?». – «Preciso de uma carta de recomendação para o Instituto Francês de Bucareste.» – «Mas eu não te conheço.» – «Conversamos por meia hora. Você pode ver que sei das coisas.» Levantou-se como um boneco. Então, relutando visivelmente, escreveu-me a carta.

Eu precisava de uma segunda recomendação. No Jardim de Luxemburgo, abordei Jean Baruzi.[2] Diante deste especialista no misticismo espanhol, ostentei tudo o que eu sabia sobre o assunto. «Gostaria muito de vê-lo outra vez», ele me disse; quando revelei a razão da minha pressa, ele se horrorizou com meus procedimentos e recusou categoricamente. No fim encontrei um outro professor mais compreensivo. O diretor do Instituto Francês de Bucareste era, por sorte, indiferente à universidade. «Ele não escreveu uma tese», disse sobre mim, «mas é o único bolsista que conhece a França a fundo. Andou por tudo, o que no fim das contas vale mais do que passar todo o tempo enfurnado em uma biblioteca.» De fato, por meses andei pelo interior de bicicleta, dormindo em albergues da juventude – católicos e laicos. Dez anos se passaram, dez anos de improdutividade em que apenas aprofundei meu conhecimento do romeno. Durante o verão de 1947, quando estava em uma cidadezinha perto de Dieppe, dediquei-me sem grande convicção a traduzir Mallarmé. Um dia, uma revolução tomou conta de mim: era a convulsão que anunciava uma ruptura. Decidi no mesmo instante pôr fim à minha língua materna. «A partir de agora você vai escrever apenas em francês» se tornou para mim um imperativo. Voltei a Paris no dia seguinte e, colhendo as consequências da minha revolução repentina, mergulhei no trabalho de campo. Terminei com muita velocidade a primeira versão de *Breviário de decomposição* e mostrei-a para um amigo cujo julgamento – ou antes, diagnóstico – estava longe ser encorajador. «Típico de um meteco. É preciso refazer tudo.» Fiquei desapontado e furioso. Entretanto senti que ele tinha razão e segui seu conselho com rigor.

Gostaria de evocar aqui um outro episódio. Conheci um velho basco que havia perdido um braço na guerra de 1914. Como eu, vivia no Quartier Latin. Era um grande especialista na língua de seus antepassados. Exceto alguns artigos, nunca havia feito coisa alguma na vida – o que me maravilhava. Maníaco da correção, purista inveterado, tinha uma paixão pelas sutilezas gramaticais. Uma outra particularidade desse maneta: sua erotomania. Durante seus passeios, abordava as prostitutas e disparava obscenidades nas línguas mais refinadas. Com frequência íamos a Montparnasse de noite. Fanático pelo imperfeito do subjuntivo, quando uma daquelas peripatéticas cometia algum deslize ele a repreendia com uma voz tão alta que os pedestres paravam perplexos. Eu poderia escutá-lo por horas, não perdia nada do que dizia, eu era o espectador das suas ternuras soberbas e antiquadas. Suas observações, suas alusões equívocas eram carregadas de sutileza. Sua biblioteca exuberava livros eróticos dos quais ele apreciava em especial as acrobacias verbais, as indecências refinadas. Com frequência ele me perguntava se eu entendia tal ou tal expressão sutilmente obscena. Ele lia seus livros favoritos – vou me poupar de citar os títulos – pelos descobrimentos, insisto, pelas reviravoltas insólitas e sua obscenidade de alta classe. Esse senhor mutilado teve uma grande influência sobre mim. Conversávamos sobre léxico e sintaxe, sempre rejeitando em parte suas superstições puristas. Ensinou-me: «Se você não quer escrever como se deve, a única coisa que pode fazer é voltar para os Bálcãs». Por isso reescrevi várias vezes o *Breviário*. Enfim decidi mostrar-lhe o texto. Em um dos cafés em que nos encontrávamos com frequência, li uma página para ele: dormiu quase de imediato. Apesar de tudo, tenho uma dívida com ele. Sua cultura era vasta, sua vivacidade era única. No contato com ele descobri a onipotência da Palavra. Adoro o século XVIII, no qual, todavia, pela força da perfeição e da transparência, a língua se atrofiou – como, aliás, a sociedade. Ocupei-me muitíssimo da prosa pálida e pura do século, dos escritores menores em particular. Penso nas memórias de Madame Staal de Launay,[3] uma criada da duquesa do Maine. Um historiador cravou que é o livro mais bem escrito de toda a literatura francesa.

GB
Voltemos aos seus livros romenos. O senhor pode nos dizer algo sobre eles?

EC Meu primeiro livro, publicado em 1934, está contaminado de cabo a rabo pelo jargão filosófico. O que o salva é o fundo enormemente sombrio. Eu havia então perdido o sono, todas as minhas noites tornaram-se claras e a minha vida virou uma vigília perpétua. Eu vivia em uma cidade quase tão bonita quanto Tübingen: Sibiu, na Transilvânia. Vagava à noite pelas ruas como um fantasma. Então me veio a ideia de berrar o meu calvário. Nasceu assim *Nos cumes do desespero*, um título infausto a que os jornais recorriam para noticiar algum suicídio. Depois de um começo como este, eu tinha a certeza de que iria desmoronar. Para dar uma ideia do meu estado, vou recorrer a uma comparação desproporcional e quase insensata. Imagine um Nietzsche que começasse por *Ecce Homo*, pelo colapso, para então passar a *O nascimento da tragédia* e ao restante da sua obra. Portanto comecei *débil* – ou quase – para depois tornar-me cada vez mais normal, normal até demais. Havia no meu livro uma sinceridade infernal, vizinha da demência ou da provocação. Alguém me contou, na época, que uma mulher havia atirado o livro no fogo por causa do efeito que havia causado em seu marido. Minha mãe estava bastante preocupada. Um especialista que ela consultou sobre mim, e com quem fiz uma espécie de entrevista, tinha quase certeza de que eu tinha sífilis. Nos círculos intelectuais do Leste Europeu tal doença desfrutava de grande prestígio. Eu havia acabado de ler o livro de um sérvio que buscava demonstrar que aqueles que não tiveram a sorte de contraí-la deveriam abandonar qualquer esperança... Para sustentar sua teoria, ele citava inúmeros exemplos de personagens que tiveram a alegria da infecção. Precisei fazer um exame de sangue. O resultado foi decepcionante. «Seu sangue está limpo», o médico anunciou com tom de triunfo. «Você não parece feliz» – «É verdade: não sou», respondi.

Meu futuro me parecia inconcebível. Não via o que poderia fazer. Deveria ter escolhido uma profissão que me agradasse mas não me sentia capaz de um trabalho regular. Durante um ano, todavia, fui professor de filosofia no colégio de Brașov, na Transilvânia. Foi então que escrevi um livro sobre os santos, resultado de uma crise religiosa relativamente profunda. Levei-o a um editor de Bucareste que o aceitou sem lê-lo. Dois meses mais tarde, comunicou-me que se recusava a publicá-lo porque, alertado pelo impressor, deu uma olhada no livro e ficou horrorizado. «Veja bem, sou rico, fiz minha fortuna com a ajuda de Deus, e agora você aparece com todas essas blasfêmias monstruosas.» Dois meses depois o livro foi impresso em outro lugar, com a menção «Edição do autor». Enquanto isso, no final de 1937, fui a Paris.

Com exceção de uma jovem armênia, meu livro foi muitíssimo mal recebido pelos meus amigos. Eliade o atacou com violência. Meus pais ficaram particularmente constrangidos. Minha mãe, para ser honesto, não era crente, mas ainda assim era esposa de um pároco e, não menos importante, presidente da Associação de Mulheres Ortodoxas da cidade. Escreveu-me: «Você não deveria ter publicado esse livro enquanto estamos vivos. Todos por aqui o consideram escandaloso». Respondi-lhe de imediato com uma carta: «É preciso dizer a todos que escrevi o único livro verdadeiramente religioso a ser publicado nos Bálcãs». Foi então que percebi que nunca pertenceria à raça dos crentes. Nunca tivera e nunca teria fé. Curioso é que eu era fascinado por Teresa D'Ávila. Seu fervor exerce um tal poder, uma tal magia, que se tem a impressão de crer mesmo que não se creia. Foi depois de abrir por acidente um livro seu que Edith Stein se converteu ao cristianismo – perigo que ameaça qualquer incrédulo que caia no encanto da santa.

Volto agora às minhas experiências parisienses. O que foi que aprendi, afinal, na França? Antes de qualquer coisa, o que significa comer e escrever. No hotel em que eu vivia no Quartier Latin, todas as manhãs, às 9h, o gerente elaborava com sua esposa e seu filho o cardápio do almoço. Eu não conseguia superar o espanto. Minha mãe nunca nos havia consultado sobre um assunto como esse, enquanto naquela família havia todos os dias uma conferência diária entre os três. No começo eu pensava que haveria convidados. Não. A organização das refeições e a sucessão dos pratos eram objeto de um debate como se fosse o acontecimento capital do dia – e era. Comer – descobri então – não corresponde simplesmente a uma necessidade básica mas a algo mais profundo, a um ato que, por mais estranho que possa parecer, se dissocia da fome para ganhar o sentido de um autêntico ritual. Foi apenas com 27 anos, portanto, que aprendi o que significava comer, o que é notável, único, nesta degradação diária. E assim deixei de ser um animal.

Insensível à boa culinária, eu o era ainda mais à boa expressão. Se eu tinha algo a formular, fazia-o sem nenhum tormento. Mas, no país de Valéry, a interlocução com quem quer que fosse consistia em uma espécie de iniciação para mim.

GB

Talvez o senhor possa me dizer se existem relações internas entre seus primeiros livros em romeno e seu primeiro livro em francês?

EC Eles derivam de uma mesma visão da vida – de um mesmo sentimento do ser, por assim dizer. Expressam a reação de um marginal, de um pestilento, de um indivíduo que já não se concilia com seus semelhantes. Essa visão não me deixou. O que mudou foi minha maneira de traduzi-la. Com a idade – esta é a grande vergonha da velhice – já não se defendem as ideias com a mesma intensidade. Na minha juventude, aquilo que não era *intenso* me parecia frívolo. Não por acaso o meu primeiro livro foi uma explosão. O nada estava em mim, não foi preciso procurá-lo em outro lugar. Já quando criança tal pressentimento me havia atingido, por meio do tédio, fator de descobertas abissais. Eu poderia citar exatamente o momento em que tive a sensação do vazio, a impressão de ter sido expelido do tempo. Nunca deixei de experimentar esse vazio; tornou-se para mim um encontro quase cotidiano. O que é central é a frequência de uma experiência, o retorno insistente de uma vertigem.

GB

O senhor escreve em *Écartèlement*: «Os filósofos escrevem para os professores; os pensadores, para os escritores». Se é assim, não há dúvida de que o senhor é um pensador. O senhor pode detalhar?

EC   Na Alemanha há um desprezo pelo pensador. O filósofo, por outro lado, é muito admirado: ele constrói um sistema, tem o privilégio de ser ilegível! Na França, o escritor é deus, assim como o pensador – na medida em que este escreve para aquele. É uma pena que desde a última guerra os escritores tenham se rebaixado a ensinar.

GB

No entanto o senhor é simultaneamente um pensador e um escritor, e não apenas em um sentido amplo, porque – um tanto como Nietzsche – o senhor dá grande importância ao estilo, mas de um modo que lhe é bastante peculiar, ao mesmo tempo irritante e fascinante, o que o diferencia de outros escritores. Seria correto dizer que o senhor parte das suas sensações, dos seus humores, do tédio citado há pouco, por exemplo, e que desses estados passa à ideia?

EC   É exatamente isso. Tudo o que escrevi me foi ditado pelos meus estados, pelos meus acessos de todo tipo. Não é da ideia que eu parto; a ideia vem *depois*. Eu poderia recuperar a causa ou o pretexto de tudo aquilo que escrevi. Minhas decantações e minhas fórmulas são fruto das minhas vigílias. À noite somos outros homens, totalmente nós mesmos, como o último Nietzsche, sofredor e sitiado. Esta é a prova de que, no fundo, tudo é provocado pelas nossas «misérias»!

GB

No caso dele isso vai em uma direção bastante diferente, na medida em que ele dava um caráter objetivo às suas fragilidades de todo tipo.

EC Ele fazia isso muito bem, camuflou tudo maravilhosamente.

GB

É justamente o que o senhor não faz.

EC Exato. No entanto um escritor deve engambelar, esconder, enfim, a origem e o pano de fundo das suas manias e obsessões. Quanto às ideias, por vezes me acontece de emiti-las...

GB

Mas são apenas, na verdade, pensamentos bastante subjetivos.

EC Escrevo para me desvencilhar do fardo ou ao menos para aliviá-lo. Se eu não pudesse me expressar, teria cometido mais de um excesso. O filósofo subjetivo parte daquilo que sente, daquilo que vive, dos seus caprichos e das suas desordens. Pode-se dar um caráter objetivo a isso, pode-se mascará-lo. Por que eu o faria? O que senti ao longo dos anos amadureceu na forma de livros, e é como se tais livros se tivessem escritos a si mesmos.

GB

«Maldito livro que se pode ler sem se fazerem a todo instante perguntas sobre o autor», o senhor escreveu. Embora não falasse em seu nome, o que o senhor expressa aqui não é totalmente e fundamentalmente subjetivo?

EC Vou responder de maneira indireta. Leio, por preferência, diários íntimos, memórias, cartas. Há cerca de vinte anos trabalhei durante meses em uma antologia: *O retrato, de Saint-Simon a Tocqueville*, que talvez seja publicada na Itália. Ainda hoje, quaisquer que sejam as lembranças que me atraem, um escritor qualquer tem uma vida mais cativante do que um gênio. Estou certo de que prefiro uma obra que me obrigue a pensar em seu autor, o que é inimaginável em um trabalho estritamente filosófico.

GB

Os próprios poetas se escondem por trás de suas criações. O senhor, pelo contrário, fala abertamente a partir de um «eu».

EC   Vejamos Emily Dickinson, a quem admiro – ou melhor: a quem venero. Ela não para de falar de si mesma. O poeta objetivo não existe e não pode existir. O «eu» é onipresente em todo poema.

GB

Trata-se de um eu lírico. Os poetas têm, por assim dizer, uma consciência que se expressa no lugar da sua; o senhor, por sua vez, fala como autor.

EC   Não é verdade. Se falasse como autor, eu falaria daquilo que escrevo. Não é o caso. Falo aqui das minhas exasperações e letargias mais ou menos cotidianas, que no fim até mesmo uma empregada poderia entender. Seria ridículo da minha parte me comportar como um escrevente.

GB

O que eu queria dizer há pouco é que a sua subjetividade tem algo demoníaco, pois devora o seu eu. É uma subjetividade absoluta que se sobressai quando o senhor se compara a Hamlet ou a Macbeth. Macbeth, o senhor diz, é seu irmão, seu alter ego.

EC   Sim, eu me comparo a Macbeth, embora não tenha matado ninguém. Mas por dentro vivi o que ele viveu e aquilo que ele diz eu poderia dizer. Em meus acessos de megalomania, eu o acuso de plágio.

GB

É uma verdadeira provocação. O senhor se apresenta aqui como Macbeth.

EC Exatamente.

GB

Diante de um Macbeth autêntico, toda a sala fugiria.

EC Essa é uma maneira literal demais de levar as coisas. É preciso acrescentar nuances. Quando penso em Macbeth, identifico-me a ele; mesmo quando não penso nele, permanece meu irmão. É evidente que o que ele diz está ligado ao seu crime, mas vai também mais longe e mais fundo. Macbeth é um pensador, assim como Hamlet. Entendo Shakespeare, cujo transbordamento eu admiro com enorme paixão.

GB

Shakespeare, entretanto, é apenas um escritor – embora seja certamente o maior de todos.

EC Quando eu era professor em Braşov e escrevia meu livro sobre os santos, tomei a decisão abrupta de me dirigir apenas a... Shakespeare. Uma resolução clara, contundente, um tanto insensata, mas foi o que aconteceu. Na cidade havia um café bastante agradável, do tipo vienense. Eu o frequentava todos os dias depois de almoçar. Uma vez adotada a resolução, instalei-me em meu lugar habitual. Foi quando chegou um colega, professor de educação física. «Posso me sentar com você?» – «Quem é você? Shakespeare?» – «Você sabe que não.» – «Como assim, você não é Shakespeare? Então sai daqui!» Ele foi embora furioso, dizendo a todo mundo que eu tinha endoidado. Para voltar a

Macbeth, jamais o perdoarei por ter dito aquilo que – e estou intimamente convencido disso – me pertencia.

GB

Aqui o senhor está passando dos limites.

EC Fique tranquilo. Sou muitíssimo mais modesto do que parece.

GB

A pergunta que eu gostaria de fazer agora diz respeito ao ceticismo, um aspecto fundamental da sua obra. Ceticismo tão radical que opera contra si mesmo e desgasta qualquer sistema. O senhor questiona radicalmente até mesmo a linguagem. Então minha pergunta é: foi o ceticismo que determinou sua escolha pelo aforismo como modo de expressão?

EC Para dizer a verdade, não sei muito bem como me situo com relação ao ceticismo, embora ele esteja no centro de tudo aquilo que penso. O que é certo é que em um bom número de ocasiões ele desempenhou para mim o papel do mais eficaz dos calmantes. Entreguei-me à dúvida com volúpia, coisa que o cético não exatamente faz, uma vez que se preocupa com a manutenção de um intervalo entre suas ideias e si mesmo. Pascal representa o gênero de cético de que eu gosto, o cético obstinado em acreditar, que se agarra com desespero à sua fé, sinônimo – ou quase – do despedaçamento interior.

GB

O senhor faz também uma aproximação entre ceticismo e misticismo. O ceticismo não seria a forma negativa da mística na medida em que conduz à experiência do vazio?

EC Quando se lê a vida dos místicos, nota-se que todos atravessam um período de dúvida – uma dúvida que, levada ao extremo, beira o abismo e se destrói pelo seu próprio excesso. É quando de fato se dá o salto para fora do ceticismo. É importante fazer aqui a distinção entre santos e místicos. Os santos têm um lado positivo, querem agir, desviam-se de seu caminho pelos outros. A passividade não os favorece. O místico, por outro lado, pode ser totalmente inerte, um obsessivo, um egoísta sublime. A maior provação para ele é a sensação de abandono, de aridez, de deserto interior, isto é, a impossibilidade de recuperar a plenitude do êxtase.

GB
O vazio do místico aflui ao nada, mas um nada que é o todo. É assim que o enxerga?

EC Sempre sofri o encantamento daquilo que existe *depois* de Deus, ou antes, *acima* Dele.

GB
O cético deseja que o mundo inteiro o siga? Em outra palavras, o senhor escreve para o leitor ou para si?

EC Certamente não escrevo para os outros. Devemos nos dirigir apenas a nós mesmos, e, incidentalmente, a desconhecidos. Mesmo uma peça de teatro, se almeja a verdade, deve abstrair dos espectadores.

GB
Segundo o senhor, um livro é um «suicídio adiado». Então a literatura seria como um substituto; escrever em vez de se matar. Situa-se entre o desejo da morte e a morte, postergando sempre a solução final, sem contudo excluí-la. A escrita foi para o senhor um socorro?

EC Escrever é o grande recurso quando não se é um frequentador assíduo das farmácias; escrever é convalescer. Dou este conselho: se você odeia alguém sem particularmente querer censurá-lo, escreva seu nome cem vezes seguido de «vou te matar». Depois de meia hora, você se sentirá amansado. Formular é salvar-se, mesmo que se rabisquem apenas sandices, mesmo que não se tenha nenhum talento. Nos manicômios, deveriam oferecer a cada paciente montes de papéis para rascunhar. A expressão como terapia. A ideia do suicídio tem a mesma virtude. A vida deixa de ser um pesadelo quando se diz: «Posso me matar quando quiser». Pode-se de fato suportar qualquer coisa quando se dispõe de um recurso como esse.

GB
A morte é, para o senhor, um absoluto?

EC Na minha juventude, ela nunca me deixou; estava no centro das minhas noites e dos meus dias, uma presença justificada em si, legítima ao extremo e ao mesmo tempo mórbida. Coisa estranha: com a idade, pensa-se nela cada vez menos. Recebi recentemente uma carta de um amigo de longa data que escreveu que a vida já não lhe diz coisa alguma. Respondi: «Se você quer um conselho, está aqui: quando você já não conseguir rir, apenas então deverá se matar. Mas enquanto for capaz de fazê-lo, espere. O riso é uma vitória, a verdadeira, a única, sobre a vida e a morte». A Criação, que extravagância!

GB
Como o senhor encara o declínio da civilização e o fim da história?

EC Como o homem é um aventureiro, pode apenas terminar mal. Seu destino está claramente definido já em Gênesis. A verdade da Queda, aquela certeza dos primórdios dos tempos, tornou-se a nossa verdade, a nossa certeza.

GB

Uma última pergunta: o senhor não seria um teólogo disfarçado, um teólogo do desastre, um teólogo gnóstico?

EC Interessei-me muito pela Gnose, isso é evidente. O resultado disso foi um pequeno livro, *O mau demiurgo*, cujo título alemão, *Die verfehlte Schöpfung* (A Criação fracassada), me agrada. Pode-se apenas imaginar o Criador como mau ou, no melhor dos casos, descuidado. Essa concepção, depois do eclipse de alguns séculos, retorna hoje com força. Mas não sou tão ranzinza a ponto de me intitular de teólogo.

GB

Não foi o que eu quis dizer.

EC Toda heresia – adoro esta palavra! – é apaixonante. Depois da longuíssima hegemonia cristã, agora podemos adotar livremente a ideia de uma origem impura, imanente ao Criador e à criatura. Essa ideia nos permite compreender melhor – e sobretudo enfrentar melhor – o indefinível devir histórico e, para falar a verdade, o devir puro e simples. A crença em tal origem não é, claro, um remédio milagroso, mas não deixa de ser um refúgio para todos aqueles que não param de meditar sobre a correnteza do Mal.

Conversa publicada originalmente em alemão, sob o título «Ein Gespräch – Geführt von Gerd Bergfleth», em 1985, na cidade de Tübingen. A sua primeira versão francesa é de 1987.

Notas:

[1] Louis Lavelle (1883-1951), filósofo francês, membro da Académie des Sciences Morales et Politiques [Academia de Ciências Morais e Políticas]. Dele, a Editora Âyiné publicou *O erro de narciso*, com tradução de Pedro Sette-Câmara. [N. T.]

[2] Jean Baruzi (1881-1953), filósofo e historiador das religiões francês. Professor do Collège de France entre 1933 e 1951. [N. T.]

[3] Marguerite de Launay (1684-1750), Baronesa de Staal, memorialista francesa. [N. T.]

Conversa com
Esther Seligson

ES
Dizem que você é pessimista.

EC Isso não é verdade. Não tenho essa impressão. Não é exagero: o que digo é exato; pode ser que eu esteja aquém da realidade, mas isso se explica: nunca escrevi a não ser em momentos de depressão, em que escrever se torna uma terapia talhada à minha maneira. Não se escreve quando se sente vontade de dançar. Há aqueles, entretanto, que conseguem escrever em um estado neutro, e não apenas os professores. Escrever em geral é inútil, mas, como ninguém pode fazer coisa alguma por nenhuma outra pessoa, pode-se escrever para si, para «convalescer», mesmo que apenas momentaneamente. As páginas mais sinistras que escrevi me fizeram rir mais tarde. Na releitura, tornaram-se outra vez deprimentes, mas o que corrijo é o estilo, não a ideia. Se eu fosse realmente pessimista, a maior parte das pessoas não me leria. Elas me consideram até mesmo «reconfortante». Eu sou um pequeno benfeitor. Mas meu remédio não é universal.

ES
Desde que você escreveu *História e utopia,*[1] sua visão da Rússia e da Europa mudou?

EC Em essência, não. A Rússia me interessa porque sua literatura é a mais profunda. Por outro lado, não há poetas comparáveis aos ingleses. A literatura tem dois grandes gênios: na poesia, Shakespeare, e, como visionário, Dostoiévski – este último por sua dimensão religiosa que beira ao mesmo tempo o delírio e o limite último dessa dimensão. O personagem de Kirilov nunca foi superado. Dostoiévski transformou seus estados patológicos em visões. À primeira vista pode parecer mórbido; na prática, ele promoveu a epilepsia ao patamar da metafísica. Eu me considero um epilético frustrado. Shakespeare e Dostoiévski me marcaram profundamente. Por outro lado, na origem de *História e utopia* está María Zambrano, que conheci no Café de Flore. Conversamos sobre seus mestres – Ortega – e sobre a utopia. Então eu disse a ela que escreveria algo sobre isso. E assim foi. Comecei a ler a literatura utópica. Swift escreveu a mais bela antiutopia, embora Gulliver seja em si mesmo uma utopia. Sua comparação entre o homem e os cavalos, que são o contrário do homem, é a mais terrível das descrições que se podem fazer dele. É um humor sombrio levado ao absoluto. O traço da utopia é admitir que o estado de perfeição é possível. Quanto à Europa, acredito que acabará por ceder, diante da Rússia. Não penso em uma agressão, mas em pressões cada vez mais fortes sobre uma Europa esgotada. Sempre tive essa visão, desde o colégio, quando lia a teologia russa. Meu pai era pároco, subordinado a um bispo dono de uma biblioteca em alemão sobre os russos – os quais sempre acreditaram, sem sombra de dúvida, que era seu dever salvar o mundo. A forma não importa; o

importante era a vontade de cumprir tal missão, que dá
à Rússia seu sentido como nação. Enquanto as nações
da Europa Ocidental, que já não acreditam em si mesmas, se deterioram. É evidente que falo de realidades
históricas, não ideológicas ou políticas. A ideologia
implica sempre uma situação local, enquanto a perspectiva história é mais vasta. A fórmula política é uma
resposta a uma situação imediata.

ES

Você considera ainda o fim da história como um apocalipse?

EC   Não. Acredito que o homem esteja condenado, mas não
sei dizer como vai terminar. Há inúmeras possibilidades.
Acredito, sim, em seu destino trágico. Falar da bomba
atômica é trivial, mas uma realidade. A catástrofe não
será total. Para ser mais exato: a Europa, os Estados
Unidos e a Rússia vão desaparecer. São as nações que
fizeram a história. O apocalipse atômico tornou-se a
visão de um zelador: embora seja plausível e justificada,
não é interessante. É o destino do homem, para além
desses «acidentes», que interessa. Aventureiro por natureza, o homem não terminará em sua cama. Se tudo
correr bem, terminará degenerado, impotente, uma caricatura de si mesmo, um animal degenerado. Não pode
renovar-se infinitamente, considerando o ritmo acele-
rado da história, mas pode manter-se ainda por alguns
séculos, como sobrevivente. Tudo o que o homem faz
se volta contra ele: esse é o seu destino e a lei trágica
da história. Paga-se por tudo, pelo bem e pelo mal. É
a grande ironia da história como destino do homem –
destino que consiste apenas em se corromper. Tudo tem
um propósito, exceto o homem, fanático agarrado a
seus objetivos. E todo fanático é um simulacro de Deus.

É possível viver sem acreditar no sentido da história? A vida tem um sentido? Quando se assiste a um velório, pode-se dizer que morrer foi o sentido daquela vida. Não há propósito em si. A ilusão do propósito é o grande motor. A menos que aquele que o tem não saiba se tratar de pura ilusão. E o conhecimento consiste em saber daquilo que se trata; todo o resto é vida (não necessariamente com um V maiúsculo)... Enfim, está aí a minha visão otimista, no caso de o homem não se destruir com seus próprios meios...

ES
Você disse que sua única pátria é a língua em que você se expressa. A escrita seria então, em alguma medida, seu documento de identidade.

EC É isso. Simone Weil escreveu em sua *Carta a um religioso*[2] que «mudar de religião é algo tão sério e perigoso quanto mudar de língua o é para um escritor». Para mim – adotei a condição de apátrida –, a língua é uma amarra, um alicerce, uma certeza. Não somos uma nacionalidade; somos uma língua. Fora dela, tudo se torna abstrato e irreal. Então, sim, a língua é uma pátria e eu me desnacionalizei. Em certo sentido, libertei-me, mas isso se revela igualmente doloroso. Para um poeta seria uma catástrofe.

ES
Paris ainda te seduz tanto quanto no passado?

EC Não. Para mim, Paris foi a idolatria. Mas me cansei, porque envelheci e a cidade também. A magia terminou. Se não a abandono, é porque vivo nela há quarenta anos. Mas ela já não me inspira. Chamfort escreveu antes da Revolução Francesa: «Paris, cidade-luz, cidade do prazer, em que quatro a cada cinco habitantes morrem de desalento». É uma cidade triste. Está arrasada. Tornou-se um inferno – ou um pesadelo – que não posso abandonar. Eu não poderia viver em outro lugar.

ES

Qual foi a sua relação com Henri Michaux?[3]

EC Eu o conheci há mais de trinta anos. Nós nos demos muitíssimo bem e sempre fomos amigos. Conversávamos por horas ao telefone e nos víamos o tempo inteiro. A idade não contava nele, pois sempre foi vivaz, combativo, crítico e engraçado, curiosamente poupado pela vida. Eu me sentia mais velho do que ele, que não tinha a amargura que nos vem com os anos. Com frequência eu o apanhava em flagrante delito de otimismo. Era muito brincalhão e irônico. Dava a impressão de estar fora do mundo, mas na verdade sempre sabia de tudo, sobretudo de cinema. Sua vida foi um êxito, pois ele fez exatamente o que quis. Escreveu, explorou. Não foi um fracasso (a maioria de nós o é, em certa medida; para mim, o êxito consiste justamente em ser um fracasso, embora eu pudesse tê-lo feito melhor), e por isso em sua morte não há tristeza. Tenho um fraco pelos frustrados. Eu o repreendia por se atormentar com a desaparição provável do homem; esse aspecto ingênuo de um ser tão lúcido e inteligente me surpreendia. Também o repreendi por explorar tanto a droga. Um escritor não deve explorar com tanta minúcia seus temas, sob o risco de se parecer com um cientista. O escritor deve sugerir. Michaux tinha uma mente de cientista; inclusive queria ser médico, mas desistiu. Para mim, é o protótipo do homem próspero.

ES

O homem te fascina, não?, embora você se oponha à condição humana. Ou é o contrário?

EC   É evidente que o que me interessa é o aspecto ambíguo do homem. Tenho horror dos homens, mas não sou um misantropo. Se fosse onipotente – Deus ou o Diabo –, eu eliminaria o homem. Tudo sobre ele já está dito em Gênesis. Atraído por aquilo que o nega, optou pelo risco, ou seja, pela história. Escolheu mal desde a origem, e, sem esse exílio, não haveria história. Ele escolheu sua condição trágica... Não, não aceito Gênesis como uma revelação, mas como um ponto de vista sobre a concepção do homem. Aqueles que escreveram esses livros apenas meditaram – tinham tempo – e viram, no desenrolar da história, aquilo que o homem era, seu destino e sua condição: escolheu o conhecimento e, por consequência, o drama. A aventura humana começou com uma incapacidade de modéstia. Deus lhe pedia para ser humilde, ficar quieto no seu cantinho, não se meter com coisa alguma. Mas o homem é um intrometido espalhafatoso, esse é o seu princípio demoníaco – e caso não se aceite esse princípio, não se compreende a história. Não acredito no pecado original à maneira cristã, mas sem ele não se poderia compreender a história universal. A natureza humana foi corrompida no embrião. E não, não falo como um crente, mas sem essa ideia vejo-me na impossibilidade de explicar o que aconteceu. Minha atitude é a de um teólogo não crente, de um teólogo ateu.

ES

Se alguém lhe oferecesse a imortalidade, em qual mundo você imaginaria viver?

EC   Não posso responder, a menos que acredite na realidade

da utopia. No fundo, para mim, o interesse da vida é que não haja respostas. É verdade que, por acaso ou por acidente, elas existem, mas não são respostas *em si*. Para mim, não há certezas. Sou um cético...

Conversa publicada sob o título «Cioran de cara a sí mismo», na revista mexicana *Vuelta*, em fevereiro de 1985.

Notas:

[1] *Histoire et utopie* (1960). Ed. bras.: E. Cioran, História e utopia. Trad. de José Tomaz Brum. Rio de Janeiro: Rocco, 2011. [N. T.].

[2] Publicado na França em 1951, *Lettre à un religieux* foi editado no Brasil: S. Weil, Carta a um religioso. Trad. de Monica Stahel. Petrópolis, RJ: Vozes, 2016. [N. T.]

[3] Henri Michaux (1899-1984), escritor e pintor belga naturalizado francês. [N. T.]

Conversa com
Fritz J. Raddatz

FJR

Eu gostaria de começar falando sobre a sua concepção da história. Há na sua obra muitas fórmulas que se poderiam citar e pareceriam contraditórias: a história do mundo como a história do mal, ou então: «A minha paixão pela história se deve ao gosto que sinto pelas catástrofes», ou ainda: «A história é uma história de loucos». Ao mesmo tempo, Susan Sontag aproxima a sua representação da história daquela de Nietzsche. Está certo?

EC Não. Há – eu ousaria dizer – uma semelhança de temperamento entre Nietzsche e mim: somos ambos insones. Isso cria uma cumplicidade. Mas a minha concepção da história se encontra de fato nas formulações que você acabou de citar. É a minha posição, o meu sentimento.

FJR

Voltemos a Nietzsche. Susan Sontag diz: Nietzsche não recusa o pensamento da história porque é falso, mas, pelo contrário, é por ser verdadeiro que ele deve recusar. E acrescenta que esta também é a concepção de Cioran. Mas, ao que parece, são concepção diferentes?

EC São diferentes. Na origem da minha posição está a filosofia do fatalismo. Minha tese fundamental é a impotência do homem. É apenas um objeto da história e não seu sujeito. Detesto a história, detesto o processo histórico.

FJR

O senhor nega o progresso?

EC Eu nego o progresso. Vou contar uma anedota que é mais do que uma anedota. Aqui, não muito longe da minha casa, escreveu-se o primeiro e o melhor livro sobre o progresso. Durante o Terror,[1] foi aqui que Condorcet[2] se escondeu e escreveu o seu *Esboço de um quadro histórico dos progressos do espírito humano*, a teoria do progresso, a primeira teoria clara e militante da ideia do progresso; foi em 1794. Ele sabia que estava sendo procurado, abandonou sua pensão familiar e se refugiou em um arrabalde de Paris. Algumas pessoas o reconheceram em um restaurante e o denunciaram – e ele se suicidou. Seu livro é a bíblia do otimismo.

FJR

Essa é uma anedota. Mas o senhor não formulou sua crítica. Pode-se de fato e de uma maneira geral negar todo processo histórico e negar o progresso no interior de tal processo?

EC Não posso negá-lo. Mas, para mim, tudo o que é ganho é ao mesmo tempo uma perda. E assim o progresso anula a si mesmo. Cada vez que o homem dá um passo adiante, ele perde algo.

FJR

O senhor poderia me dar um exemplo?

EC Pegue a ciência, os remédios, as técnicas médicas, as máquinas para prolongar a vida. Eu diria: outrora os homens morriam de sua própria morte, era seu destino, morriam sem cuidados. Hoje, graças aos remédios, o homem leva uma vida falsa, uma vida artificialmente alongada. Já não vive o seu destino.

FJR

Mas, *monsieur* Cioran, o senhor estava contente e leve quando me falava, não faz muito tempo, a respeito do resultado dos seus exames de raios X. Para isso foi preciso que Röntgen um dia fizesse a sua descoberta. Não é um progresso?

EC   Sim, mas valeria mais se eu morresse da minha própria morte.

FJR

Mas o senhor também foge dela.

EC   É verdade. Faço parte do pacote, dessa loucura. Não posso fazer diferente. Também ando de metrô. Faço tudo o que os outros fazem.

FJR

O senhor participa da civilização que condena. O senhor tem um telefone, viaja de avião.

EC   Hoje acredito que teria valido muitíssimo mais se eu tivesse ficado na cidadezinha de onde venho e criasse um rebanho. Teria entendido as coisas essenciais tão bem quanto aqui. Lá, estaria mais perto da verdade.

FJR

O senhor acredita que a sua erudição mascara a verdade?

EC   Teria sido melhor se eu vivesse na companhia dos animais, das pessoas simples, exatamente como os pastores. Quando vou a lugares primitivos – à Espanha, por exemplo, ou à Itália – e converso com pessoas bastante simples, tenho sempre a impressão de que é nelas que a verdade se encontra.

FJR

O senhor fala como alguém à margem, de certa forma como alguém «verde»: o retorno à natureza.

EC   Em essência, a cultura e a civilização não são necessárias. Para entender a natureza e a vida não se precisa de erudição. Peço licença para contar ainda outra anedota. No tempo da minha infância, tínhamos um jardim próximo do cemitério e o coveiro era meu amigo, eu era um menino e ele devia ter cinquenta anos. Estou certo de que esses primeiros anos vividos perto do cemitério tiveram sobre mim algum efeito, inconscientemente. Essa relação direta com a morte certamente exerceu influência sem que eu me desse conta.

FJR
Pode-se fazer dessa experiência pessoal um filosofema? Esta é a pergunta que me faço a respeito do que o senhor escreve. O senhor viveu desde muito jovem avizinhado da morte, certo. Mas isso justifica assimilações filosóficas como: «Ontem, hoje, amanhã são categorias para uso dos servos», ou então: «Eu era, eu sou, eu serei: remetem à gramática e não à existência»?

EC   As grandes questões da vida nada têm a ver com a erudição. As pessoas simples têm com frequência intuições que um filósofo jamais poderia ter. Pois o ponto de partida é o vivido, não a teoria. Até mesmo um animal pode ser mais profundo que um filósofo, quero dizer, ter um sentido mais profundo da vida.

FJR
Não discordo, mas penso em outra coisa: ao expressar suas ideias, o senhor indica de certa maneira um caminho que outros podem seguir. Tais ideias que o senhor expressa não são simplesmente conversa de elevador, o senhor as publica. Publicar já é ensinar. Então o senhor leva as pessoas a pensar que a história é uma catástrofe, que o progresso não existe. Pode-se de fato dizer tais coisas tão categoricamente?

EC   Não acredito que haja soluções.

FJR

E tampouco acredita naquilo que todavia faz parte do pensamento de todo autor quando publica, em uma humanização do gênero humano. É imaginável para o senhor?

EC   Não, realmente não é imaginável. Pode-se mudar um pouco, de tempos em tempos, o fluxo da história. Mas a fundo, em essência, não se pode mudar coisa alguma.

FJR

A natureza do homem é imutável, é má?

EC   Não má: maldita. O homem é mau, acredito mesmo, mas isso é quase um detalhe. O homem não pode escapar do seu destino.

FJR

Diante de uma representação tão sinistra do homem e da história, existe a tentação de perguntar: por que o senhor publica, afinal? Para quê? Para quem?

EC   Você tem total razão em fazer uma objeção como esta. Sou um exemplo daquilo que descrevo. Não sou uma exceção; pelo contrário. Estou cheio de contradições. Sou incapaz da sabedoria e, no entanto, tenho um grande desejo de sabedoria.

FJR

Mas certa vez o senhor disse: «Aquele que é sábio não produz». Não ser sábio é o berço do produzir.

EC   É exatamente o que penso. Mas ninguém precisa me seguir.

FJR

Ninguém precisa segui-lo?

EC   Se o fizer, pior para ele. Tudo o que escrevi são estados, estados mentais ou de espírito, dá para dizer. Em todo caso, escrevi para me libertar de algo. Portanto considero tudo o que escrevi não como teoria, mas como uma cura verdadeira para o meu próprio uso. O viés dos meus livros vem do fato de que só posso escrever sob uma certa condição. Escrevo em vez de me esmurrar...

FJR

... em vez de arrancar cabeças.

EC   É para mim um desafogo incrível. Acredito que se eu não tivesse escrito, as coisas teriam se tornado ainda piores para mim.

FJR

Sim, mas escrever e publicar são coisas bem diferentes. Sua cura, o senhor diz, é escrever. Mas por que publicar? É evidente que para influenciar os outros.

EC   Não, publicar é extremamente saudável. É uma libertação, como estapear alguém. Quando você publica algo que escreveu, aquilo passa a estar fora de você, já não lhe pertence. Quando se odeia alguém, basta escrever cem vezes: «Odeio esse fulano», e depois de uma meia hora já se está livre. Assim, quando arremeto contra a vida, a humanidade, a história...

FJR

Será que o traço tão aforístico da sua escrita tem algo a ver com isso?

EC   Com certeza, com certeza é isso. Todos os aforismos que eu escrevi são...

FJR

... pequenas pílulas?

EC   É isso, muito bem colocado, são pílulas que eu encontro e que fazem seu efeito.

FJR

Mas naturalmente você envenena os outros com eles – a mim, por exemplo. Se me permite dizer: quando, ao me preparar para nossa conversa, reli todos os seus livros traduzidos ao alemão, foi como se um veneno se inoculasse gota a gota em mim: às vezes me divertia, às vezes me desolava. Eu me dizia: ele tem razão, no fim nada faz sentido.

EC   Não há dúvidas!

FJR

Não me refiro a seus livros, claro, mas falo em geral: nada no mundo faz sentido.

EC   Acredito piamente que nada faz sentido.

FJR

Há um miniterrorista escondido em algum lugar dentro do senhor.

EC   Não, recebi muitas cartas durante a minha vida. As pessoas experimentam uma libertação. Eu tinha medo ao publicar aqueles livros, porque pensava que iria ofender. O que aconteceu foi o contrário.

FJR

Mas é preciso lembrar que aqueles que se suicidaram já não estão em condições de agradecer.

EC   Não é bem assim.

FJR

Mas alguém que diz que a vida é «o kitsch da matéria», para tomar uma frase sua em meio a tantas outras, ou que esboça o ato da procriação como uma «ginástica grotesca acompanhada por grunhidos», ou que diz: «Não consigo pronunciar as palavras 'eu sou' sem corar de vergonha», inocula o veneno do abatimento, também no sentido ativo da palavra, no espírito alheio. Se de fato «já não consigo dizer 'eu sou' sem corar de vergonha», então preciso perguntar, mesmo se a questão pareça cruel: por que o senhor é?

EC   Estas coisas foram escritas em um momento de verdadeiro desespero. Mas não gosto desta palavra.

FJR

Muito grudenta?

EC Tudo o que escrevi me veio durante a noite. Qual é o traço da noite? Tudo deixa de existir. Há apenas você, o silêncio e o nada. Não se pensa em coisa alguma, absolutamente; se está sozinho como Deus está sozinho. E, embora eu não seja crente – talvez não acredite em coisa alguma –, essa solidão absoluta exige um interlocutor; e, quando falo de Deus, é apenas como um interlocutor no meio da noite.

FJR

Mas o senhor não se refere ao Deus que em geral se representa na religião?

EC Não; refiro-me ao limite último. Um interlocutor passageiro, do qual precisamos. É a ideia que tenho de Deus. Afinal, no meio da noite não nos perguntamos se esta ou aquela formulação é perigosa. Não há futuro, não há amanhã. Não se pensa em impressionar as pessoas, em influenciá-las; a influência não está em questão no meio da noite. Não há história, tudo está inerte. E a formulação escapa ao tempo, escapa à história – está para além da história.

FJR

Mas o senhor continua a escrever durante o dia? E é então que lê aquilo que escreveu?

EC Sim, mas em geral tudo isso se formula durante a noite. E é uma coisa completamente diferente, não a minha «visão do mundo», é uma outra disposição: escrevo sem perguntar se aquilo tem influência, se é perigoso ou não; é um ponto de vista absoluto. Você deve conhecer bem a insônia; é-se outro homem, ou nem mesmo um homem, tampouco uma criatura, tudo se imobiliza e a palavra já não tem sentido algum; a questão nem se coloca.

FJR

Muito simplesmente, as palavras «eu sou» ainda carregam algum sentido no meio da noite, pois, mesmo no meio da noite, no breu da solidão, com esse limite que se afasta – Deus –, o senhor ainda sabe que é, que é fisicamente. E se então o senhor diz: «Já não consigo pronunciar as palavras 'eu sou' sem corar de vergonha», é porque o senhor se odeia. Há no senhor algum ódio de si mesmo?

EC É evidente que sim. Está claro que em tudo que escrevi aparece, mais ou menos dissolvido, mas sempre lá, esse sentimento de ódio. Não sei de onde ele vem. Pode haver mil motivos, inclusive o fato de que não fui às últimas consequências. É muito possível.

FJR

O senhor se refere ao suicídio?

EC Sim.

FJR

Certa vez o senhor escreveu: «Todos os meus livros são suicídios frustrados».

EC Exato.

FJR

Mas quando alguém vive tão próximo da fronteira do suicídio, do ódio, da repulsa de si, permite-se uma pergunta, por mais inconveniente que seja: por que Cioran não se matou?

EC A resposta está no meu livro *Silogismos da amargura*: sem a ideia do suicídio, eu certamente teria me suicidado. Essa é a chave da minha posição.

FJR

Ou seja, o senhor abstrai da realidade, da realidade possível do suicídio. Uma vez que o senhor a pensa, ela desaparece como realidade.

EC   Sim. O problema é este. Desde a minha juventude até hoje, vivi cada dia com esta ideia, a ideia do suicídio. Mais tarde também, até agora, mas talvez não com a mesma intensidade. E se ainda estou vivo é graças a essa ideia. Apenas pude aguentar a vida graças a esta ideia, que foi meu amparo: «Você é senhor da sua vida, você pode se matar quando quiser», e assim pude aguentar todas as minhas loucuras, todos os meus excessos. E pouco a pouco tal ideia começou a se tornar algo como Deus para um cristão, um apoio; tenho um ponto de fuga na vida.

FJR

O ponto de fuga da sua vida é a ideia do suicídio?

EC   Sim, acompanhou-me por toda a vida, e com sucesso.

FJR

Como se pode ver.

EC   É uma religião às avessas, uma espécie de religião pervertida.

FJR

Uma ritualização também. Tudo o que o senhor escreveu até agora atesta que seus esforços para pensar e para escrever são, no fim, um ritual de conjuração.

EC   Sim, é isso.

FJR

Minha objeção agora, ou minha pergunta: se as coisas são assim, pode-se dizer também que este é o ponto fraco da sua obra, que o senhor se desvencilha da realidade por meio da escrita e que, assim como evita o suicídio ao escrever e pensar sobre ele, então recusa a realidade por meio da escrita, com a escrita?

EC   Acontece que, basicamente, não sou uma pessoa ativa. Se fosse, teria me suicidado. Sou alguém passivo, incapaz de intervir, irresponsável também, tenho medo de toda forma de responsabilidade. A simples ideia de responsabilidade me adoece.

FJR
Talvez por isso o senhor tenha se tornado uma espécie de porta-voz do irracionalismo?

EC   O irracionalismo tem na Alemanha traços muito diferentes do que aqui.

FJR
Não sei se conhece o poeta alemão Gottfried Benn.

EC   Descobri Benn há quatro ou cinco anos. Mas não teve sobre mim nenhuma influência, porque não o conhecia antes disso.

FJR
Mas não se vê bastante próximo dele?

EC   Em parte, talvez.

FJR
Extraordinariamente próximo. Muitas das suas frases – «no fundo eu gostaria de ser uma pedra», «se eu pudesse ser um animal», «por que não seguimos sendo indigentes e alegres na companhia dos bichos» – podem ser lidas como versos de Benn, ecoando o seu famoso: «Ah, se pudéssemos ser os ancestrais de nossos ancestrais. Um grão de barro no mormaço dos pântanos».

EC   É verdade, sem dúvida.

FJR
Falei de Benn porque estávamos no irracionalismo, na *irratio*. Gottfried Benn também foi um porta-voz da *irratio*, e qual foi o seu desfecho? Leio agora uma frase de Cioran: «A idolatria de um paraíso original que teria existido é o

sinal particular do pensamento reacionário, conservador, se preferirmos». A idolatria do estático por Benn e sua recusa à história o levaram à beira do fascismo. E as mesmas frases em Cioran? Elas também não levam muito diretamente a posições reacionárias?

EC Depende. Mas veja bem: para mim, conceitos como origem, pré-história, não-história ocupam outro espaço. Reacionário? Talvez. Mas seria mais justo, penso, se você encontrasse para a minha posição uma explicação filosófica, não política.

FJR

Mas a questão é que vivemos na história, mesmo que o senhor a rejeite como ideia. Stálin é a história. Hitler é a história. Leio outra frase de Cioran: «A nostalgia da barbárie é a palavra final de toda civilização». Há também no senhor uma parte de nostalgia da barbárie? Uma parte de nostalgia do lodo original? Da estalactite, das cavernas?

EC Com certeza é verdade, não nego. Não me coloco acima da política, nisto você tem razão. Mas é algo muitíssimo mais profundo, está para além da política, está na minha natureza; desde a minha juventude havia tal inclinação pela recusa, pelo não, o gozo do não.

FJR

A sua vida consciente se expressa apenas por meio da recusa?

EC É algo muito profundo em mim.

FJR

Mas o não absoluto pode muito bem tornar-se um sim perverso.

EC Pode acontecer.

FJR

É verdade que em sua juventude você era próximo ao fascismo romeno?

EC Sim. Mas não eram as suas ideias que me interessavam; era, antes, seu entusiasmo. Era algo que estabelecia entre mim e aquelas pessoas uma espécie de vínculo. Uma história patológica, no fim. Pois culturalmente e nas minhas concepções eu era totalmente diferente deles.

FJR

Um ponto muito importante, decisivo: recusa, eliminação da realidade pela escrita, inclinação manifesta pela *irratio*, e por fim quedas igualmente monstruosas. Há aqui uma sucessão lógica?

EC Nem um pouco. Pois ao mesmo tempo eu, que era filho de um pároco, participei de todas as sessões do Congresso Mundial dos Judeus em Bucareste – o único que não era judeu. E fiquei fascinado. É outro aspecto da minha natureza.

FJR

Você é um oponente do Iluminismo?

EC Estudei durante anos o Século das Luzes na França. Isso me atraiu porque era também algo de extremo para mim. É assim que se deve dizer, acho. Todo o extremo sempre me fascinou. O marxismo, por exemplo, nunca me atraiu. Por quê? Porque é sistemático demais, sério demais, rígido e dogmático, e pouquíssimo individual. Não há fantasia, fantasia teórica, no marxismo.

FJR

Então o fascismo, o nazifascismo em especial, produziu no senhor esse mesmo fascínio?

EC Não.

FJR

Uma frase sua sobre os nazistas: «E no entanto essa loucura, por mais grotesca que pudesse ser, depunha a favor dos alemães. Não mostrava que eram os únicos no Ocidente a

conservar ainda certos resquícios de frescor e de barbárie?».
Frescor e barbárie: dois conceitos positivos para o senhor. E continua: «E que foram ainda capazes de um grande desígnio ou de uma grande loucura».

EC São os alemães que me interessam neste caso, não os nazistas. Por outro lado, a história não é um sistema de valores. É provável que, como alemão, você não consiga ver as coisas de outro modo, e eu entendo perfeitamente. Mas meu ponto de vista sempre foi estético, não político. Eu falava há pouco de fantasia. É o meu ponto de vista, não o dos alemães. Os alemães são malucos por princípios, não foram brindados com a dúvida. Essa é a razão pela qual conheceram aquele desastre. Não têm qualquer senso da nuance, esta é a sua tragédia. Há algum cinismo nisso que você acaba de dizer, mas não levo as coisas tão a sério quanto vocês, sejam de esquerda ou de direita. Vocês foram péssimos praticantes da história.

FJR

Bom, mas é natural que haja limites à atitude puramente estética, limites para o jogo. Quero apenas dizer algo: essa forma de dizer sempre e apenas «não» não cria um vazio, um vazio cerebral, um vazio moral, que pode, segundo a natureza do vazio, ser subitamente e mal preenchido? Aquele que apenas repete: «eu me defino pelo não», «minha consciência nasce ao dizer não», corre o risco de se perder em um «sim» perverso.

EC Não, porque eu realmente nunca acreditei em coisa alguma. É o seu erro em relação a mim. Nunca acreditei realmente no que quer que seja. Isso é importantíssimo. Não há nada que eu tenha levado a sério. A única coisa que levei a sério foi o meu conflito com o mundo. Todo o resto sempre foi para mim apenas um pretexto.

FJR

Em que consiste esse conflito com o mundo?

EC   É muito simples. É o desconsolo da existência, não só na cultura, mas na existência em geral. Esse é o fenômeno fundamental. Quanto ao meu «senso de responsabilidade», apenas o experimento no dia a dia – tenho uma atitude humana com relação aos humanos –, não quando escrevo; o humano é então algo impensável para mim, por assim dizer. Não me preocupo então com as consequências possíveis de uma frase, de um aforismo, sinto-me livre com relação a qualquer categoria moral. Por isso não se devem julgar minhas adesões ou rejeições de acordo com essas categorias. É verdade que sinto uma pena imensa, uma pena doentia por todos os seres, inclusive os humanos, e acho que já é hora de eles desaparecerem para que possamos lamentá-los. O mal-entendido entre nós se deve ao fato de você acreditar no futuro, em uma solução, no possível de uma forma geral, enquanto eu sei apenas e precisamente de uma coisa: que estamos todos aqui para nos fazer sofrer, uns aos outros, ilusões sem fim.

FJR

O senhor já teve em algum momento da vida a sensação de que poderia cruzar a fronteira que o separa do assassinato?

EC   Se eu fosse o diabo ou Deus, creio que já teria acertado as contas com a humanidade. Tenho quase certeza disso. Mas na vida comum sou cheio de compaixão. Ajudei moralmente muita gente na minha vida, e durante a guerra muitos também encontraram abrigo na minha casa em Paris. Mas, em resumo, eu poderia ser um demônio. Se tivesse a possibilidade de destruir o mundo, eu o faria.

FJR

Mas os homens, por sua vez, talvez gostem da vida. E o senhor os suprimiria todos? Em nossos dias já é plausível, bastaria lançar um único míssil. *Monsieur* Cioran enviaria seu míssil a Moscou, para que os russos contra-atacassem e em dois minutos o mundo se desfaria – e o demônio completa seu trabalho.

EC   Eu poderia fazê-lo como demônio, não como indivíduo.

FJR

Estamos navegando em águas profundas. É bastante terrível isso que o senhor diz. Porque sente coisas como «Eu odeio a vida» ou «A vida é um plágio», todos os homens deveriam morrer. Com que direito...?

EC   É algo que me toca de vez em quando. Se eu tivesse a chance de destruir tudo, eu o faria. É algo interior e que qualquer um pode sentir.

FJR

Qualquer um, mesmo? Eu diria, na verdade, que são poucos aqueles que sentem algo assim.

EC   É muitíssimo pior do que você pensa. No fundo os homens são criminosos em potencial – esta é uma certeza.

FJR

O senhor já debateu tais teses com outros autores aqui, na França?

EC   De jeito nenhum. Não dou entrevistas na França.

FJR

Não me refiro a entrevistas, mas a debates. Com quem o senhor mantém relações em Paris? Com quais autores?

EC   Eu era muito ligado a Michaux. Beckett também é um dos meus bons amigos.

FJR

Tenho certeza de que com Beckett você não se desentende.

EC   Não. Mas Beckett não gosta de conversas sobre questões tão gerais; a ele só se podem fazer perguntas concretas.

FJR

O senhor participa pouco da vida literária em Paris?

EC   Pouquíssimo.

FJR

Sartre, Camus?

EC   Durante o último ano da guerra, em 1944, eu ia todas as manhãs, às 8h, ao Saint-Germain-des-Prés, no Café de Flore, como um funcionário. Das 8h às 12h, depois das 14h às 20h e então das 21h às 23h. Muitas vezes Sartre estava ali sentado, não muito longe de mim. Mas eu era totalmente desconhecido então.

FJR

Mas em 1944 Sartre também não era desconhecido?

EC   Não, já era conhecido, obviamente não tanto quanto depois, mas já era bastante conhecido. Nunca nos falamos, eu o conheci apenas assim. Camus eu só vi uma vez e ele me aborreceu. Disse-me algo despropositado quando publiquei o meu primeiro livro, *Breviário de decomposição*: «Agora você deve entrar no campo das coisas realmente intelectuais». Achei tão inconveniente. Camus tinha a cultura de um provinciano, só conhecia literatura francesa. O *Breviário de decomposição* pode não ser um bom livro, mas é visível que ele tem, apesar de tudo, um certo nível. E ainda aquele jeito de se dirigir a mim como a um estudante. Nunca mais o vi.

FJR

O senhor conheceu Céline?

EC   Não. Ele era próximo de Celan.

FJR

E o outro romeno de Paris, Ionesco?

EC Este eu conheço bem.

FJR

Quando se veem, conversam em romeno ou em francês?

EC Não, em francês. Eu já não converso em romeno com quem quer que seja. Já não quero.

FJR

Mas poderia?

EC Sem nenhum problema, claro. Mas o romeno é muitíssimo perigoso para mim, porque é minha primeira língua, há um magnetismo que reaparece com a idade. Isso me dá medo. Eu sonho em francês, mas, se mais tarde sonhasse em romeno, seria meu fim como escritor francês.

FJR

Quanto tempo o senhor trabalhou até que seu primeiro livro fosse escrito em francês?

EC Não tanto tempo, mas dia e noite durante três anos.

FJR

O que se perde quando se muda de língua?

EC Escrevo uma prosa pálida, cuja linguagem não é direta. Eu nunca teria conseguido escrever um romance ou algo vivaz. A língua francesa me agrada justamente porque é uma língua para juristas e lógicos. E foi o aspecto abstrato desta língua que me atraiu, posso servir-me dele. Mas não poderia descrever esta tarde, por exemplo; seria impossível. Posso apenas expressar resultados. Meus aforismos não são realmente aforismos – cada um deles é a conclusão de toda uma página, o ponto-final de uma pequena crise epilética.

FJR

O senhor descarta tudo aquilo que precedeu tal ponto-final?

EC Descarto tudo e apresento apenas a conclusão, como em um tribunal, em que no fim há apenas o veredito: condenado à morte. Sem o desenrolar do pensamento, simplesmente o resultado. É o meu modo de avançar, minha fórmula. Por isso fui comparado aos moralistas franceses, e não sem razão, pois apenas a conclusão importa.

FJR
É também por isso que o atacam.

EC Naturalmente. Dou apenas o veneno, sem o perfume.

FJR
O ciclo da nossa conversa se fecha outra vez. De que maneira vive um homem como você – como pode amar, divertir-se, ir ao cinema, comer, beber?

EC Vou te responder. Há os pensamentos do dia a dia. E há os pensamentos que faíscam. Eu já disse que meu sentimento comum é o da pena: sou bastante sensível às desgraças dos outros. Mas na minha juventude fui vítima de um delírio megalomaníaco.

FJR
Sobrou algo dele? Cioran ainda é vítima desse delírio megalomaníaco?

EC Apenas nas faíscas.

FJR
Que não perderam a sua nitidez.

EC Mas sim a sua intensidade. Foi o tédio que aumentou, um tédio sem fundo. Minha mãe, esposa de um pároco, certa vez me disse algo que nunca esquecerei: «Se eu pudesse prever teus sofrimentos interiores, não o teria colocado no mundo». E isso me fez muitíssimo bem.

FJR
Fez bem?

EC   Eu me disse: «Você é fruto do acaso. Você não é coisa alguma».

FJR

Qualquer outra criança cuja mãe dissesse: «Eu gostaria de não o ter colocado no mundo» ficaria estarrecida, sofreria, e o senhor diz: «Isso me fez muitíssimo bem»?

EC   Era algo que confirmava minha ideia de que sou fruto do acaso, de que não sou coisa alguma. É também a razão pela qual fui incapaz de produzir uma obra verdadeira de escritor. Isso não me impediu, e acabo aqui, de viver e de escrever como se tivesse *entendido* tudo. Os outros, inclusive os filósofos, me pareciam mais ou menos engessados, infantis, ingênuos, vítimas e escravos de seu gênio. Embora goste da sociedade, sempre me senti solitário, dividido entre o desprezo e a adoração de mim mesmo. As únicas pessoas com quem realmente me entendi não deixaram obras. Para sua sorte ou seu azar, não eram escritores. Eram outra coisa: *mestres do desgosto*. Um deles havia estudado teologia e seu destino era ser padre, mas não o fez. Nunca, nunca esquecerei da conversa vertiginosa que tive com ele durante toda uma noite, cinquenta anos atrás, em Kronstadt,[3] na Transilvânia. Depois daquela conversa, pareceu-me tão pouco necessário viver quanto morrer. Se não se tem em si a paixão pelo insolúvel, não se podem representar os excessos dos quais a negação é capaz, a lucidez implacável da negação.

Conversa publicada sob o título «Tiefseetaucher des Schreckens», no semanário alemão *Die Zeit*, n. 15, no dia 4 de abril de 1986.

Notas:

[1] «O Terror», *La Terreur*, é o nome frequentemente dado ao período da Revolução Francesa compreendido entre 1793 e 1794. Caracteriza-se por um estado de exceção destinado a frear por meios militares, políticos e econômicos a crise do país. [N. T.]

[2] Marie Jean Antoine Nicolas de Caritat (1743-1794), marquês de Condorcet, matemático, filósofo e político francês, representante do Iluminismo. O seu *Esquisse d'un tableau historique des progrès de l'esprit humain* foi publicado postumamente, em 1795 (ed. bras,: Condorcet, Esboço de um quadro histórico dos progressos do espírito humano. Trad. de Carlos Alberto Ribeiro de Moura. 2a ed. Campinas: Ed. da Unicamp, 2013). [N. T.]

[3] Há uma cidade russa de mesmo nome; aqui, Cioran se refere a Braşov – tantas vezes mencionada – pelo seu nome alemão. [N. T.]

Conversa com
François Fejtő

FF
Certa vez conversamos sobre as relações entre você e Beckett, e você disse que apenas se deveria discutir literatura no caso de escritores que nada têm a dizer e que não têm um universo que lhes seja próprio. Suponhamos que eu seja um escritor que acredita ter algo a dizer, portanto convido-o a deixar de lado a literatura e a filosofia para, desta vez, falarmos de história – a sua e a minha. Aliás, em sua bela obra *História e utopia*, além do seu ensaio tão surpreendente sobre Sissi,[1] a imperatriz assassinada que aparentemente te fascinou, você demonstra algum interesse por aquilo que, no jargão francês dos historiadores, chama-se de «événementiel».[2] Em 1972, você publicou na *Nouvelle Revue Française* um ensaio provocador sobre a bobagem das revoluções.[3] Nele, você afirma abruptamente que a Revolução Francesa, conhecida como a Grande Revolução, era absurda e diz até mesmo que foi enormemente danosa. A mesma ideia aparece com relação à Revolução Russa. Suponho que você não abra uma exceção para as convulsões que se seguiram à Primeira Guerra Mundial e destruíram a monarquia dos Habsburgos. Você nasceu na Transilvânia, que até 1918 fazia parte da Hungria e então passou a integrar a Romênia. Quais lembranças você conserva da sua infância?

EC Nasci em uma cidade que hoje se chama Sibiu – os húngaros a chamavam de Nagyszeben e os alemães, de Hermannstadt. Ali, três nações viviam juntas. Três línguas eram usadas e, embora os alemães fossem a maioria, nenhuma língua tinha prioridade sobre as outras. Fui moldado por essa cidade. Apenas me sinto feliz e confortável nas cidades em que se falam várias línguas. Por isso a Suíça é um país ideal para mim. Sou apaixonado pela minha cidade natal. Posso dizer que há três cidades no mundo que me cativaram: Paris, Dresden e Sibiu.

FF
Por que Dresden? Ali nunca se falaram várias línguas.

EC   De fato. Mas foi uma das cidades mais bonitas do mundo. Schopenhauer escreveu ali o seu *Die Welt als Wille und Vorstellung*.[4] Quando morei em Dresden, Schopenhauer me empolgava. Foi também a cidade de Schumann e de tantos outros. Quanto a Paris... confesso que dela eu já estou cheio. Moro aqui há quarenta anos, esta cidade me encanta cada vez menos. Estou realmente cheio dela. Quanto à Dresden que conheci, ela já não existe. Sibiu ainda existe, mas está tão longe. Disseram-me que ela não decaiu tanto. Vou contar uma história. Há alguns anos, um terremoto sacudiu a Romênia e na primeira página da *Herald Tribune* li que Sibiu, ou então Hermannstadt, estava destruída. Lembro que aconteceu em um sábado. Fiquei muito, muito mal. Afundei em um pessimismo profundo. Quando saí do meu apartamento, pensei em ir a uma igreja. Passei perto da Notre-Dame e, no entanto, não tive vontade de entrar. Continuei o meu caminho em uma letargia absoluta e vi, não sei onde, o cartaz de um filme pornográfico. Entrei no cinema, que estava lotado de trabalhadores estrangeiros. O filme foi lastimável, realmente nojento. Mas no meu desamparo era exatamente daquilo que eu precisava. É absurdo, eu me dizia. A civilização que produz tais filmes está perto de desaparecer. Lembro de pensar que ao menos um regime comunista tinha a qualidade de não exibir filmes desse tipo. Este pensamento me consolou. Imagine só o meu estado. Em vez de ir à Notre-Dame, fui ver aquele filme que reforçava a minha ideia de que a nossa civilização acabou, a humanidade estava perdida. Pensei em Hermannstadt ou, se você preferir, Nagyszeben – como você a chama –, que eu amava tanto.

FF
Sua família era toda de origem romena?

EC Sim. Meu pai era pároco, morávamos a doze quilômetros de Hermannstadt. Meu pai me mandou para lá, à pensão de uma família alemã para que eu pudesse aprender a língua. A pensão era administrada por duas idosas. Para nosso azar, todos os pensionistas eram romenos e raramente conversávamos em alemão. Fomos a primeira geração a vir do interior e entrar em uma escola secundária. Para as duas senhoras, éramos bárbaros. «Teria sido melhor para vocês se tivessem ficado nas suas montanhas», elas nos diziam, «vocês não são civilizados, não sabem como se comportar em sociedade.» E tinham razão. Nós éramos verdadeiros selvagens. Essas duas irmãs foram muito solícitas e afáveis. Uma era inteligente; a outra, um tanto simplória. Chamávamos a mais jovem de «Tia Maria». Um dia entrou em nosso quarto e anunciou: «Minha irmã acabou de morrer». Ficamos mudos, mas assim que ela saiu começamos a rir. Para você ver em que nível estávamos! A senhora falecida havia sido muito gentil conosco, nós gostávamos dela, mas éramos jovens selvagens. Saímos do canto mais remoto das montanhas distantes.

Minha irmã mais velha se casou em uma cidadezinha húngara muito charmosa, perto de Arad, de onde se podia respirar a Hungria da Grande Planície. Foi em 1932. Na época eu estudava filosofia. Estava terminando meus estudos, lia Kierkegaard apaixonadamente. Em alemão, é evidente. Uma vez, na casa da minha irmã, que eu amava muitíssimo, o jardineiro – que parecia tão simples, mas não era – perguntou-me: «Jovem, por que você passa o dia lendo, da manhã à noite?» – «Porque preciso ler», respondi, «é muito importante para mim».

Então o jardineiro disse: «A verdade, meu jovem, não se encontra nos livros». Ele tinha razão.

FF   Esse homem era romeno ou húngaro?

EC   Não sei se romeno ou húngaro. Mas falava em romeno... «Você não vai encontrar a verdade», ele dizia, «você não vai aprender coisa alguma com livros.»

Outra lembrança me vem. Eu era jovem, meu sangue fervia, mas o que fazer em uma cidade onde todos se conhecem? Na grande praça da cidade, um policial – ponto negro no calor sufocante – ficava de guarda o dia todo. Certa vez me aproximei dele para dizer-lhe: «Sr. Policial, não sou daqui e precisaria de uma mulher». Ele me respondeu como se fosse a coisa mais natural do mundo: «Claro. Normalmente há uma no hotel. Mas sei que agora ela não está; se quiser, posso indicar uma outra cujo marido está ausente, pois trabalha a dez quilômetros daqui».

Agradeci pela ajuda. «Como moro com a minha irmã», eu disse, «seria preciso arranjar a coisa com discrição.» «Por que o segredo? É a coisa mais natural», ele me respondeu. Na maneira de pensar daquele policial descobri o bom senso romeno e húngaro, o humor e bastante charme.

FF

Em *História e utopia*, você escreveu algumas páginas sobre os húngaros que me comoveram. Você admira sua coragem, sua delicadeza, sua paixão pela liberdade e ao mesmo tempo os descreve como um povo duro e dominador. Você sofreu pessoalmente com o povo húngaro?

EC   Eu não, era jovem demais. Mas meus pais foram deportados durante a Primeira Guerra Mundial. Meu pai foi designado à residência na parte ocidental da Hungria, em Sopron; minha mãe, em Cluj (Kolozsvàr, Klausenburg).

FF

Mas por quê?

EC   Porque os húngaros desconfiavam da intelligentsia romena, temiam seu separatismo. Embora meus pais falassem húngaro com fluência, tivessem amigos húngaros. Meu pai – como já disse – era um pároco de interior, em Nagyszeben, gostava de ler os autores húngaros no original. Prohàszka, por exemplo, um teólogo húngaro...

FF

Sim, era um bispo católico, bom escritor, de estilo um tanto barroco. Como seu nome sugere, era natural da Eslováquia.

EC   Não, meu pai não era realmente anti-húngaro. Eu diria até que vivia na civilização húngara. O regime húngaro não perseguiu os romenos. Mas os húngaros os tratavam como uma classe de agricultores, subalterna. E, quando mais tarde meu pai comparava a administração húngara com a da Transilvânia do pós-1918, costumava dizer que a administração húngara era bastante distinta. A administração da monarquia austro--húngara foi uma das melhores do mundo. Mesmo seus adversários mais tenazes o reconhecem.

FF

Entretanto seu pai estava de acordo com a Transilvânia se tornando parte da Romênia?

EC   Antes da Primeira Guerra Mundial, ele pensava que a melhor solução para o problema nacional seria uma federação. Os romenos da Transilvânia compartilhavam das ideias de Popovics,[5] seu deputado no parlamento de Budapeste. Todavia o objetivo de Popovics não era a reunião de todos os romenos em uma «Grande Romênia», mas um estatuto autônomo dos romenos da Transilvânia dentro de uma estrutura federativa austro-húngaro-tcheco-romena, no modelo suíço. Popovics era um líder político bastante popular.

FF

Posso deduzir disso que você diz que pensa, assim como eu, que a destruição da monarquia – e a consequente criação da Grande Romênia – foi um erro grande? Em nome do direito dos povos à sua autodeterminação, criaram-se muitos pequenos Estados que não eram, nacionalmente, muito mais homogêneos do que a monarquia, e nos quais as minorias eram sistematicamente maltratadas.

EC   Para a desgraça dos húngaros, eles foram os principais responsáveis por essa tragédia. Seu governo e suas classes dominantes se opunham à ideia de uma federação, à autonomia das nacionalidades.

FF

Não discordo de você. Quando a oposição federalista e pró-
-Ocidente tomou o poder na Hungria, em outubro de 1918,
já era tarde demais, a sorte estava lançada.

EC Foi bem assim. Falei muitas vezes sobre esses problemas com meu pai. Além disso, para os romenos, a ideia
da *latinidade* desempenhava um papel importante. Os
romenos da Transilvânia ainda aceitavam a hegemonia
de Viena, mas não a de Budapeste.

FF

Acredito que a *Entente* tenha fomentado e explorado as tensões da monarquia, e no fim das contas ela carrega a responsabilidade pelos tratados de Versalhes e do Trianon e pelo
desalinho do equilíbrio europeu.

EC Foram Clemenceau,[6] seus conselheiros nacionalistas
e seus amigos franco-maçons que apoiaram separa-
tistas como Masaryk,[7] Beneš[8] e seus camaradas. Ele
foi o grande responsável por tudo o que aconteceu.
Era hostil à Áustria clerical, e, ao querer destruir
a Áustria, condenou a Hungria ao mesmo destino.
Entretanto esse ódio contra a Áustria era insensato.
No meio da Europa, entre a Rússia, a Alemanha e o
Ocidente, era absolutamente necessário que houvesse
um império central. O maior erro da *Entente* foi, na
minha visão, levar a guerra «até o fim», até a rendição
incondicional. Em 1916, em 1917, havia uma chance
de estancar o massacre com uma paz negociada, sem
humilhar a nação alemã. O hitlerismo nunca teria se
desenvolvido.

FF

O stalinismo tampouco. E o mesmo erro não foi cometido
ao longo da Segunda Guerra Mundial?

EC   A ideia de uma rendição incondicional era de fato absurda. A Wehrmacht foi forçada a ficar do lado de Hitler até o fim. Ao passo que, se em 1941 ou 1942 alguém dissesse aos marechais e generais alemães: «Livrem-se de Hitler e vocês terão uma paz honrosa», a Europa teria visto um desfecho bastante distinto. No fim da Primeira Guerra Mundial, a responsabilidade principal recaiu sobre a França; na Segunda Guerra, a teimosia dos anglo-saxões desempenhou o mesmo papel. Os americanos não entendiam nada da Europa. Durante a Primeira Guerra, apenas duas personalidades tiveram uma visão razoável e global da situação: Caillaux[9] e Romain Rolland.[10] Eles entenderam que o «ir até o fim» era o suicídio da Europa. Mobilizava-se toda a humanidade contra a Alemanha, que no entanto era, à época, apesar do imperador e sua corja militarista, um Estado democrático e liberal. Hitler foi o produto desse erro.

FF

De fato. Foi o produto de uma humilhação injusta e inútil.

EC   Pois, com a Alemanha derrotada e desarmada e a Rússia ocupada pela aventura bolchevique e pela guerra civil, a França acreditou que poderia se tornar senhora da Europa e protetora dos Estados recém-criados, tomando o lugar da monarquia austro-húngara.

FF

A França não tinha o poder para que a paz fosse uma garantia.

EC   A tragédia está aí. Mas suas raízes são mais distantes. Se analisarmos tais questões com minúcia, acredito que o declínio da Europa tenha começado com os jacobinos e Napoleão. Ou seja, com a alucinação da Revolução Francesa e as guerras posteriores que fragilizaram o povo francês. Dizendo isso, posso soar um tanto reacionário. O fato é que, por um lado, estou totalmente de acordo com os princípios da revolução e, por outro, acredito que os jacobinos e Napoleão foram uma catástrofe para a história europeia.

FF

Concordo plenamente.

EC O paradoxo é que até mesmo a língua francesa, que era a língua da Europa civilizada, deve seu declínio a Napoleão. Foi por causa dele que os ingleses deixaram de reconhecer a universalidade do francês. Para mim, os franceses têm um senso político mais afiado do que a maior parte das outras nações, com a exceção evidente dos ingleses; mas, quando são tomados pela ideologia, desorientam-se. É por isso que a história da França vê altos e baixos tão espantosos.

FF

É um truísmo reconhecer que os grandes erros na história das nações – assim como na dos indivíduos – têm origem na falta de parcimônia ou na perda do controle sobre as paixões.

EC A falta do domínio de si, de moderação, é o pecado mortal. No mundo animal, foram as mudanças climáticas que causaram o desaparecimento de certas espécies. O homem desaparecerá por causa de um instinto que o impede de parar a tempo. Ele está convencido de que o impossível não existe. Nos séculos XVIII e XIX nasceu a ideia de que o progresso na humanidade seria ilimitado. Os limites todavia existem. Todas as gerações acabam por reconhecê-los, mas sempre tarde demais. Hoje, mais do que nunca, deve-se temer que pararemos tarde demais. A ideia do progresso infinito é o mal. Muitas vezes penso no destino de Condorcet. Você sabe que ele – assim como Voltaire – morava nesta rua? Foi aqui que ele escreveu o seu *Esboço de um quadro histórico dos progressos do espírito humano*, que se tornou a bíblia dos progressistas otimistas. Mas a história foi veloz em desmentir seu pensamento. Quando a Convenção[11] votou as leis que iriam mandar os contrarrevolucionários para a guilhotina, Condorcet, que era um reformista sincero e moderado, sentiu-se ameaçado. Na época ele vivia em uma pensão familiar, na casa de uma senhora benévola. Não queria causar-lhe problemas. Então buscou refúgio na casa de um amigo, La Harpe.[12] Depois de alguns dias, La Harpe disse-lhe que lamentavelmente não poderia mais abrigá-lo, pois sua governanta era uma *patriota* fanática. Condorcet deixou então a casa do seu amigo e parou em um botequim cheio de operários. Os olhares foram todos atraídos para suas mãos bem cuidadas, que seguravam um livro. Mãos de intelectual! Mãos de contrarrevolucionário! Eles imediatamente o denunciaram. Condorcet envenenou-se para evitar a guilhotina. Essa é a tragédia de uma das cabeças responsáveis pela grande ilusão moderna do progresso ilimitado.

FF

Não menos errados estavam os liberais ingleses, realistas, como Adam Smith. Também acreditavam no avanço constante da história.

EC Minha tese é que a humanidade desaparecerá no dia em que forem descobertos os remédios para todas as doenças.

FF

Huxley[13] escreveu em algum lugar que esta é uma ideia

absurda, pois a experiência mostra que a natureza funciona de tal maneira que, no instante em que se descobre o remédio para uma doença grave, outra doença aparece em seu lugar.

EC   É uma observação justíssima. Mas teoricamente se pode imaginar a invenção de um produto que curaria todas as doenças. Seria um feito catastrófico, porque o homem deve, apesar de tudo, morrer. Mesmo que os humanos consigam viver 150 anos, precisam morrer. Seria possível dizer que, graças aos avanços da medicina, boa parte dos humanos já não morre uma morte natural. A nossa existência se prolonga artificialmente, o combate contra a morte se alonga. É muitíssimo antinatural.

FF

Entretanto, não é tão ruim que você e eu, ambos com quase oitenta anos, estejamos aqui juntos conversando prazenteiramente sobre coisas um tanto tristes. Cem anos atrás, com esta idade, eu não seria capaz de subir os sete andares até o seu apartamento. É verdade que houve exceções, como Goethe, que tiveram a sorte de viver uma vida longa de atividade intensa.

EC   É verdade, mas tantos outros gênios como Mozart, Hölderlin e Kleist morreram jovens. No século XVIII, no século XIX, um poeta vivia em média 25 anos; um escritor, cinquenta.

FF

De fato, seria necessário estabelecer uma tipologia dos gênios que viveram muito e dos que morreram jovens. Entre os húngaros, Petőfi[14] e Arany[15] representam essa dupla. Pode-se dizer que Petőfi foi «programado» para morrer jovem e Arany, para viver muito.

EC   Ah, Arany – poeta enorme e infelizmente pouquíssimo conhecido no Ocidente! Naquilo que me diz respeito,

209

acredito que não teria sido uma tragédia se eu morresse jovem. Com 25 anos, já tinha dito tudo o que precisava dizer em um livro escrito em romeno.

FF
Sobre o que você escreveu?

EC Um tratado sobre o desespero.

FF
Desesperado aos 25 anos?

EC Bem... sim, aos 25 anos. O que me leva hoje a um desespero ainda mais profundo é que o Ocidente não acredita em seus próprios valores e em sua missão. Na vida, tanto em nível individual quanto em nível público, o homem deve ter confiança em si mesmo, mesmo que superestime suas capacidades. Lamennais[16] tem razão quando diz que durante séculos a França se imaginou predestinada a salvar as nações, a mudar o rumo do mundo. Os indivíduos – mas também as nações – precisam de uma certa megalomania. Quando não nos acreditamos excepcionais, importantes, insubstituíveis, estamos perdidos.

FF
Neste ponto, os soviéticos têm faz tempo uma vantagem grande sobre o Ocidente. Não tanto em termos militares quanto em um plano psicológico, eles parecem superiores aos ocidentais, aos americanos que acreditam cada vez menos na sua missão de ser a polícia do mundo.

EC Entre os russos, o sentimento de uma missão de salvação se manifestava já antes do bolchevismo. Quando meu pai se tornou pároco da cidade de Nagyszeben, seu superior era um homem inteligentíssimo e, o que era mais raro na época, tinha em sua biblioteca inúmeros livros de filosofia russa do século XIX, que pude ler.

Constatei, atônico, até que ponto todos aqueles pensadores russos estavam convencidos da missão salvadora do seu povo.

FF

Foi desses filósofos que os comunistas herdaram a ideia de que a civilização ocidental está condenada à decadência, que a tarefa da Rússia é salvar e renovar a nossa civilização.

EC Parece-me que os russos não acreditam tanto na sua missão de civilização, mas estão convencidos da nossa decadência.

FF

Hitler e Mussolini também estavam.

EC Eles eram bárbaros loucos. Era uma fantasmagoria delirante imaginar que seria possível construir um império mundial a partir da ideia de um *Herrenvolk* – uma raça dominante. A astúcia fantástica dos comunistas consistia em querer dominar o mundo colocando no centro a sua propaganda sobre a ideia de igualdade. É uma ótima ideia, fascinante. É impossível dominar o mundo sem deixar de proclamar que todos os outros homens nos são inferiores. Hitler acabou por levar a Alemanha, o país europeu mais civilizado, ao suicídio. É a prova do caráter demente, diabólico do seu projeto.

FF

O paradoxo é que ele terminou terrivelmente desapontado com seu próprio povo, que não correspondeu às suas ideias. Ele queria arrastar a Alemanha atrás de si para o abismo, para a morte. Sebastian Haffner, o autor do melhor livro que li sobre Hitler, escreve que na primavera de 1945 foi seu próprio povo, sua «raça», que se tornou para Hitler o inimigo número um.

EC   Em 1943, no seu último discurso à nação, ele suplicava que a Alemanha escolhesse entre a vida e a morte. Se fosse derrotada, ela seria aniquilada. Foi assim que Hitler acelerou a catástrofe da Europa.

FF

No entanto a Alemanha sobreviveu, continuou sendo a chave da Europa.

EC   Não mais. Por culpa dos anglo-saxões. Como eu disse, eles cometeram o erro de identificar os alemães com Hitler. E agora metade do mundo pertence aos russos.[17]

FF

Durante a guerra, refugiado no Lot,[18] fui vizinho e tive conversas interessantes com um político francês, hoje esquecido, ex-ministro da Terceira República, Anatole de Monzie. Ele queria ter sido o Talleyrand[19] da França de Pétain[20] e propôs ao marechal que servisse de intermediário entre os americanos e os alemães para alcançar uma paz sem vencedores nem vencido.

Certa vez ele me disse que, «se não conseguirmos selar a paz com a Wehrmacht – com uma Alemanha livre de Hitler –, a Europa cairá nas mãos dos russos».

EC   Lacoste,[21] que era um grande resistente, disse-me a mesma coisa. Ele pensava, por sua vez, que a destruição do exército alemão teria uma consequência desastrosa para a Europa. O problema foi que tanto em 1945 quanto antes, em 1918, os americanos não tinham maturidade o bastante para estabelecer a paz mundial. Todos sabem que os americanos são psicólogos terríveis e que são particularmente ingênuos. Cometem erros graves; por um lado, porque não sabem mentir e, por outro, porque acreditam que a *palavra* é algo sagrado que deve ser mantido. Nixon, por exemplo. Com a ingenuidade visceral dos americanos, é impossível produzir uma história mundial. Engolem tudo o que lhes é dito. Lá, um Talleyrand nunca pode existir.

FF

Kissinger ao menos tentou tornar-se um Metternich.[22]

EC Ele queria ser hábil o bastante. Para se tornar Talleyrand, não é nos gabinetes que se deve fazer política, mas nas festas, com as mulheres. Talleyrand fazia a grande política; os americanos fazem política com professores.

FF

O que eu repreendo nos americanos, antes, é que fazem política com especialistas e com professores de competência duvidosa, e que quase sempre cedem às pressões dos diferentes «lobbies». Não estão bem preparados para dirigir a política mundial. Quanto a nós, intelectuais europeus, por vezes penso que nossa situação se assemelha àquela dos cidadãos de Alexandria que tentavam impedir o declínio da civilização greco-romana. Mas seus esforços foram vãos.

EC Talvez possamos postergar a queda por algumas gerações. Mesmo que a decadência seja irreversível, não devemos nos render.

FF

Concordo. É preciso continuar o combate. O escritor húngaro Imre Madàch,[23] desesperado após o extermínio da insurreição liberal de 1848, termina a sua *Tragédia do homem* – drama em que encena a história mundial, do Paraíso ao Falanstério, como uma sucessão de derrotas e de degradação dos ideais mais belos – conferindo a Deus as palavras seguintes: «Homem, preserve a sua fé e continue a luta». É difícil manter a confiança, mas, como você diz, não devemos baixar nossa... caneta.

EC	No *Fausto* de Goethe, o Diabo é servo de Deus. Costumo me fazer a pergunta: não é o contrário? Não é Deus o servo do Diabo? Ao que parece, o Demônio, o Diabo, é quem domina. Se Deus fosse senhor do mundo, não haveria história. Tudo funcionaria à perfeição, sem histórias.

FF
Nosso amigo Ionesco me disse um dia que acreditava em Deus, mas que gostaria que fosse diferente.

EC	Em Ionesco, sente-se sempre como pano de fundo uma fé profunda. Quanto a mim, sou completamente cético. No entanto, a religião me atraía. Lembro-me que aos quinze, dezesseis anos, quando estava com meu pai e ele dizia sua oraçãozinha antes das refeições, eu tinha vergonha de não rezar com ele. Sou incapaz da fé, mas não sou indiferente aos problemas que a religião nos coloca. A fé vai mais fundo nas coisas do que o pensamento. Àquele que nunca foi tentado pela religião faltará algo: saber o que é o bem e o mal. Por vezes imagino a história universal como um grande rio do pecado original. Li e reli o Livro de Gênesis e tenho a sensação de que em algumas páginas tudo está dito. É espantoso. Aqueles nômades do deserto tinham uma visão completa do homem e do mundo.

FF
Você disse que seu amigo Eliade, grande especialista na história das religiões, permaneceu «à margem das religiões, de todas as religiões, tanto por profissão quanto por convicção». É um juízo bastante severo.

EC	Que vale também para mim. Aliás, eu já disse no fim do meu ensaio sobre Eliade que somos todos, e ele em primeiro lugar, ex-crentes, espíritos religiosos sem religião.

FF
Creio que com estas palavras bastante «cioranianas» podemos parar de filosofar.

Conversa publicada em italiano no *Il Giornale*, de Milão, em 1986.

Notas:

[1] Possível referência a «Sissi ou la vulnérabilité» [Sissi ou a vulnerabilidade], publicado em *Vienne, 1880-1938: l'apocalypse joyeuse*, editado pelo Centre Georges Pompidou em 1986. No mesmo volume, encontra-se também a conversa com Verena von der Heyden-Rynsch. [N. T.]

[2] Conjuntural, eventual; referência àquilo que pertence à natureza do evento. [N. T.]

[3] «Sur l'inutilité des révolutions» [Sobre a inutilidade das revoluções]. La *Nouvelle Revue Française*, n. 233, maio de 1972. [N. T.]

[4] *O mundo como vontade e como representação*. Trad. de Jair Barboza. São Paulo: Ed. Unesp, 2015. [N. T.]

[5] Sándor Popovics (1862-1935), político húngaro, ministro das Finanças da Hungria durante o ano de 1918. [N. T.].

[6] Georges Clemenceau (1841-1929), estadista francês, presidente do Conselho de Ministros da França entre 1906 e 1909 e entre 1917 e 1920. [N. T.]

[7] Tomáš Masaryk (1850-1937), filósofo e político austríaco. Foi o primeiro presidente da República da Tchecoslováquia, desde a independência do país em 1918 até sua renúncia em 1935. [N. T.]

[8] Edvard Beneš (1884-1948), político húngaro, um dos fundadores da Tchecoslováquia e seu presidente da República entre 1935 e 1938 e entre 1939 e 1948. [N. T.]

[9] Joseph Caillaux (1863-1944), político francês. [N. T.]

[10] Romain Rolland (1866-1944),

escritor francês. Prêmio Nobel de Literatura em 1915. [N. T.]

[11] A Convenção Nacional foi uma assembleia constituinte eleita em setembro de 1792, durante a Revolução Francesa, após a queda de Luís XVI. [N. T.]

[12] Jean-François de La Harpe (1739--1803), escritor e crítico francês. [N. T.]

[13] Embora o nome remeta de imediato ao romancista inglês Aldous Huxley (1894-1963), autor de *Admirável mundo novo* (1932), abre--se também a possibilidade de uma referência ao seu irmão, Julian Huxley (1887-1975), biólogo, filósofo e eugenista, ou então ao avô de ambos, o também biólogo inglês Thomas Henry Huxley (1825-1895), célebre darwinista. [N. T.]

[14] Sándor Petőfi (1823-1849), nascido Alexander Petrovics, poeta inspirador do nacionalismo húngaro. Representante célebre da corrente romântica na Europa da primeira metade do século XIX. [N. T.]

[15] János Arany (1817-1882), poeta húngaro, autor de uma conhecida trilogia épica, *Toldi*, publicada em 1846, 1848 e 1879. [N. T.]

[16] Félicité de La Mennais (1782-1854) – ou apenas Lamennais. Padre, teólogo, filósofo e político francês. [N. T.]

[17] De fato, em 1986, no momento da nossa conversa, não prevíamos a desarticulação da segunda «Superpotência». [Nota do autor.]

[18] O Lot é um departamento no sudoeste da França, na região da Occi-tânia, e leva o nome do rio que o corta. Sua maior cidade é Cahors. [N. T.]

[19] Charles-Maurice de Talleyrand-Périgord (1754-1838), político e célebre diplomata francês. Foi deputado dos Estados Gerais sob o Antigo Regime, presidente da Assembleia Nacional e embaixador durante a Revolução Francesa; ministro das Relações Exteriores sob o Diretório, sob o Consulado e então sob o Primeiro Império; presidente do Governo Provisório, embaixador, ministro das Relações Exteriores e Presidente do Conselho de Ministros durante a Restauração; embaixador sob a Monarquia de Julho. [N. T.]

[20] Philippe Pétain (1856-1951), soldado, diplomata e político francês. Herói na Primeira Guerra, foi promovido a marechal em 1918. Chefe de Estado responsável por liderar a França colaboracionista de Vichy, foi destituído de sua distinção militar em 1945 e então preso. [N. T.]

[21] Possivelmente Robert Lacoste (1898-1989), integrante da resistência e político francês. [N. T.]

[22] Klemens Wenzel von Metternich (1773-1859), diplomata e estadista austríaco. [N. T.]

[23] Imre Madàch (1823-1864), escritor, poeta e dramaturgo húngaro. Membro da Academia Húngara de Ciências. Sua principal obra é a peça *Az ember tragédiája*, de 1861. (ed. bras.: I. Madàch, A tragédia do homem. Trad. de Paulo Rónai e Geir Campos. Rio de Janeiro: Salamandra, 1980) [N. T.]

Conversa com
Benjamin Ivry

BI

Paris-Match diz que aos 77 anos você ainda tem «traços, expressões e uma silhueta de adolescente».

EC É um pouco exagerado.

BI

Você escreveu que é preciso aprender com os tiranos: «Um mundo sem tiranos seria tão tedioso quanto um zoológico sem hienas».

EC Há tiranos suportáveis e outros insuportáveis. Há tiranos cínicos, sem escrúpulos. Ceaușescu,[1] por sua vez, não é um caso trágico. Faltam-lhe nuances. Chega a ser inexplicável. Os romenos são o povo mais cético, sem ilusões. Há sempre arranjos possíveis, mas Ceaușescu não tem nuances. Ele quer dominar. Os romenos foram totalmente enganados. Houve um momento em que Ceaușescu foi bastante razoável: não rompeu com Israel, por exemplo. Os tiranos são grandes conhecedores dos homens. Não são cretinos. Sabem como manipular as pessoas até onde der. Não existem tiranos burros. Tiranos são pessoas que querem fazer experiências, que avançam o tempo inteiro, vão até o fim, até o instante em que tudo desmorona. A história é em três quartos uma história de tiranias, da escravização humana.

Os romenos são um povo sacrificado, ponto-final. Os Estados Unidos não se importam. Ceauşescu tem uma certa inteligência. Sabe que, se entregar tudo aos russos, poderá continuar. Agora, chegou-se a um ponto de ruptura. O povo está moralmente destruído, não aguenta mais. Biologicamente também. A desnutrição é tanta que milhares de crianças morrem imediatamente após seu nascimento. A ponto de esperarem cinco semanas para registrá-las.

Os romenos são um povo dilacerado pela história. Sempre foram invadidos pelos russos. Têm um ceticismo orgânico. As ideologias exigem ilusões. Os romenos não têm ilusões.

Ceauşescu é apoiado pela Rússia. Na Romênia, morre-se de fome, mas 65% da carne vai para a Rússia. Ceauşescu sabe que Gorbatchov o apoia. Na Romênia, não há leite para as crianças, tudo é enviado para a Rússia. Os romenos transcenderam o desespero. São assombrados pela pergunta: «O que vamos comer hoje?». Ceauşescu foi o único regime a favor do Ocidente. Mas ninguém sabe o que aconteceu. O sujeito que era a certa altura tão popular tornou-se um tirano. Foi uma decepção tremenda. Depois da guerra, o comunismo era «o futuro». A ilusão era possível, mas desapareceu rapidamente. A Tchecoslováquia tem uma tradição democrática, com boa situação econômica. Os romenos não têm tradição revolucionária. Portanto não têm liberdade.

A Romênia não tinha um partido comunista sério, como na Hungria com os intelectuais. Na Romênia, há um medo enorme da Rússia. Foi o medo da Rússia que impediu o sucesso do comunismo em nosso país. Na Romênia – um país cético – não havia tradição revolucionária antes da última guerra. A Romênia era aliada da Alemanha. Quando a Alemanha perdeu, a Romênia decidiu se aliar à Rússia. Houve 700 mil mortes na Romênia, um país de 20 milhões de habitantes. Os russos sempre colocaram os romenos na linha de frente. Não podiam desertar. 700 mil mortes, sacrifícios inéditos, para perder tudo. Depois da guerra, os romenos ficaram devastados; Ceauşescu pôde vencer porque não havia comunistas fortes.

BI
Sua amizade mais antiga em Paris é a de Eugène Ionesco.

EC Eu vim para Paris em 1934. Se for para fracassar na vida, é melhor fracassar em Paris do que em outro lugar. É preciso escolher o lugar onde fracassar na vida. Conheci Ionesco quando éramos estudantes. Ele sempre teve uma atração pela religião. Não é crente, mas é tentado pela fé. É assombrado pela ideia da morte. Não consegue aceitá-la; aboliu a ideia da morte. Não consegue fazer coisa alguma. É um homem angustiado. Sua angústia é sua doença. A angústia está no cerne daquilo que ele escreve. É mais religioso do que eu, que nunca fui tentado pela fé. Ionesco está sempre à beira de sê-lo. Quando jovem, já era angustiado.

BI
Samuel Beckett também é seu amigo.

EC Eu vejo Beckett de uma forma diferente, totalmente anti-balcânica. Um homem discreto, que tem uma espécie de sabedoria. Domina sob todos os pontos de vista. Ele vem do outro lado da Europa. É um angustiado com sabedoria. Como homens, Beckett e Ionesco são antípodas um do outro. Samuel Beckett é senhor de si, domina-se. Eugène Ionesco explode. São dois temperamentos distintos. O fenômeno Beckett é perceptível assim que se está em sua presença. Não se exterioriza, mas sente-se que se está diante de alguém. À primeira vista, é um angustiado senhor de si. Não é balcânico. É muitíssimo bonito ver um angustiado que é senhor de si. Um fenômeno.

Embora esteja em Paris desde sempre, não se deixou marcar pela França intelectual. Permanece estrangeiro, apesar de estar aqui há tanto tempo. É um não latino notável.

BI

Seu compatriota e amigo Mircea Eliade nunca tentou convertê-lo ao «sagrado»?

EC Não! Nunca na vida! Para Eliade, a religião é sua profissão. Escrevi um artigo bastante desleal antes da sua morte. Ele tinha uma paixão pela religião, mas no fundo não era um espírito religioso. Estava interessado pelas religiões no plural, mas não na religião. Seus amigos acharam meu artigo pérfido, atrevido, indelicado. Conheci Eliade quando eu era estudante. Uma coisa é ser religioso; outra, ser apaixonado por todos os deuses, por todas as religiões. Se você é religioso, não vai dar a volta ao mundo para ver no que eles acreditam na Ásia. Sendo religioso, um deus basta, no máximo dois. Eliade se interessava por todos; não é o traço de um religioso. Os grandes místicos não se interessam por todos os deuses do mundo. A religião não é como um cálculo. Eliade disse em uma entrevista que eu estava errado. E, no fim da sua vida, talvez tivesse razão. Mas se fosse um verdadeiro crente, não teria escrito uma história das religiões.

BI

Dizem que você é o melhor aforista desde Nietzsche.

EC   Nietzsche começou a escrever aforismos no início da sua loucura, quando começou a perder seu equilíbrio. Em mim, foi sinal do cansaço. Por que explicar, demonstrar – não vale a pena. Faço uma afirmação e, se você gostar, ótimo; senão, fique quieto. Escrevi aforismos por nojo de tudo. Sou o antípoda do professor. Odeio explicar e sobretudo me explicar.

BI
Você diz: «Por que ir a Platão quando um saxofone pode – tão bem quanto – nos fazer entrever outro mundo?».

EC   É um pouco exagerado, um paradoxo meio tosco. É do mau gosto balcânico. Para provocar.

BI
Você escreveu: «Se alguém deve tudo a Bach, com certeza é Deus».

EC   Sem Bach, Deus seria menor. Sem Bach, Deus seria um sujeito de quinta categoria. Bach é a única coisa que dá a impressão de que o universo não está perdido. Tudo nele é profundo, real, sem cena. Não se pode aguentar Liszt depois de Bach. Se há um absoluto, é Bach. Não se pode ter este sentimento com uma obra literária, pois Bach não é uma linguagem. Em Bach há textos, mas não são formidáveis. O som é tudo. Bach dá um sentido à religião. Bach fragiliza a ideia do nada no outro mundo. Nada é ilusão quando se ouve o seu chamado. Mas é Bach, apenas Bach faz isso, era um homem medíocre na vida. Sem Bach, eu seria um niilista absoluto.

BI
Você «por muito tempo esperou não chegar ao fim da sua vida sem testemunhar a extinção da sua espécie».

EC   Eu era um tanto megalomaníaco. Fui longe demais. Tive pressa demais. Não tinha noção do ridículo naquela época. Quando se escreve, não se tem noção do ridículo. Você se identifica com aquilo que diz e só percebe depois de alguns minutos. Se você escreve, deve agir como se estivesse sozinho na Terra, como se fizesse parte do absoluto. Senão, para quê?

BI
Depois de 1992 e os Estados Unidos da Europa,[2] você espera uma reunificação filosófica dos europeus?

EC Vai ser um fracasso. Estamos gastos, decadentes. A Europa já não tem vitalidade. É uma civilização velha. A civilização francesa tem hoje mil anos. A Inglaterra também. A Alemanha não está esgotada. Cada povo deve consumir a sua loucura; a França o fez com a Revolução e com Napoleão. Quando as guerras de agressão terminarem, seremos civilizados. A Alemanha foi derrotada, mas não está esgotada. Mas afinal o drama da Alemanha foi o de não ter um ditador inteligente, mas um louco, Hitler. Em todos os tiranos há um traço de loucura. Hitler acelerou o declínio da Europa. Sem Hitler, a Europa poderia ter reinado durante alguns séculos; depois dele, a Europa já não pode ser um centro intelectual e artístico. Para o futuro, a Europa está no segundo escalão. Acredito mais no futuro da América Latina do que no da Europa. Por mais terríveis que sejam seus regimes, lá existe uma vitalidade. Os povos não estão esgotados. Aqui, a Europa se autodestruiu. Hitler apressou a catástrofe.

BI
O suicídio é um tema importante na sua obra.

EC O suicídio é central. Quando alguém que quer se suicidar vem me ver, eu digo: «Ótima ideia! Você pode fazê-lo quando quiser». A vida não tem sentido; só se vive para morrer. Mas é muito importante saber que é possível se matar quando quiser. Isso acalma, compraz. O problema se resolve, a comédia continua. Antes do cristianismo, o suicídio era bem-visto, como um ato de sabedoria, até mesmo desejável. Se alguém estiver desesperado, diga-lhe: «Você pode se matar quando quiser. Não tenha pressa. A vida é um espetáculo sem sentido, mas continue pelo tempo que quiser. Não há limites». O que torna a vida tolerável é a ideia de que podemos sair dela. É a única maneira de aguentá-la, poder acabar com ela a qualquer momento. Qualquer bocó consegue se livrar dela.

Certa vez, conheci uma mulher em um cinema e ela queria se suicidar. Dizia que queria acabar com tudo. Eu disse: «Fique à vontade». E ela: «Bom, então eu NÃO vou me suicidar!».

Ser capaz de se assenhorar da nossa vida é o único ato realmente íntegro de desespero e razoável da vida. É a ideia do espetáculo, mas... É a ideia do suicídio que torna a vida tolerável. Para quem está agitado, gritando, eu digo: «Você tem a solução. Você tem a chave de tudo».

Quando tinha dezoito ou vinte anos, eu era um suicida. Tive insônias; é a pior doença. Passava a noite zanzando pela cidade. Meus pais estavam desesperados. Pensei em acabar com tudo, mas decidi esperar. A saúde é uma coisa maravilhosa. A ideia do suicídio sumiu de um dia para o outro.

BI É bom para um político ler filosofia?

EC Os políticos deveriam ler os filósofos. Na Antiguidade, os políticos eram filósofos. Transformar uma obra em problema. Mitterrand não lê filósofos; é um literato. Bastante cínico, sem nenhuma convicção profunda. François Mitterrand não é um homem de esquerda, é um velho de direita. Mas é habilidoso, cético, muda o tempo inteiro, em todas as circunstâncias; vive no instante, no imediato. François Mitterrand é um homem culto, o único político da Comunidade Europeia que se interessa pessoalmente pelos escritores. Prefiro infinitamente um sujeito como François Mitterrand, que muda de ideia, a um ideólogo. As catástrofes da história são provocadas por aqueles que estão excessivamente convencidos. É preciso saber ceder. Um chefe de Estado deve ter ideias relativas.

François Mitterrand não é um homem de ideias, é a situação que conta. Tudo é empírico. A habilidade impede que se tenham convicções que possam ser perigosas, que levem ao fascismo. Hitler foi um caso patológico. Ele acreditava – o imbecil – nas suas ideias.

BI Você gosta muito do tango argentino.

EC Sou um grande adorador do tango. É uma fraqueza, de verdade. Assisti a uma apresentação de tango argentino em Paris, mas me parece que o tango descambou. No intervalo, mandei um bilhetinho ao diretor pedindo que fosse um pouco mais melancólico. Agora o espírito já não é o mesmo. O espírito lânguido se tornou mais dinâmico. É meu fraco pela América Latina. Outrora era mais profundo e mais íntimo. Minha única, minha última paixão foi o tango argentino.

Uma primeira versão – mais breve – desta conversa, traduzida ao inglês por Benjamin Ivry, foi publicada na edição europeia da revista estadunidense *Newsweek*, no dia 4 de dezembro de 1989.

Notas:

[1] Nicolae Ceaușescu (1918-1989), político romeno. Foi secretário-geral do Partido Comunista Romeno entre 1965 e 1989 e presidente da República Socialista da Romênia entre 1967 e 1989. [N. T.]

[2] Referência à União Europeia. [N. T.]

Conversa com
Sylvie Jaudeau

SJ
Você escreveu parte da sua obra em romeno, quando ainda era muito jovem. Você poderia nos falar sobre o primeiro livro, de uma virulência rara, *Nos cumes do desespero*?

EC   Escrevi-o aos 22 anos, logo depois de terminar meus estudos de filosofia. Esse livro explosivo, barroco, dificilmente pode ser traduzido ao francês. Por outro lado, uma tradução bastante feliz acaba de sair em alemão, pois a língua se presta melhor do que o francês às imprecisões sugestivas do romeno. Essa obra é uma espécie de adeus, cheio de raiva e de rancor, da filosofia; é a constatação do fracasso de uma forma de pensamento que se mostrou um divertimento ocioso, incapaz de enfrentar um desalento essencial. Vítima de uma insônia que devastava minha saúde, escrevi uma acusação contra uma filosofia sem nenhuma eficácia nos momentos graves, dei-lhe um ultimato colérico. O *Breviário* deveria ser uma simples continuação em outro estilo.

SJ
Então esse período parece determinante na sua vida?

EC   Sim, pois foi o momento de uma rejeição violenta. Eu era apaixonado pelos meus estudos, confesso que estava até mesmo intoxicado pela linguagem filosófica, que hoje considero uma verdadeira droga. Como não se deixar arrebatar e mistificar com a ilusão de profundidade que ela cria? Traduzido a uma linguagem comum, um texto filosófico se esvazia bizarramente. É um teste ao qual todos eles devem ser submetidos. O fascínio que a linguagem exerce explica, na minha visão, o sucesso de Heidegger. É um manipulador sem igual, tem um verdadeiro gênio enunciativo que, embora vá longe demais, confere à linguagem uma importância vertiginosa. Foi justamente tal excesso que despertou minhas dúvidas, quando li em 1932 *Sein und Zeit*.[1] A vaidade de tal exercício me saltou aos olhos. Pareceu-me que se buscavam me engambelar com palavras. Devo agradecer a Heidegger por ter conseguido, por meio da sua prodigiosa inventividade verbal, me abrir os olhos. Vi que era algo a ser evitado a todo custo.

SJ
Sua crítica a Heidegger se aproxima daquela de Berdiaev, filósofo cujo pensamento não lhe é estranho. Cito: «Heidegger aplica as categorias racionais à experiência existencial, à qual elas não convêm de forma alguma, e cria uma terminologia inadmissível. A terminologia se mostra mais original que o pensamento» (*Autobiografia*).[2]

EC Embora eu tenha admirado a personalidade de Berdiaev, li sua obra muitíssimo menos do que a de outro filósofo russo, ao qual ele é frequentemente, e parece-me que erroneamente, associado: Chestov. Chestov era bastante conhecido na Romênia, onde chegou a estudar. Era o filósofo da geração a que eu pertencia, que não havia conseguido se realizar espiritualmente mas guardava a nostalgia de tal satisfação. Chestov – cujas *Revelações da morte*[3] eu reeditei quando fui diretor de uma coleção na Plon por alguns meses – desempenhou um papel importante na minha vida. Fui muito fiel a ele, sem ter tido a alegria de conhecê-lo pessoalmente. Ele pensava, com acerto, que os problemas genuínos escapam aos filósofos. O que eles fazem, em realidade, senão surrupiar os verdadeiros tormentos?

SJ

Muito felizmente, nem todos os filósofos são alvos das suas críticas. Você se interessou, parece-me, por Bergson, pois escreveu uma monografia sobre ele na Romênia. O que foi que te seduziu na sua obra? Você me disse que preferia escrever sobre Simmel.

EC De fato, foi Simmel quem me interessou, e principalmente pelo fato de escrever formidavelmente – Bergson tinha essa qualidade em comum com ele –, e sabe-se a raridade de um talento como este entre os filósofos! Simmel recorria a uma linguagem de grande nitidez, rara entre os alemães. Era um verdadeiro escritor. Eu admirava sobretudo seus textos sobre arte, nos quais ele manifestava uma sensibilidade espantosa. Repreendeu Bergson justamente por não ter visto que para a vida «se manter ela deve se destruir». De fato, Bergson negligenciou o lado trágico da existência – e é a isso que se deve atribuir o esquecimento em que ele caiu. Não se evita impunemente uma crise interior.

SJ

Detenhamo-nos um instante na sua travessia. Certa vez você me disse que o debate religioso estava no centro da sua obra.

EC Todo ateísmo declarado com violência esconde um mal-estar. Minha juventude foi marcada por uma reação contra a Igreja, mas também contra o próprio Deus. Se me faltava fé, não me faltava fúria. Consegui até mesmo dissuadir meu irmão de entrar nas ordens com os discursos ferozes a que lhe submeti.

SJ

Você mencionou há pouco um período de desespero profundo. Está ligado a este tormento?

EC Se não diretamente, ao menos confirmou minha convicção de que o nada está em tudo. Foi entre 1926 e 1927, uma época de mal-estar permanente. Eu vagava todas as noites pelas ruas, vítima de obsessões fúnebres. Durante esse tempo de tensão interior, tive em várias ocasiões a experiência do êxtase. Em todo caso, vivi instantes em que me vi retirado do mundo das aparências. Um desassossego imediato toma conta sem nenhuma preparação. O ser se vê mergulhado em uma plenitude extraordinária, ou antes, em um vazio triunfal. Foi uma experiência capital, a revelação direta da nulidade de tudo. Esaas poucas iluminações me abriram a brecha para o conhecimento da felicidade suprema de que falam os místicos. Fora dessa felicidade a que somos convidados apenas excepcionalmente, brevemente, nada tem existência verdadeira, vivemos no reino das sombras. Em todo caso, nunca somos os mesmos quando voltamos do paraíso ou do inferno.

SJ

Entende-se que o misticismo é a maior preocupação que emerge das suas obras. Embora por vezes você evite qualificar seu próprio itinerário como místico, não há dúvidas de que é a grande preocupação da sua vida, como atestam todas as leituras que você fez sobre o assunto.

EC Passei uma parte da minha vida lendo os místicos, talvez para encontrar ali uma confirmação da minha própria experiência. Eu os li com grande avidez. Mas acabou. Caí em um estado de esgotamento interior difícil de definir. Eu deveria ter «afundado» em alguma fé, mas minha natureza se opôs. Sempre fui em direção ao inacabamento. Algo aconteceu em mim desde então, um empobrecimento interior, um deslizamento para a lucidez estéril.

SJ

O que significa para você o termo «misticismo»?

EC   Trata-se de uma experiência de intensidade excepcional. As estações da história em que ela floresce correspondem a estações de vitalidade interior. Ao estar enojado e exausto, não se pode projetar *para além* de si, mas cai-se antes *por debaixo* de si.

Não há experiência mística sem transfiguração. A passividade não poderia ser desfecho. Essa imensa pureza interior que coloca o ser acima de tudo não é inação. Embora, por exemplo, o budismo seja confortável na teoria, não o é na prática – para os europeus sobretudo, pois se envolvem facilmente com experiências falsas que entregam apenas uma ilusão da libertação. Descobre-se tal libertação por si mesmo e não tornando-se discípulo de alguém ou juntando-se a uma comunidade espiritual. A única experiência profunda é aquela que se faz na solidão. Aquela que é o efeito de um contágio permanece superficial – a experiência do nada não é uma experiência de grupo. Mas, afinal, o budismo é apenas uma sabedoria. O misticismo vai além. O misticismo, isto é, o êxtase. Eu mesmo tive quatro deles, ao todo e por inteiro, no meu tempo de desalento intenso. São experiências extremas que se podem viver com ou sem fé.

SJ

Como você considera o retorno ao estado normal depois da experiência extática? É a queda?

EC A queda corresponde a uma diminuição da intensidade interior, um retorno à normalidade. É de fato uma queda.

A plenitude do êxtase é quase insuportável. Tem-se a impressão de que tudo se resolveu e que o porvir já não faz sentido. São minutos extraordinários que redimem a vida e cujo ressurgimento é nossa única aspiração. A decepção é particularmente doída ao crente. O místico se sente abandonado, rejeitado por Deus, ameaçado pela aridez espiritual. Então ele afunda no tédio, na acédia, um mal dos solitários que abriga um lado quase diabólico. O perigo para eles não é o diabo, mas o vazio.

SJ

E é então que eles perdem a fé e que, em seu lugar, alcançam aquela lucidez em que se vê o grau máximo do conhecimento.

EC O deserto interior nem sempre está fadado à aridez. A lucidez, graças ao vazio que ela permite entrever, torna-se conhecimento. É então mística sem um absoluto. A lucidez extrema é o grau último da consciência; dá o sentimento de ter esgotado o universo, de ter-lhe sobrevivido. Aqueles que não sentiram esse estágio desconhecem uma variedade distinta da decepção e, portanto, do conhecimento. Os entusiastas começam a se tornar interessantes quando são confrontados pelo fracasso e pela desilusão que os torna humanos. Aquele para quem tudo vai bem é necessariamente superficial. O fracasso é a versão moderna do nada. Durante toda a minha vida fui fascinado pelo fracasso. Exige-se um mínimo de desequilíbrio. A pessoa perfeitamente saudável psicológica e fisicamente carece de um saber essencial. A saúde perfeita é não espiritual.

SJ

Assim se explica o seu interesse pelos santos, esses seres profundamente «perturbados» – interesse carregado de curiosidade, de admiração e de espanto, por aquelas pessoas que, depois de renunciar a todas as ilusões deste mundo, conservam ainda a capacidade de se cegar diante da mais proeminente, isto é, do absoluto.

EC Não há dúvida de que o misticismo me interessa mais do que a santidade; esta, no entanto, tem para mim algo estranho que atiça minha curiosidade. Os excessos dos santos me atraem pelo seu lado provocador. Talvez me mostrem também um caminho que eu gostaria de seguir, embora eu tenha entendido de imediato que não poderia ter um destino religioso, que era inapto, pois era incapaz de crer. Só me foi permitido viver experiências aquém ou além da fé.

Não foi a fé, mas o tédio que me fez entrever o reino do essencial. Ainda que a atitude religiosa fosse estranha à minha natureza, persistia em mim uma tentação. Lembro-me de que, na época, eu tinha uma amiga que havia sido tomada pelo fervor místico. Foi bastante longe nesse caminho. Era uma pessoa simples, sem erudição, mas dona de uma inteligência vivaz. Havia entendido que eu estava perdido naquelas trilhas e que seria obrigado a voltar. Suas intuições estavam certas: desde a minha chegada à França em 1937, a tentação do misticismo vacila; sou invadido pela consciência do fracasso e entendo que não pertenço à espécie daqueles que se encontram, mas que meu destino é o do tormento e do aborrecimento. O *Breviário* representa o desfecho desse período.

SJ

De fato, transparece nele a amargura do fracasso. Todas as suas reações posteriores indicam esta lástima.

EC   Esta lástima já se expressa no meu primeiro livro, *Nos cumes do desespero*. Foi escrito por um fugido da humanidade. Não sou niilista, embora a negação sempre me tenha tentado. Eu era muito jovem, quase uma criança, quando conheci pela primeira vez o sentimento do nada, fruto de uma iluminação que não consigo definir.

A rejeição sempre foi mais forte em mim do que o ardor. Alvoroçado como estava pela tentação do absoluto e pelo sentimento persistente do vazio, como poderia *prever*?

SJ

Você poderia comentar este aforismo: «Há momentos em que, por mais longe que estejamos da fé, concebemos apenas Deus como interlocutor»?

EC   Deus significa a última etapa de um caminho, o ponto extremo da solidão, ponto incorpóreo ao qual é preciso dar um nome, atribuir uma existência fictícia. Cumpre, em resumo, uma função: a do diálogo. Até mesmo o incrédulo almeja conversar com o «Único», pois não é fácil envolver-se com o nada. O budismo evita por sua vez essa dificuldade, pois não se alicerça, tal como o cristianismo, no diálogo. Deus não é necessário. Apenas a consciência do sofrimento conta. Essa forma de espiritualidade é a mais aceitável para uma humanidade assombrada pela sua ruína mais ou menos inevitável.

SJ

O que você pensa da atual ascensão do fundamentalismo religioso e de suas violências? Você não lhe dá razão quando denuncia a parte diabólica que toda religião abriga? Você de fato diz: «Pura, uma religião seria estéril: o que há nela de profundo e virulento não é o divino, mas o diabólico» (*A tentação de existir*).

EC Toda religião que consente com a história se afasta das suas raízes. É o caso do cristianismo que, na origem, se orientava para a renúncia, mas que mais tarde se transformaria – uma traição verdadeira – em uma religião conquistadora.

SJ

A ótica gnóstica apreendeu os perigos da história, que ela condena sem apelo.

EC Para os gnósticos, tudo aquilo que está associado ao tempo provém do mal. O descrédito se estende à história no todo, como parte da esfera das falsas realidades. Não tem sentido, tampouco utilidade. A passagem pela história não é fértil. Tal visão se afasta consideravelmente da escatologia cristã oficial e açucarada, que enxerga na história e nos males que ela produz as evidências redentoras.

SJ

Toda a sua obra revela uma concepção da história próxima daquela dos gnósticos. Você pensa realmente que é preciso associá-la ao mal?

EC Estou convencido disso. O homem está condenado desde o princípio. Ele esquece na ação a plenitude primordial que o preservava e o tempo e a morte. Por conta própria, está fadado à ruína. A história, produto do tempo e do movimento, está condenada à autodestruição. Nada de bom pode resultar daquilo que, na origem, foi produto de uma anomalia.

SJ

É nesse sentido que se deve entender a sua formulação «A história é a ironia em movimento», não?

EC Tudo o que o homem faz se volta contra ele. Toda ação é fonte de desgraça, porque agir é algo contrário ao equilíbrio do mundo; é impor-se um propósito e projetar-se no futuro.

O movimento, por menor que seja, é nocivo. Liberam-se forças que acabam por nos triturar. Viver de verdade é viver sem propósito. É o que prescreve a sabedoria oriental, que havia assimilado os efeitos negativos da ação. Não há uma única descoberta que não tenha consequências danosas. O homem irá perecer por conta de seu gênio. Toda força que ele desperta o fere. É um animal que traiu; a história é o seu castigo. Todos os acontecimentos seguintes ao início dos tempos revelam a onipotência de uma lei implacável. Até mesmo o bem é um mal. Um castigo acompanha qualquer vontade prometeica; clarividência espantosa da sabedoria antiga, que temia que o destino golpeasse quem ousasse desafiar os deuses. O homem deveria ter parado, mas não pôde frear o processo grandioso e desastroso que havia posto em movimento.

SJ

O que você quer dizer quando afirma que «toda metafísica é reacionária»?

EC A metafísica implica um pensamento trans-histórico. Trata da essência, do imutável. Transcende o temporal, não *avança*.

SJ

Qual influência teve sobre você Spengler, o grande teórico da decadência do Ocidente?

EC   Li na febre da adolescência. Em seguida me desinteressei dele. Não foi um mau profeta, pois tinha o gosto pela catástrofe. Aliás, uma filosofia da história apenas é possível se houver sensibilidade ao espetáculo que o colapso das civilizações oferece. Tomemos o caso de Roma: se o advento do cristianismo foi um sintoma fatal, foi porque a asfixia da crença andou de mãos dadas com a anemia progressiva dos nativos. A maior parte da capital se compunha de imigrantes. O triunfo do cristianismo foi sua grande façanha. Afinal os lacaios sempre vencem. Agora é menos concebível que a intelectualidade romana tenha sido, por sua vez, seduzida pela nova religião. Mas é possível supor que seu aborrecimento extremo tenha sido a causa disso. Foram romanos delinquentes e estrangeiros vivazes que impuseram o cristianismo: é tentador traçar um paralelo com o Ocidente atual, também exausto das suas tradições. A França, mais particularmente, atravessa um cansaço histórico, pois na Europa é o país mais extenuado. Embora seja o mais civilizado, é também o mais vulnerável, o mais gasto. Um povo está ameaçado quando *entendeu*, ou seja, quando chegou a um grau de cultivo que lhe será necessariamente prejudicial.

SJ
Para os filósofos, você é uma versão moderna do cético. O que você pensa a respeito do ceticismo e como o definiria?

EC   É uma interrogação perpétua – a rejeição instintiva da certeza. O ceticismo é uma atitude eminentemente filosófica; paradoxalmente, não é o resultado de um procedimento: é inato. De fato, nasce-se cético. O que não impede manifestações superficiais de entusiasmo. Em geral se pensa que sou passional, o que certamente é verdade em algum nível, mas no fundo permaneço cético – e é esse fundo, essa atitude de colocar tudo à prova, que importa. Não há dúvida de que é preciso ter certeza para agir. Mas o menor pensamento arruína tal anuência espontânea. Acabamos sempre por constatar que nada é sólido, que tudo é infundado. O ceticismo ou a supremacia da ironia.

As raízes da dúvida são tão profundas quanto as da certeza. Ela é apenas mais rara, tão rara quanto a lucidez e a vertigem que a acompanha.

SJ
Você com frequência aponta a ambivalência da dúvida, ao mesmo tempo nutritiva e devastadora.

EC A dúvida delicada dos civilizados nada mais é do que uma maneira de guardar uma distância respeitável dos acontecimentos. Há por outro lado uma dúvida devastadora que se pode assimilar a uma doença que corrói o indivíduo, que pode inclusive destruí-lo. Essa dúvida excessiva é com frequência apenas um estágio; ela provoca o salto para a fé, pois tal dúvida vertiginosa não sobrevive por muito tempo. Com frequência ela precede as conversões religiosas ou de outro tipo. Todos os místicos conheceram grandes crises, vizinhas ao desabamento. Coloca-se portanto, inevitavelmente, a pergunta: «Até quando se pode carregar a dúvida?». A resposta é simples: prende-se a ela ou foge-se dela. É paralisia ou trampolim.

SJ
Suas ponderações me trazem à memória aquelas declarações de G. Thibon[4] que comparam o cético com o crente: «O

cético», ele escreve, «não tem ilusões, mas ao duvidar de tudo deixa de avançar; o verdadeiro crente duvida e ainda assim avança: caminha sobre sua própria dúvida». A fé seria então uma das possibilidades de fugir à dúvida?

EC Com certeza. Para aqueles em que a fé permanece encoberta, a dúvida é uma etapa crucial, até mesmo obrigatória. Aquele que não foi contaminado por ela não pode ir tão longe no plano espiritual. O ato heroico da superação é primordial. Mas há quem não consiga superar a dúvida, acometido por uma incapacidade orgânica de crer. Esse é o meu caso. Sou um questionador incurável.

Com bastante frequência na vida, experimentei tentações religiosas; mergulhei na leitura dos místicos, até me parece que os compreendi, mas no momento do salto algo em mim se ressabiou: «Não, você não vai longe». Quando escrevi *Lágrimas e santos*, vivia uma verdadeira guerra entre tentação e recusa, mas nunca pude superar a dúvida. O fascínio pelo negativo me é tão natural que sinto sua presença a todo instante.

SJ
Mas talvez seja essa negatividade que constitui o motor de um aperfeiçoamento espiritual. O masoquista experimenta a exigência de humilhar seu ego para melhor libertar-se dele. No fim, para apagar-se. Vemos que os grandes céticos são sábios. Então o ceticismo não seria uma forma de espiritualidade para os tempos modernos?

EC Não sei dizer se esse estado de espírito vai durar, se é o do futuro ou apenas um despertar passageiro. Seja como for, esta é a primeira vez em que presencio tamanha recusa da ilusão e o desmoronamento dos dogmas. A verdade é que a todos os grandes fracassos histéricos se seguiu um endurecimento do ceticismo. A centelha intelectual do mundo antigo se extinguiu com a emergência do cristianismo. Era inconcebível que mentes eruditas se apegassem a um ideal tão ingênuo. A acusação de Celso[5] permanece o documento mais patético e mais instrutivo da perplexidade de um pagão diante da irrupção cristã.

SJ

O cinismo com frequência acompanha o ceticismo. Como você os distingue?

EC Um apetite quase vicioso pela negação e uma vontade de desmascarar movem o cínico. Há nisso algo diabólico, um jogo perverso da mente, estranho à ponderação que define o cético ou aquele ansioso menor que é o desenganado, o qual pode juntar-se ao cético se elevar suas decepções e suas crises ao patamar do conhecimento, pois é indiscutível que o desconforto constitui a primeira etapa do pensamento filosófico.

SJ

Você vê em Fitzgerald o protótipo do desenganado de que você acaba de falar, o perdedor que se resigna à sua derrota, ou mesmo se deleita com ela, que não transforma o desespero em misticismo, mas vegeta nele, porque não está à altura daquilo que lhe acontece... Cito um trecho a este respeito: «Reação dos desenganados, sem dúvida, dos indivíduos que, incapazes de recorrer a um pano de fundo metafísico ou a uma forma transcendente de salvação, agarram-se aos seus males com complacência, como derrotas admitidas. O desengano é o equilíbrio do perdedor. E é como um perdedor que, após ter concebido as verdades impiedosas do 'crack up',[6] vai a Hollywood em busca *do sucesso...*» (*Exercícios de admiração*).[7] É essa crise, mais do que a obra literária, que o fixou em Fitzgerald?

EC Apenas uma crise grave poderia fazê-lo entrever verdades essenciais. Para gente como ele, o desmoronamento é necessário. O saudável está condenado no plano espiritual. A profundidade é o monopólio daqueles que sofreram.

SJ
O seu maior prazer vem da música. Você vive grandes momentos na companhia de Brahms, Schumann e Schubert. O que ela representa para você?

EC É a única arte que confere sentido à palavra *absoluto*. É o absoluto vivido, vivido ainda que por intermédio de uma ilusão imensa, pois se dissipa no instante em que o silêncio retorna. É um absoluto efêmero; em resumo, um paradoxo. Essa experiência exige a sua renovação infinita para perpetuar-se, próxima da experiência mística, cujo rastro se perde assim que se reintegra a vida cotidiana.

SJ
Há momentos privilegiados para ouvir música?

EC A noite ganha uma dimensão extraordinária. O êxtase musical se aproxima do êxtase místico. Experimenta-se a sensação de tocar os limites, de não poder ir mais além. Nada mais conta ou existe. Vemo-nos imersos em um universo de pureza vertiginosa. A música é a linguagem da transcendência. O que explica a cumplicidade que desperta entre os seres. Ela os mergulha em um universo cujas fronteiras são abolidas. É lastimável que Proust, que tanto analisou a música e os seus efeitos, ignore a capacidade que ela tem de nos transportar para além da sensação. Aliás, é significativo a este respeito que ele não tenha ido a Schopenhauer e que tenha se contentado com Bergson. Não transpôs a psicologia.

SJ

Está aí toda a diferença entre um metafísico e um esteta. Proust permanece um esteta, mesmo que por vezes esbarre em uma dimensão que ultrapassa o mundo das formas.

EC Faltava-lhe a verdadeira inquietação metafísica. As suas experiências musicais estão sempre ligadas à sua história pessoal; não o levam para além da sua vida, *da* vida. Entra-se plenamente no mundo da música apenas quando se ultrapassa o humano. A música é um universo, infinitamente real embora evasivo e evanescente. O indivíduo que não consegue infiltrá-lo, pois insensível à sua magia, está privado da própria razão de existir. O supremo lhe é inacessível. Somente aqueles para quem a música é indispensável a compreendem. Ela deve deixá-lo *louco*, senão não é coisa alguma.

SJ

No fim a música nos coloca diante deste paradoxo: a eternidade percebida no tempo.

EC É de fato o absoluto apreendido pelo tempo, mas incapaz de permanecer nele, um contato ao mesmo tempo supremo e fugaz. Para que permanecesse, seria preciso que houvesse uma emoção musical perpétua; a fragilidade do êxtase místico é idêntica. Em ambos os casos há o mesmo sentimento do inacabado, acompanhado por uma lástima dilacerante, uma nostalgia sem limites.

SJ

Essa nostalgia é justamente o fundamento da sua visão de mundo. Como você a define?

EC   Esse sentimento está em parte ligado à minha origem romena. Lá, ele contamina toda poesia popular. É um despedaçamento indefinível, que em romeno se chama *dor*, próximo do *Sehnsucht* alemão, mas sobretudo da *saudade* portuguesa.

SJ
Você escreveu: «Há três tipos de melancolia: a russa, a portuguesa e a húngara».

EC   O povo mais melancólico que eu conheço é o húngaro, a música cigana basta como evidência. Brahms, na sua juventude, sofreu-lhe o fascínio. Daí o charme insinuante da sua obra.

SJ
A nostalgia encontra sua forma de expressão favorita na música, mas também na poesia. Você diz, aliás: «A poesia expressa a essência daquilo que não se pode possuir: sua significação última; a impossibilidade de toda 'atualidade'. A alegria não é um sentimento poético [...]. Entre a poesia e a esperança há uma incompatibilidade total». (*Breviário de decomposição*).
Mas, em *A tentação de existir*, você reconhece nos poetas uma posição privilegiada que você inveja. Ao que parece, trata-se de uma espécie humana que mantém com o tempo uma relação distinta daquela que mantém com o homem comum, e que se sente em casa no universo da palavra. Quais são suas relações com os poetas? Por que você se sente estrangeiro ao seu universo?

EC   É preciso dizer, de saída, que durante a guerra me apaixonei pela poesia, em especial pela poesia inglesa. Depois perdi todo o interesse. Enquanto se visita a poesia, não se arrisca o vazio interior. Tanto a obra quanto você, o leitor, pertencem ao mesmo universo,

243

uma intimidade extraordinária os une. Como no caso da música, você toca algo essencial que o completa: uma espécie de graça, uma cumplicidade sobrenatural com o indefinível. O tempo se desfaz, você se projeta para além do devir. Música e poesia são duas aberrações sublimes.

SJ
Por que você rompeu com a poesia?

EC Por causa de um esgotamento interior, pelo amortecimento da minha capacidade de emoção. Chega um momento em que você se sente árido. O interesse pela poesia está ligado àquele frescor de espírito sem o qual rapidamente transparecem os seus artifícios. Vale também para a escrita. À medida que envelheço, escrever me parece dispensável. Tendo então saído de um ciclo de tormentos, conheço enfim o dulçor da rendição. E, sendo a produção a pior das superstições, fico feliz de não ter caído nisso. Você sabe o respeito imenso que guardo por quem não se realizou, por aqueles que tiveram a coragem de se apagar sem deixar rastros.
Se caí na tentação de escrever, é preciso responsabilizar o meu ócio. Era preciso justificá-lo, então o que mais eu poderia fazer senão escrever? O fragmento, único gênero compatível com meu temperamento, é o orgulho de um instante transfigurado, com todas as contradições que derivam dele. Uma obra de fôlego, sujeita às exigências de uma construção, distorcida pela obsessão da continuidade, é coerente demais para ser autêntica.

SJ
A sua verdade não habita este silêncio que você hoje opõe àqueles que ainda esperam por livros seus?

EC   Talvez. Mas se já não escrevo é porque cansei de maldizer o universo! Sou vítima de uma espécie de desgaste. A lucidez e o cansaço tomaram conta de mim – refiro-me a um cansaço tanto filosófico como biológico –, algo em mim se rompeu. Escreve-se por necessidade, e a exaustão faz com que tal necessidade desapareça; chega uma hora em que isso já não interessa. Além disso, encontrei gente demais que escreveu mais do que precisava, gente obcecada por produzir, gente estimulada pelo espetáculo da vida literária parisiense. Mas me parece que também escrevi demais. Um único livro teria bastado. Não soube deixar minhas potencialidades inexploradas, como os sábios verdadeiros que admiro, aqueles que deliberadamente nada fizeram com suas vidas.

SJ
Como você enxerga hoje a sua «obra» (se é que esta palavra faz sentido para você)?

EC   É uma questão com que realmente não me preocupo. O destino dos meus livros me deixa indiferente. Sempre acreditei, entretanto, que um pouco das minhas insolências permanecerá.

SJ
O que você diria a alguém que descobre a sua obra? Você o aconselharia a começar por um texto antes de outro?

EC   Pode escolher qualquer um, pois não há progressão naquilo que escrevo. Meu primeiro livro abriga praticamente tudo o que eu disse em seguida. Só o estilo muda.

SJ
Há algum título pelo qual você tenha um apego particular?

EC   Sem dúvida alguma, *Do inconveniente de ter nascido*. Prendo-me a cada palavra deste livro que se pode abrir em qualquer página e não será necessário lê-lo por inteiro.

Também sou apegado ao *Silogismos da amargura*, pela simples razão de que todo mundo falou mal dele. Disseram que eu tinha me comprometido ao escrevê-lo. Na época em que foi publicado, apenas Jean Rostand enxergou: «Este livro não será compreendido», ele disse.

Mas gosto especialmente das sete últimas páginas de *La chute dans le temps*,[8] que representam aquilo que escrevi de mais sério. Custaram-me muito e foram, em geral, mal compreendidas. Falou-se pouquíssimo desse livro – embora seja, na minha visão, o mais pessoal, e aquele em que expressei o que eu tinha de mais íntimo. Há drama maior do que de fato cair do tempo? Uma pena que poucos dos meus leitores perceberam esse aspecto essencial do meu pensamento. Estes três livros certamente teriam bastado e não hesito em repetir que escrevi demais.

SJ
Esta é sua palavra final?

EC   Sim.

Texto publicado pela primeira vez na obra *Cioran, entretiens avec Sylvie Jaudeau* [*Cioran, entrevistas com Sylvie Jaudeau*] (1990), seguidas de uma análise das obras.

Notas:

[1] M. Heidegger, *Ser e tempo*. Trad de Márcia Sá Cavalcante. Petrópolis, RJ: Vozes; Bragança Paulista, SP: EdUSF, 2006. [N. T.]

[2] Nicolas Berdiaev (1874-1948), filósofo e teólogo ortodoxo russo. A citação foi extraída de *Essai d'autobiographie spirituelle* [Ensaio de autobiografia espiritual] (1949). Obra inédita em português. [N. T.]

[3] *Les Révélations de la mort : Dostoïevski et Tolstoï* [As revelações da morte: Dostoiévski e Tolstói]. Obra de 1923, reeditada por Cioran em 1958. Inédita em português. [N. T.]

[4] Gustave Thibon (1903- 2001), escritor e filósofo francês. Recebeu prêmios da Academia Francesa pelo conjunto das suas obras literária (1964) e filosófica (2000). [N. T.]

[5] Celso, filósofo romano do século II, autor do *Discurso Verdadeiro* (Λόγος Ἀληθής), escrito por volta de 178. Ali, debateu-se contra o cristianismo emergente. [N. T.]

[6] *The Crack-Up* é uma antologia de ensaios do escritor americano F. Scott Fitzgerald (1896-1940), organizada pelo crítico Edmund Wilson e publicada de forma póstuma em 1945. (ed. bras.: F. S. Fitzgerald, *Crack-up*. Trad. de Rosaura Eichenberg. Porto Alegre: L&PM, 2007). [N. T.]

[7] *Exercices d'admiration* (1986). Ed. bras.: E. Cioran, *Exercícios de admiração*. Trad. de José Thomaz Brum. Rio de Janeiro: Rocco, 2011. [N. T.]

[8] «A queda no tempo», publicado em 1964. Inédito em português. [N. T.]

Conversa com Gabriel Liiceanu (fragmento)

GL

Você não quis conhecer Sartre ou não tentou conhecê-lo; com Camus, teve um encontro frustrado. Quais são os escritores com os quais você realmente nutriu relações?

EC   Não conheci grandes escritores.

GL

E Beckett? Michaux?

EC   De fato, éramos amigos.

GL

Como você situaria sua aproximação de Beckett? Vocês se conheceram por acaso ou uma admiração recíproca os atraiu?

EC   Sim, ele havia lido alguma coisa minha. Nos conhecemos em um jantar, depois do qual ficamos amigos. Em certo momento, ele até me ajudou financeiramente. Veja, para mim é muito difícil definir Beckett. Todo mundo se engana a seu respeito, em particular os franceses. Todos se viam obrigados a brilhar diante dele; mas Beckett era um homem simples, alguém que não imaginava ser alvo de paradoxos saborosos. Era preciso ser bastante direto, e sobretudo não pretensioso... Eu adorava em Beckett aquele aspecto de alguém que havia sempre chegado a Paris no dia anterior, quando na verdade vivia na França havia 25 anos. Não havia nada de parisiense nele. Os franceses não o contaminaram de forma alguma – nem no bom, nem no mau sentido. Dava sempre a impressão de ter caído da lua. Ele acreditava que havia se tornado um pouco francês, mas realmente não era o caso. Esse fenômeno de não contaminação era desconcertante. Ele permanecera integralmente anglo-saxão, e isso me agradava demais. Não ia aos jantares, sentia-se desconfortável em sociedade; não tinha conversa, como se diz. Gostava apenas de conversar cara a cara e então tinha um charme extraordinário. Eu gostava muitíssimo dele.

GL

E Michaux?

EC   Michaux era muito diferente, um sujeito expansivo e incrivelmente direto. Éramos bons amigos; ele me pediu para ser o herdeiro da sua obra, mas recusei. Era brilhante, cheio de alma e... muito maldoso.

GL

Você gostava disso, imagino.

EC   Sim, sim, eu gostava. Ele acabava com todo mundo. Michaux talvez tenha sido o escritor mais inteligente que já conheci. É curioso como uma pessoa de inteligência superior pode ter impulsos ingênuos. Ele se pôs, por exemplo, a escrever textos quase científicos sobre drogas e histórias desse tipo. Umas asneiras. Eu lhe dizia: «Você é escritor, poeta, não é obrigado a escrever um trabalho científico, ninguém vai ler». Ele não quis saber. Insistiu em escrever volumes inteiros sobre esses temas e ninguém os leu. Foi uma besteira sem tamanho. Ficou marcado por uma espécie de preconceito científico. «O que as pessoas esperam de você não é teoria, mas experiência», disse-lhe.

GL

A respeito daquilo que as pessoas esperam de um escritor. Uma das coisas que mais intrigaram seus leitores romenos, e, imagino, seus leitores em geral, consiste na sua relação com o problema do divino. Como você explica que de uma família religiosa – seu pai era padre, sua mãe diretora das Mulheres Ortodoxas de Sibiu – tenha saído um questionador com toques blasfemos? Na sua juventude, se nos ativermos àquilo que você escreveu em *Lágrimas e santos*, você sonhava abraçar um santo, imaginava o próprio Deus nos braços de uma puta... O que responder àqueles que se escandalizam com seu lado blasfemo?

EC É uma pergunta bastante delicada, porque busquei crer e li muitíssimo os grandes místicos, que eu admirava como escritores e como pensadores. Mas, em determinado momento, dei-me conta de que estava me iludindo, que eu não era feito para a fé. É uma fatalidade; não posso me salvar a meu despeito. Não funciona, pura e simplesmente.

GL

Por que você não desabitou então este território, por que permaneceu seu prisioneiro, por que você continuou a negar e a afrontar Deus?

EC Porque não deixei de ser vítima dessa crise, nascida da minha impotência de fé. Tentei um punhado de vezes, mas cada uma das tentativas levava apenas ao fracasso. O mais clamoroso foi quando eu estava em Brașov, na época do *Lágrimas e santos*. Escrevi tal livro abarrotado de grosserias, depois de ter lido tanto a respeito da história das religiões, os místicos etc. O livro seria publicado em Bucareste e um belo dia o editor me liga para dizer: «Senhor, seu livro não será publicado.»

– «Como assim, não será publicado? Corrigi todas as provas. Só na Romênia algo assim pode acontecer.» – «Eu li o seu livro», ele continuou, «e o impressor me mostrou um trecho. Meu caro, fiz minha fortuna com a ajuda de Deus e não posso publicar este livro.» – «Mas é um livro profundamente religioso, por que não o publicar?» – «Sem chance.» Fiquei muitíssimo triste pois iria partir logo para a França...

GL

Era de fato um livro religioso?

EC Em certo sentido, sim, embora por negação. Fui então a Bucareste, bastante deprimido, e lembro-me de ter me instalado no café Corso. A certa altura, notei um sujeito que eu conhecia mais ou menos bem e que havia sido impressor na Rússia. Viu-me cabisbaixo e perguntou: «O que aconteceu?». Expliquei-lhe tudo e ele me disse: «Mas, veja só, eu tenho uma gráfica. Eu publico. Traga as provas». Pedi um táxi para carregar tudo. O livro saiu quando eu já estava na França e praticamente não foi distribuído. Recebi em Paris uma carta da minha mãe: «Você não tem ideia da tristeza com que li o seu livro. Ao escrevê-lo, você devia ter pensado no seu pai». Respondi-lhe que era o único livro de inspiração mística já publicado nos Bálcãs. Não consegui convencer uma pessoa sequer, meus pais ainda menos do que os outros. Uma mulher disse à minha mãe, que era diretora da associação de Mulheres Ortodoxas da cidade: «Quando se tem um filho que escreve coisas assim sobre o bom Deus, é preciso se abster de dar aulas».

GL

Como seus amigos reagiram? E a imprensa? Sei que Arşavir Acterian[1] escreveu então um artigo bastante severo na *Vremea*.

EC Foi Eliade quem escreveu as coisas mais severas, mas na época eu não soube de nada. Apenas muito recentemente descobri o seu artigo; não sei em que jornal foi publicado. Violentíssimo. Ele se perguntava como nós poderíamos seguir amigos depois daquilo. Recebi também todo tipo de cartas enraivecidas.

GL

A única pessoa que captou o sentido dos tormentos contra os quais você guerreava naquele livro foi Jeny Acterian, a irmã de Arşavir.

EC Sim, exatamente. Ela me escreveu uma carta formidável. É verdade que nos entendíamos muito bem. De todos os meus amigos, ela foi a única – mas realmente a única! – a reagir dessa forma. O livro produziu uma unanimidade contra si, o que me levou em seguida a fazer uma besteira, pois foi com esse episódio na memória que apaguei, na versão francesa, todos os impropérios que o texto original abrigava. Ao fazê-lo, esvaziei-o da sua substância.

GL

Mas como é que a tentação da fé se manteve todavia intacta, apesar do esforço infeliz dedicado a *Lágrimas e santos*?

EC A tentação permaneceu constante, mas eu já estava contaminado por inteiro pelo ceticismo. Do ponto de vista teórico mas também no temperamento. Não há nada a fazer, a tentação existe, mas nada mais. Sempre houve em mim um ímpeto religioso – na verdade, antes *místico* do que religioso. É impossível, para mim, ter fé, assim como é impossível, para mim, não pensar na fé. Mas a negação toma sempre o controle. Há em mim como que um prazer negativo e perverso da recusa. Passei a vida entre a exigência de crer e a impossibilidade de crer. É a razão pela qual os seres religiosos me interessaram tanto, os santos, aqueles que levaram sua tentação até o fim. Da minha parte, tive de me resignar, pois a verdade é que de maneira alguma fui feito para crer. Meu temperamento é tal que nele a negação sempre foi mais forte do que a afirmação. É o meu lado diabólico, digamos. E é também a razão pela qual nunca fui capaz de acreditar profundamente em coisa alguma. Eu até gostaria, mas não consegui. No entanto... Veja, eu falava há pouco sobre a reação de indignação de Mircea Eliade à publicação de *Lágrimas e santos*. Agora, nunca deixei de pensar que eu era, religiosamente falando, muito mais avançado do que ele. E isso desde o começo. Pois a religião era para ele um objeto, e não uma luta... com – podemos dizer – Deus. Para mim, Eliade nunca foi uma pessoa religiosa. Se tivesse sido, não teria tratado de todos aqueles deuses. Quem tem uma sensibilidade religiosa não passa a vida enumerando deuses, fazendo seu inventário. Não se imagina um erudito ajoelhado. Sempre vi na história das religiões a própria negação da religião; isso é certo, não acredito ter me enganado quanto a isso.

GL

Você busca ainda hoje este diálogo com lágrimas e com santos?

EC   Muitíssimo menos agora.

GL

Qual balanço fazer? Seu amigo de juventude Petre Ţuţea, com quem conversei recentemente, me confessou que hoje te enxerga reconciliado com o absoluto e com São Paulo.

EC   Não tenho tanta certeza. Agredi São Paulo e o denunciei como pude; não acredito que eu esteja hoje em posição de mudar minhas opiniões a seu respeito. Exceto, talvez, para agradar Țuțea. Detesto em São Paulo a dimensão política que ele colou ao cristianismo; transformou-o em um fenômeno histórico, despindo-o de todo seu caráter místico. Passei a minha vida o atacando e não é agora que vou mudar. Lamento apenas não ter sido um pouco mais eficaz.

GL

Mas, ainda assim, como foi que você, criado em uma família religiosa, pode ver germinar uma tal obstinação?

EC Acho que foi uma questão de orgulho.

GL

De orgulho? Ligado à relação com seu pai?

EC Não... Enfim, certamente eu não estava feliz por meu pai ser padre. Uma questão de orgulho no sentido de que acreditar em Deus significava para mim uma humilhação. Há um lado diabólico nisso, bastante grave, eu sei...

GL

Mas em que momento você se deu conta disso e começou a falar sobre o assunto como fala agora?

EC No momento exato em que comecei a me interessar pelas questões místicas – e isso talvez por influência de Nae Ionescu,[2] que dava um curso sobre o misticismo. Foi então que me dei conta de que era a mística, e não a religião, que me interessava; a mística, isto é, a religião em seus momentos de excesso, seu lado estranho. A religião como tal não me interessava, e percebi que nunca poderia me converter. No meu caso, era certeza do fracasso. Por outro lado, lamento demais ter desviado meu irmão deste caminho. Teria sido melhor se ele tivesse ido para um monastério em vez de passar sete anos na prisão e passar por tudo aquilo. Você sabe do que estou falando?

GL

Mais ou menos. Relu[3] me contou algo...

EC O negócio foi em Santa, nas montanhas, perto de Paltinis. Um dos nossos tios tinha uma casa lá. Toda a família estava reunida e Relu nos anunciou que queria entrar nas ordens. Minha mãe se incomodou um pouco. Jantamos todos juntos, e mais tarde Relu e eu saímos para caminhar. Conversei com ele até às 6h da manhã, tentando convencê-lo a repensar sua decisão. Vali-me de uma teoria antirreligiosa inacreditável, peguei tudo o que pude – recorri a argumentos cínicos, filosóficos, éticos... Tudo o que pude encontrar contra a religião, contra a fé, todo o meu nietzschianismo imbecil daquele tempo, joguei tudo – você entende? –, realmente tudo o que podia oferecer contra aquela ilusão imensa; eu disse tudo. E concluí com estas palavras: «Se depois de ouvir todos os meus argumentos você insistir nesta ideia de se tornar um monge, nunca mais falarei com você».

GL

Mas por que essa obstinação, essa chantagem, no fundo?

EC Era uma questão de orgulho: eu, que tratava da mística, que tinha entendido, não conseguiria fazê-lo ceder? «Se não conseguir convencê-lo», eu disse a ele, «significa que não temos nada em comum.» Tudo o que havia de impuro em mim se manifestou naquele dia.

GL

Você era de fato diabólico. Você tinha o direito de forçá-lo dessa forma?

EC Não, claro que não. Poderia, por exemplo, ter me limitado a dizer-lhe que não fazia sentido... mas a obstinação com que tentei convencê-lo foi realmente diabólica. Naquela noite esplêndida, tive a impressão de que se desenhava uma batalha entre mim e Deus. É claro que argumentei também que querer levar uma vida monástica autêntica na Romênia era algo arruinado desde o princípio, que só poderia ser uma falcatrua. Mas meus argumentos principais eram sérios, de natureza filosófica. O que fiz então me pareceu mais tarde de uma crueldade extraordinária. Em seguida, senti-me de alguma forma responsável pelo destino do meu irmão, que foi trágico.

GL
Você fala de crueldade. Ela de fato aparece na sua obra e está intimamente ligada à sinceridade. Quantos homens podem se permitir atingir esse grau de sinceridade, tão penoso para os outros? Onde iríamos parar se todos cultivassem essa sinceridade que o caracteriza?

EC Acredito que a sociedade acabaria por se desmantelar. É difícil dizer. Não há dúvida de que sociedades decadentes praticam a sinceridade em excesso.

GL
Mas o que te impele a dizer coisas que as pessoas no fundo sabem, mas que se recusam – talvez por pudor – a expressar? Todos sabemos que o rei está nu, que vamos morrer, que o horror, a doença e a miséria moral existem. Mas por que transformar o negativo, o macabro, no desfecho da sua sinceridade?

EC Mas não é macabro; é o nosso dia a dia. Tudo depende afinal da forma como nos expressamos, do aspecto ao qual damos ênfase. O lado trágico da vida é ao mesmo tempo cômico, e se tivermos em mente sobretudo esse lado cômico... Veja os bêbados, que são totalmente sinceros: seu comportamento é sempre um comentário sobre isso. Eu reajo à vida como um bêbado sem álcool. O que me salvou, para ser direto, foi minha sede pela vida, uma sede que me sustentou e que me permitiu triunfar apesar de todo o meu desalento...

GL O tédio.

EC Sim, o tédio; a experiência que me é mais familiar, o meu lado mórbido. Essa experiência quase romântica do tédio me acompanhou durante toda a minha vida. Viajei muito, vi toda a Europa. Onde estive, senti um entusiasmo imenso; e depois, no dia seguinte, o tédio. Cada vez que visitava um lugar, eu dizia a mim mesmo que gostaria de morar ali. E então o dia seguinte... este mal que me possui e que no fim acabou por me obcecar.

Conversa filmada em Paris, no apartamento de E.M. Cioran, nos dias 19, 20 e 21 de junho de 1990. Publicada na obra de Gabriel Liiceanu *Itinéraires d'une vie: E.M. Cioran* [Itinerários de uma vida: E.M. Cioran], seguida por *Les Continents de l'insomnie, un entretien avec E.M. Cioran* [Os continentes da insônia, uma conversa com E.M. Cioran].

Notas:

[1] Arşavir Nazaret Acterian (1907--1997), advogado, jornalista e escritor romeno de origem armênia, membro da União dos Escritores Romenos. [N. T.].

[2] Nicolae C. Ionescu (1890-1940), ou apenas Nae Ionescu, filósofo, matemático e jornalista romeno. Foi professor de lógica formal e filosofia na Universidade de Bucareste; teve como alunos Mircea Eliade e Emil Cioran – entre tantos outros. Já no fim da sua vida, durante a Segunda Guerra, aproximou-se da Guarda de Ferro e do antissemitismo romeno. [N. T.]

[3] Apelido de Aurel Cioran (1914--1997), irmão de Emil. [N. T.]

As três perguntas
de Bernard-Henri Lévy

B-HL

1. A legislação atual sobre a gestão póstuma das obras literárias, com os direitos que ela concede aos herdeiros e aos executores testamentais, parece-lhe satisfatória? ou parece-lhe, ao contrário, capaz de provocar abusos de poder?

2. Como você absorve a atitude de Max Brod, que, depois da morte de Kafka, decidiu não levar em conta os desejos do escritor de destruir seus manuscritos inéditos?

3. Você mesmo já tomou providências com relação à publicação da sua obra póstuma? Se sim, você poderia nos apontar quais e por quê?

EC A primeira regra é o respeito absoluto ao escritor. Mesmo que haja uma responsabilidade do autor diante da sua obra. Seria preciso pensar na obra póstuma, mas os amigos que sobreviveram ao escritor devem atentar; afinal nem tudo o que se deixa é digno de publicação e, mais particularmente, na minha visão, há apontamentos pessoais que podem ferir de morte, que são golpes mais terríveis que um assassinato! E já não se está lá para apagá-los. Por isso o interesse em esperar cinquenta anos... já não se pode assassinar quem quer que seja.

Para mim, esta noção é central. Pois sei que se pode escrever em um momento de mau humor algo que poderá desgraçar infinitamente e para o resto dos seus dias algum amigo que vai sobreviver a nós...

Então é preciso publicar as obras póstumas, mas sem os insultos que elas eventualmente possam conter. Como essencial, é preciso ter em mente que os maiores livros da humanidade foram queimados pelas famílias! Ah! viúvas abusivas! não há nada que se possa fazer! É a tragédia das famílias; nelas o ódio é mais violento. Nas famílias há apenas criminosos virtuais. Então quando se trata de herança, mesmo que literária... Realmente não se pode contar com quem que seja.

Como então agir com as obras póstumas? Não há saber absoluto. No caso de Barthes, ao se apagarem ataques eventuais contra as pessoas, é preciso publicar seus cursos. A oralidade não é uma objeção. É preciso publicá--los como tais. Mas dez anos depois, é engraçado, não? Só se aguentam as pessoas quando estão mortas...

De todo modo, a verdade não tem sentido algum. E é preciso manter alguma distância também nesse tipo de conflito. Duvidar. É a única chance de não se enganar por completo.

«L'existence posthume» [A existência póstuma] é o título sob o qual foram publicadas as respostas de inúmeros escritores e filósofos às perguntas feitas no outono de 1991 pela revista *La règle du jeu* (editada por Bernard--Henri Lévy). Foram publicadas no n. 6, de janeiro de 1992, e republicadas em *L'événement du jeudi*, n. 375, de janeiro de 1992, sob o título «Ceci est leur testament» [Este é seu testamento].

Conversa com Georg Carpat Focke

GCF
Quando se olha ao redor e tenta-se entender o nosso tempo, a conclusão imediata é que a decomposição é o nosso destino. Tudo parece caminhar de um jeito ou de outro para o fim; não um fim de mundo apocalíptico, como se anuncia sem parar, mas muito certamente por meio do processo anárquico de produção e reprodução, por meio do desgaste do espírito e da perda do sentido. Deste ponto de vista, os livros que você escreveu há décadas assumem um caráter que se poderia chamar de visionário – o *Brevário de decomposição* é praticamente um manual de uso. Por isso te chamam de um pessimista da civilização, e a reprimenda se dá por você ver na história apenas um calvário absurdo.

EC Eu venho da Romênia, uma circunstância importante naquilo que diz respeito à compreensão da história. Venho de um país onde não se faz a história, apenas se a sofre; onde se é, portanto, objeto e não sujeito da história. No Ocidente é difícil entender uma situação assim. Basta pensar em tudo o que o Oeste, em especial a França, fez: a França esteve durante séculos no centro da história, a França *era* a história. Um francês é simplesmente incapaz de entender o que significa ser um *objeto* da história. Agora, desde a última guerra, talvez se tenha melhor noção disso, mas antes com certeza não era o caso. Para mim – alguém que vem do Leste, de um país que viveu a história apenas passivamente –, por outro lado, fica de imediato evidente que o homem é fundamentalmente objeto, não sujeito da história. Tudo depende disso. Os franceses, por exemplo, como autores da Grande Revolução, fizeram história. Foram eles que tomaram as decisões. O acontecimento foi, antes de qualquer outra coisa, produto de si e transposto então para a realidade.

GCF

Mas ser objeto da história leva à consciência de si, que só pode surgir da liberdade e com a liberdade, em um impasse. Pois então o homem não pode se tornar o que deseja e, por outro lado, recusa tornar-se aquilo que pode. A liberdade se reduz a essa recusa? A história é apenas esse debate com nossa impotência?

EC Há momentos na história em que o homem se alça à dignidade de sujeito, em que é o criador verdadeiro. Mas, como venho do Leste, estou muitíssimo mais propenso a ver na história seu aspecto passivo e falar dele. É preciso ser honesto cosigo mesmo. Meu sentimento íntimo me diz que não foi o homem que criou a história, mas que, antes, foi criado pela história. Mas, como já disse, explico este meu ponto de vista pela minha origem romena. Caso não se levem em conta os acontecimentos concretos e o momento psicológico, e que se considerem apenas as sequências por épocas, será imediatamente visível que o homem está convencido de ser o autor de sua própria história. Mas, caso se observe a história mundial em si mesma, não se pode deixar de sentir que o homem é sua vítima e nada mais. De fato, reencontramos aqui o problema da liberdade.

Quando agimos, estamos convencidos de que somos livres. Mas, assim que examinamos nossa ação, constatamos que sucumbimos afinal a uma ilusão ou semi-ilusão. Se tivéssemos plena consciência de que nossas ações e atos são determinados, é irrevogável que não poderíamos agir. Toda iniciativa pressupõe a ilusão de sua independência. Decidi fazer algo, tomei uma decisão. Perfeito. Mas, quando se analisa essa decisão em detalhe, não é difícil reconhecer que fomos como que nossos próprios escravos. Tomamos esta decisão, que seja, mas havia alguma outra possível? No final, cada um é sua própria vítima.

O grande problema continua a ser, para mim, o da liberdade. Filosoficamente, não há solução. E estou convencido de que, se houvesse algum modo de resolvê-lo, toda a filosofia perderia o propósito. Mas não há solução e é melhor assim. Assim, a questão da liberdade na história permanece igualmente sem solução. Este é exatamente o problema que a história produz.

Eu dizia há pouco que nós, no Leste, fomos o objeto da história enquanto por aqui se tem a impressão de ser seu sujeito. Mas, se formos ao fundo do problema, talvez isso seja também uma ilusão. Caso se considere a história mundial, pode-se acreditar que o homem é um autômato genial que inventou tudo e permanece, apesar disso, determinado pelo seu destino. Ele era realmente livre para fazer o que fez?

GCF

Mas talvez não possamos simplesmente dispensar a ideia de uma liberdade da vontade; talvez o homem ocidental tenha justamente nascido dessa ilusão. O outro lado da moeda, o fatalismo submisso à história – que pode no máximo levar a uma certa mística e de resto não se atém à resignação do objeto –, não aproxima o homem da verdade. Se o homem é espoliado dessa ilusão de liberdade, como na forma tardia do hinduísmo ou no budismo zen, ele logo despenca na ausência da história. Tudo fica então submetido a um princípio demiúrgico: o mundo como um projeto revogável de Deus...

EC Não acredito em Deus, sem todavia ser irreligioso. Caso se subtraia a ideia do pecado original, o homem não passaria de um enigma. Deixo de lado, claro, a interpretação teológica do pecado original, mas sem essa ideia o processo histórico como um todo me pareceria absolutamente fechado.

O que quero dizer aqui é que o homem está condenado desde o princípio. Há algo fraturado em seu ser. A natureza humana abrigava desde o princípio um vício latente. Por isso o homem pode apenas alcançar a ilusão da liberdade e não a própria liberdade. Mas mesmo a ilusão da liberdade já é alguma coisa. Basta tê-la. Se for perdida, realmente não resta coisa alguma.

GCF

Para dizer com clareza, seria portanto apenas um jogo ao qual nos prestamos, sabendo muitíssimo bem que, apesar de tudo, iremos perder – desempenhando um papel que, ainda por cima, não é tão brilhante. Mas suponhamos que a condição humana seja capaz de elevar-se e até mesmo, em certos momentos, alcançar o sublime...

EC Nem um pouco. Não sou amigo do homem e realmente não tenho orgulho de ser homem. A confiança depositada no homem chega a ser um perigo ameaçador, a crença no homem é uma grande bobagem, uma loucura. Sou, se você preferir, uma pessoa que no fundo despreza o homem. Claro que ainda tenho ótimos amigos, mas, se penso no homem em geral, chego sempre à mesma conclusão: que talvez tivesse sido melhor que ele nunca tivesse existido. O homem é, por assim dizer, bastante dispensável.

GCF
Por meio de Zaratustra, Nietzsche anunciou a sucessão do homem: o homem como algo a ser superado. Ainda havia nesta ideia alguma esperança. Você, por sua vez, rejeita também o humano do homem, mas...

EC Sim, mas não no sentido de Nietzsche. O homem não pode ser superado, pode-se no máximo renegá-lo. É *preciso* renegá-lo. Considero essa ideia do super-homem um absurdo completo. Só de pensar nos vícios próprios aos animais já me dá pavor. E os dos homens são muito piores. Um super-homem teria, claro, qualidades, mas teria também defeitos nessas qualidades, e tais defeitos seriam terríveis, muito mais terríveis do que o próprio homem. Nietzsche me parece ingênuo demais. Foi um solitário que quase não viveu em meio aos seus semelhantes, no fundo um homem lamentável, um homem isolado, ao qual faltava a experiência imediata do outro. Toda a sua tragédia, suas brigas com amigos, as decepções que lhe foram causadas por esses mesmos amigos, provam simplesmente que Nietzsche de fato não conhecia os homens. Tinha, além disso, uma preferência por cidadezinhas, de modo que estava igualmente privado da experiência tão pedagógica da cidade grande. Não sabia o que queria dizer viver em um inferno, pois hoje toda cidade grande é um inferno, não? O inferno de fato talvez seja pior, mas não muito pior. Nietzsche realmente me parece ingênuo demais. Neste aspecto, sinto-me bastante mais próximo dos moralistas franceses, como Chamfort ou La Rochefoucauld. É verdade que Nietzsche também sofreu sua influência. Mas tinha na sua origem – como posso dizer? – uma alma inocente... A mesma que teve no final. No fundo, é toda a sua visão das coisas, assim como sua vida, que me parece eufórica demais. Nietzsche é interessante e sedutor, mas suas conclusões não me parecem pertinentes ou verdadeiras.

GCF
É difícil, em todo caso, descartar a ideia do humano na visão simples da história mundial e dos homens concretos. Não se pode negar que até então ele não se saiu mal, e que por fim conseguiu superar as situações críticas da sua história. Deus está morto, respondeu Nietzsche. Agora o homem também está morto?

EC   O homem representa uma aventura incrível. Quando penso nisso, quase me atordoo. O homem é certamente um fenômeno interessante, quase interessante em excesso, mas ameaçado ao extremo, frágil ao extremo. O homem está acometido por uma maldição, já não pode persistir por tanto tempo; pois se olharmos de perto é uma aberração bastante notável, claro, mas ainda assim uma aberração, uma heresia da natureza. Tem atrás de si um caminho grandioso, mas já não tem futuro. O homem vai desaparecer, seja como for, vai desaparecer: seja por um esgotamento interior – e já se observa este esgotamento em certos sentidos –, seja por efeito de uma catástrofe, não sei de qual natureza. Longe de mim a ideia de bancar o profeta, mas tenho o sentimento e a certeza de que o homem não pode adiar infinitamente o seu desaparecimento. Não poderá escapar do seu fim para sempre. É uma constatação que não me entristece. Assim como não sou um pessimista senão, antes – como dizer? –, um... consumidor (*Genießer*).[1] À minha maneira, tolero bastante bem a vida. Mas por outro lado sou perseguido pelo sentimento do provisório, da desgraça, da condenação, do fim que se aproxima. Acredito de fato que a catástrofe é necessária, que se tornou quase indispensável.

GCF
Se o conhecimento de si não salva o homem do seu desaparecimento, então é também o fracasso da razão. Para se recuperar, seria preciso então que o homem se redescobrisse em seu devir como o sujeito da história do mundo, ou que encontrasse ao menos as condições capazes de lhe restituir esse papel...

EC Talvez não as condições, mas devo confessar que nunca deixei de considerar que o homem, para mim... Pense um pouco em Rimbaud. O maior poeta francês, com vinte, 21 anos, parou de escrever. Aos 21 anos, estava exausto. Um gênio decide já não o ser, torna-se um pobre coitado totalmente desinteressante. O homem está ameaçado pelo destino de Rimbaud. Uma irrupção monstruosa em um tempo limitado, um fenômeno sem igual, mas que dura pouquíssimo. O homem hoje me parece comparável a um escritor que não tem mais nada a dizer, a um pintor que já não tem o que pintar, que não se interessa por coisa alguma. Seu espírito não se esgotou, mas está prestes a perder todas as suas forças. Ainda é um produtor da realidade, claro, não há dúvida de que pode produzir apetrechos, talvez até mesmo algumas obras-primas, mas espiritualmente está em seus últimos esforços. Considero-o, por exemplo, incapaz de produzir uma nova religião, profunda. Pode produzir, mas como herdeiro, imitador.

GCF

Heidegger via a causa desse este estado no esquecimento do ser e dizia que a época moderna havia desaprendido a pensar com originalidade. O homem das nossas sociedades, em sua «inautenticidade», não deixou simplesmente de ter qualquer relação com este pensamento?

EC Estou muitíssimo convencido disso. Para dar um exemplo bastante banal, que é aliás uma observação pessoal: quando você entra em um banco, vê trinta ou quarenta mulheres jovens que ficam desde o nascer do sol até tarde da noite digitando números. Pense só! Fez-se a história até hoje para acabar assim! Se um destino assim é chamado de vida, então a vida não tem sentido. Tudo o que se organiza hoje nas cidades grandes é absolutamente inútil e sem sentido. Um segundo exemplo da vida cotidiana: há algum tempo, eu estava andando por Paris e quis atravessar uma grande avenida. Centenas de carros passavam na minha frente a toda e sem parar. Eu falei: «Se não quero ser atropelado, preciso esperar». E esperei. Esperei. Sem poder atravessar. Isso tudo não pode acabar bem. É hoje uma experiência completamente banal, que se pode ter dez vezes no dia. Mas uma já basta. Pois no fim, quando se pensa...

Um espírito que eu respeito infinitamente é Epicuro. Pense no seu jardim. Seus discípulos comiam apenas pão, bebiam apenas água e falavam sobre a felicidade ou Deus sabe o quê. Ou então lembre-se da vida que Sócrates levava. O ascetismo que estes homens experimentaram e a fertilidade, a variedade das produções da sua inteligência! Comparados a eles, devemos admitir que somos apenas rascunhos, como que espectros letrados. Tudo aquilo que fazemos é vazio de realidade. Lemos livros, claro, eu em todo caso leio muito, talvez demais. Mas nada disso tem nenhum sentido. Se a vida faz algum sentido para mim, é antes quando estou na cama e deixo meus pensamentos passearem sem propósito. Tenho então a impressão de trabalhar realmente. Mas, quando de fato me coloco para trabalhar, sou de imediato chacoalhado pela certeza de que a única coisa que faço é perseguir uma ilusão. Para mim, o homem só existe verdadeiramente quando não faz coisa alguma. Assim que age, assim que se prepara para fazer algo, torna-se uma criatura patética.

GCF
Ainda há maneiras de sair disso? Se o humano está próximo do seu fim porque já não consegue recuperar sua humanidade, resta-lhe apenas terminar dignamente. A solução é estoica?

EC   Sim, absolutamente. Sempre me senti próximo de Marco Aurélio.[2] Para dizer a verdade, não tento imitar os estoicos, mas eu os aprovo – ao menos em parte. De qualquer forma, admiro a posição dos estoicos romanos com relação à vida. O maior escritor da Antiguidade sem dúvida é Tácito. Não sou o único desta opinião; aliás, o filósofo inglês David Hume dizia que a maior mente da Antiguidade não foi Platão, mas Tácito. Compartilho desta opinião. A posição dos estoicos é primorosa e sempre me sinto bem na companhia de todos os que foram entregues sem piedade àqueles loucos, autocratas, desmiolados que governaram o Império Romano. Viveram completamente à margem. O que mais me fascina é aquela que poderíamos chamar de época dos últimos pagãos. Para dizer a verdade, isso quase nada tem a ver com os estoicos, mas a situação era todavia a mesma, pois eles também foram os últimos pagãos antes que o cristianismo se propagasse.

Por muito tempo tentei adivinhar como os homens que não podiam tornar-se cristãos e que sabiam estar perdidos reagiam a certos acontecimentos. Parece-me que a nossa situação, a nossa posição, é algo semelhante à de então, com a diferença, é verdade, de que já não podemos esperar nenhuma religião nova. Mas, com essa exceção, estamos próximos à situação dos últimos pagãos. Vemos que estamos à beira de perder tudo, que talvez inclusive já tenhamos perdido tudo, que não nos resta sequer a sombra de uma esperança, nem mesmo a representação de uma esperança possível. E nisto o nosso destino é muito mais patético, muito mais impressionante, mais insuportável e ao mesmo tempo mais interessante. Este é, apesar de tudo, o lado positivo da nossa época; acho-a extremamente interessante, quase interessante em excesso. De modo que, por um lado, pode-se ser infeliz de passar sua existência em uma época como esta mas, por outro, ainda é maravilhoso assistir ao dilúvio que se aproxima. A verdade é que eu ficaria felicíssimo de ser contemporâneo do dilúvio.

GCF

Quando se leem com atenção os seus textos, não se pode deixar de constatar uma unidade profunda entre a obra e o autor, tal como ela se manifesta exatamente nesta conversa. Você coloca em prática os seus pensamentos com um raro espírito de consequência mesmo que haja algo perturbador: você se fecha, cala-se, foge da publicidade. Como explicar tamanha coerência? Ela se deve a algum princípio, é produto de circunstâncias históricas concretas, ou então é coisa do caráter?

EC Tudo isso ao mesmo tempo. Tive a sorte de poder dar as costas à Universidade, e isso com maior facilidade quando fui ao estrangeiro e permaneci nele, a sorte de não precisar escrever uma tese de doutorado, de não construir uma carreira universitária. Desde então, considerei-me sempre um... «pensador privado» talvez seja demais, mas de todo modo algo assim. Um pouco como aquilo que se fala de Jó, que havia sido um «pensador privado». Toda a minha ambição era ser um pensador privado, um adepto de Jó. Se fui discípulo de alguém, com certeza foi de Jó. Se eu tivesse construído uma carreira universitária, tudo isso se diluiria, eu teria – de uma forma ou de outra – me desviado, me preservado, pois teria sido obrigado a adotar um tom que parecesse sério, um pensamento impessoal. Como eu disse certa vez a um filósofo francês que era professor na universidade: «Você é pago para ser impessoal». É gente que fala de «ontologia», do «problema da totalidade» etc.

Não tenho profissão ou obrigações, posso falar em meu nome, sou independente e não tenho doutrina a ensinar. Quando escrevo, não penso no livro que virá. Escrevo para mim. E essa irresponsabilidade, para ser honesto, se mostrou ser minha sorte. Não dependia de quem quer que fosse, e ao menos nesse aspecto eu era livre. Acho que, quando se pensa em um problema, é preciso fazê-lo para além da sua profissão, manter-se por completo à margem. Certamente não sou um precursor, talvez no máximo um... um marginal?

GCF

Já se disse que a marginalidade era inerente à condição humana, mas que o homem podia alcançar uma posição central por meio de uma espécie de visão do essencial. Você parece ser sempre, para aquele que te observa, o caso nada banal do filósofo que vive como escreve, que não se conforma tanto com a marginalidade.

EC Não sei se aquilo que se diz é absolutamente verdadeiro, mas de qualquer forma sejamos ao menos uma vez otimistas. Sem querer buscar modelos, creio que apenas os gregos foram filósofos verdadeiros, aqueles que viveram sua filosofia. Por isso sempre admirei Diógenes[3] e os cínicos em geral. Essa unidade mais tarde desapareceu. Digo que a Universidade arrasou a filosofia. Talvez não por inteiro, mas quase... Não vou aos exageros de Schopenhauer, mas há muito de verdade em suas críticas. Minha convicção é a de que a filosofia não é de forma alguma um objeto de estudo. A filosofia deveria ser uma coisa vivida pessoalmente, uma experiência pessoal. Seria preciso fazer a filosofia na rua, entrelaçar filosofia e vida. Uma filosofia oficial, uma carreira como filósofo? Aí não! Durante toda a minha vida eu me dispus e ainda hoje me disponho contra isso.

GCF
Há muito tempo se diz e se repete que a filosofia acabou. Mas os filósofos se defenderam com tanta obstinação dessa opinião que é preciso crer que ela significa algo. As respostas dos filósofos já não oferecem soluções; é uma preocupação com a vida terrena e o pragmatismo que aparecem por toda parte. Ao que ainda podemos nos agarrar? Talvez à sabedoria, ao caminho seguido pelos Sophoi?[4]

EC Não tenho a menor dúvida de que a sabedoria é o propósito principal da vida e por isso volto sempre aos estoicos. Eles alcançaram a sabedoria, razão pela qual já podemos chamá-los de filósofos no sentido próprio do termo. Do meu ponto de vista, a sabedoria é o termo natural da filosofia, seu fim nos dois sentidos da palavra. Uma filosofia termina em sabedoria e por isso mesmo desaparece.

GCF
Se não entendi mal, desenha-se aqui um círculo que vai da sabedoria antiga à filosofia especulativa, e que então volta à sabedoria ao longo de uma nova meditação sobre o essencial. Será que o conhecimento passa pela descoberta de si?

EC Os desapontados pela filosofia se voltam para a sabedoria. É bastante justo. Embora seja verdade que se deva começar pela filosofia, é preciso ser capaz de se desprender dela. Talvez seja inclusive o dever supremo. É certamente por isso que a sabedoria antiga me sacudiu tanto, aquela filosofia dos antigos que havia exatamente deixado de ser uma filosofia no sentido em que Aristóteles, por exemplo, a entendia. O problema do conhecimento tornou-se hoje acessório; o que está no primeiro plano é a maneira de encarar a vida, a questão de saber como se pode tolerá-la. Afinal conheço apenas dois grandes problemas: como tolerar a vida e como tolerar a si mesmo. Não há tarefas mais árduas. E não há respostas definitivas para levá-las a cabo. Cada um deve resolver ao menos em parte cada um desses problemas por conta própria. Há na vida sofrimento maior do que o dever de tolerar a si mesmo, de se levantar a cada manhã e dizer: «Começa mais um dia, outra vez preciso fazer isso, aguentar também este dia»? É portanto apenas questão de agir, de criar...
Essa é também a razão pela qual sou contra o trabalho.

Não se deve sequer escrever. A única coisa importante é manter sempre diante dos olhos esses problemas insolúveis e viver como Epiteto[5] ou Marco Aurélio. Então já não estamos nas histórias vividas, mas na contemplação. Nossos contemporâneos perderam a capacidade de contemplar as coisas. Desaprenderam a arte de perder tempo com inteligência.

Se eu tivesse de fazer meu próprio balanço, diria que sou produto das minhas horas perdidas. Não exerci profissão alguma e desperdicei muitíssimo tempo. Mas esta perda de tempo foi de fato um ganho. Apenas um homem que permanece à margem, que não age como os outros, conserva a capacidade de realmente entender algo. O que digo aqui não é nem um pouco moderno, mas toda a Antiguidade viveu com essa ideia. Hoje isso nos é impossível. É uma posição que já não faz sentido no mundo de hoje. Mas este mundo, de qualquer forma, irá se extinguir, não há dúvida disto.

Conversa publicada no jornal de língua alemã *Neuer Weg*, de Bucareste, nos dias 10 e 17 de abril de 1992.

Notas:

[1] Cioran recorre ao termo em alemão, *Genießer*: um consumidor refinado, um *gourmand*. [N. T.]

[2] Marcus Aurelius Antoninus (121-180), imperador, filósofo estoico e escritor romano. Último imperador da Pax Romana, época de alguma paz e certa estabilidade no Império Romano. Autor de *Meditações*, uma série de pensamentos dividida em doze livros escritos em grego entre 170 e 180. [N. T.].

[3] Diógenes de Sinope (ca. 413-ca. 323 a.C.), ou «Diógenes, o Cínico», filósofo grego da Antiguidade, representante célebre da escola cínica. [N. T.]

[4] Em grego antigo, «sábios»: σοφοί. [N. T.].

[5] Epiteto (50-ca.125), filósofo estoico. Não deixou obras escritas, mas suas notas foram registradas por discípulos. Sua doutrina, o *Manual de Epiteto*, teve alguma influência sobre Marco Aurélio. [N. T.].

Conversa com
Branka Bogavac Le Comte

BBLC
Monsieur Cioran, o senhor escreveu em *História e utopia*:
«Para que a Rússia se conformasse a um regime liberal, seria
preciso que ela se fragilizasse consideravelmente, que seu vigor
se extenuasse; melhor: que ela perdesse seu caráter singular e
se desnacionalizasse a fundo. Como poderia fazê-lo com seus
recursos internos intactos e milhares de anos de autocracia?
Mesmo que de repente o conseguisse, ela se desmembraria
em um piscar de olhos». Essas linhas são proféticas. Mas, ao
escrevê-las, você pensava que isso de fato aconteceria?

EC Não. É bastante importante dizer que considero a
Rússia um país do futuro. O fracasso atual talvez seja
inevitável, mas os russos não são um povo esgotado.
O Ocidente, sim. Esgotado não é a melhor palavra; o
Ocidente está em decadência, porque é composto de
nações velhas que criaram algo e atravessam agora
como que um cansaço histórico. É um fenômeno fatal
na história, como uma agonia que pode se estender
por muito tempo. Não é um cansaço passageiro. É um
longo desgaste das civilizações. Ao passo que a Rússia
não se consumiu tanto quanto o Ocidente, e portanto é
normal que lhe reste mais tempo de vida do que a este
último, que se esvai lentamente. A Rússia tem ainda
uma história diante de si.

BBLC

Ela tomará então as rédeas do Ocidente?

EC É muito possível, até mesmo inevitável. As duas nações menos consumidas são a Alemanha e a Rússia.

BBLC

E os Bálcãs?

EC Os Bálcãs têm um destino medíocre. Seus povos podem obter algum desenvolvimento, mas não um grande destino. Podem ver progresso, mas, quanto a ter um destino como civilização, é muitíssimo raro. Pode ser que haja uma época de prosperidade econômica etc., e até mesmo de florescimento da literatura, mas não são povos que desempenharam um papel na história. Quanto aos romenos, se não se alicerçarem nos próximos anos, estarão ferrados. Será um povo fracassado. Um fracasso agora seria fatal.

BBLC

Ao que você atribui o que está acontecendo entre os eslavos na Iugoslávia?

EC É um mau presságio, porque isso os esteriliza. É como um fracasso em nível de civilização. Na minha visão, são povos que têm destinos provisórios, com explosões. É preciso uma oportunidade histórica para desempenhar um papel importante. São povos que não são tolos, mas vão de fracasso em fracasso, esse é o seu progresso, pois de um fracasso a outro existe a vida, a vitalidade, mas algo não funciona. É como no caso de indivíduos. Você tem amigos que começam muito bem seus estudos, são os melhores, mas não têm uma verdadeira sequência. Brilham em algo e então há um vazio, depois voltam a brilhar, mas não há consistência histórica. E, se todos os povos fossem capazes, seria uma catástrofe. Afinal, a maioria dos povos é de gênios frustrados, por vezes brilhantes, mas que não contam na história. A história só toma nota dos povos que têm uma continuidade histórica. Enquanto os povos dos Bálcãs, embora tenham certa vitalidade inegável, seguem passando de um fracasso a outro. São povos que dão a ilusão do porvir, podem ter épocas brilhantes, e então medíocres. O problema central é o da língua. É a chave de tudo. Porque há povos inteligentes, mas cuja língua permanece na sombra. É uma questão fatal. Há línguas que não persistem, que não se impõem. Permanecem línguas provincianas.

BBLC E há línguas extraordinariamente belas, como o russo.

EC Os russos são um grande povo. E – não se pode esquecer – em todos os níveis. Sobretudo no religioso, que lhes é central. É fundamentalmente importante que o pano de fundo religioso russo não desapareça. Ele desempenhou um papel muitíssimo relevante por séculos. É possível que a forma da ortodoxia hoje já não seja a mesma de antes, mas que o pano de fundo religioso tenha desaparecido está fora de cogitação. Pois a Rússia se definiu por meio dele; é a sua base. Não se pode esquecer das crises religiosas na história da Rússia. É algo capital. Conflitos religiosos gravíssimos se produziram recorrentemente; o que prova que cada povo tem uma espécie de essência que o caracteriza. Mesmo na época mais terrível, quando os fiéis foram perseguidos, o pano de fundo religioso russo não foi destruído por completo – ele não pode desaparecer do dia para a noite. Os grandes escritores russos são todos marcados por uma nuance religiosa. Mas os outros também, os ateus, se eram de fato ateus foi porque eram religiosos involuntários. Pode haver gente ateia por completo, claro. Em geral, aqueles que não têm nenhuma religião na verdade têm uma, que é a negação. A negação na Rússia era esta, de que havia movimentos extraordinariamente antirreligiosos, mas que eram também uma forma de religião. O sujeito que não tem religião ataca Deus o tempo inteiro, portanto Deus está presente.

BBLC
Na Romênia, a quantas anda a religião ortodoxa?

EC Ela aparece sob uma forma mais medíocre. O pano de fundo religioso não é profundo.

BBLC
Não tão profundo quanto o russo? É esta a diferença?

EC Sim, uma diferença enorme na perspectiva da dimensão interior. Os romenos têm pensamentos religiosos, os agricultores não são antirreligiosos, mas não vão muito longe.

BBLC
Gabriel Matzneff[1] escreveu sobre você: «Nos anos cinquenta, ele foi um dos primeiros e únicos a denunciar na época os estragos causados pelas utopias políticas, estas fadas monstruosas». Isso quer dizer que você entendeu bastante cedo o que era o comunismo?

EC Foi de fato uma catástrofe, no sentido em que o homem que se torna não religioso por vontade própria é um ser que se esteriliza. E o mais indelicado é que isso vem sempre acompanhado por um orgulho exagerado e antipático. São sujeitos que têm um vazio interior.

BBLC
Você escreveu: «Não se erguerá o paraíso na terra enquanto os homens estiverem marcados pelo Pecado». O que é o Pecado, na sua visão?

EC É aquilo por meio do que se vê que o homem começou pela catástrofe. A origem foi catastrófica, mas ao mesmo tempo poderia ter sido o ponto de partida de uma conquista espiritual. Trata-se então de saber se o homem pôde ou não explorar esse lado positivo. Se for ineficaz, esse primeiro conflito será fatal. Não se pode esquecer que a maior parte dos seres é de fracassados.

BBLC
Aqueles que não souberam aproveitar essa possibilidade? É este o pecado original?

EC Não, o pecado original é essencial, de nascença, há uma espécie de estigma. É a origem da catástrofe, mas o homem lhe pode escapar ou, pelo contrário, naufragar nela. É muito estranho o que acontece nos humanos, pois logo se vê se são sujeitos de substância interior ou não, se são sujeitos verbais, sem prolongamento interior, se vivem no fracasso. Da mesma forma, logo se vê se são pessoas com destino, que têm substância.

BBLC
O que é o destino?

EC O destino é avançar ou não. Porque, em geral, a maior parte das vidas é estéril.

BBLC
Mesmo entre os intelectuais?

EC Sim, são marionetes. Isso significa que estão definhados, enquanto outros têm um destino, um chamamento interior, e portanto avançam e assim escapam do fracasso. O homem que o superou e avançou não é comum, não é um escravizado.

BBLC
Isto é sair do pecado original?

EC Sim, sim, pois a maior parte das pessoas não supera o fracasso.

BBLC
Mas de onde vem o pecado original, quem o inventou?

EC Há ali um sentido profundo, que se sente no interior, que não se demonstra. É o homem em conflito com Deus, no fundo.

BBLC
O que é Deus para você?

EC É o limite até onde o homem pode chegar. O ponto máximo. Aquilo que atribui um conteúdo, um sentido. A vida já não é uma aventura, é algo muito melhor. Tudo na vida depende das experiências que atravessamos, se têm substância ou não. Se for algo puramente intelectual, não tem valor. O intelectual francês é um pouco isso. Tudo depende do conteúdo interior, não da inteligência. Porque a inteligência por si só não é coisa alguma. Se não houver conteúdo interior, uma ideia não pode encontrar a experiência.

BBLC
Qual é esse conteúdo interior – a alma, os sentimentos...?

EC Sim. Uma espécie de passo adiante, em direção ao grande conteúdo do ser humano. A partir do momento em que há um conteúdo interior, o nada desaparece. Sem a presença de uma substância interior, tudo é superficial.

BBLC
A presença dessa substância é Deus?

EC A rigor, sim. Para mim, o que é mais importante é esta substância interior, algo duradouro, fortíssimo, que nos domina e nos governa. Uma espécie de fascínio, portanto. A vida normal é uma vida sem substância. Mas, aqui, este conteúdo transcende a fragilidade cotidiana.

BBLC
Por que os místicos produziram em você tanto fascínio?

EC Porque eu não podia ser como eles. Neste plano, sou um fracasso, comparado a eles. Veja só, eles me fascinavam porque deram um passo adiante – mais do que um passo, é evidente.

BBLC
Você meio que separou os santos dos místicos. Gostaria de saber qual a diferença entre eles.

EC Não é tanta. Talvez seja uma questão de intensidade; os místicos chegaram muito longe.

BBLC
Você teve vontade de fazer como eles?

EC Agora, menos. Mas minha relação com os místicos é complexa, há uma tensão bastante forte.

BBLC
Mas, em certo momento, você então teve vontade?

EC Em certo momento, sim. Em todo caso, foi algo que me interessou profundamente. Mas não sou místico. No fundo o fracasso da minha vida é que não fui até o fim. Era fascinado pelo misticismo, cheguei até certo ponto, mas não até o fim. Não percorri todo o caminho no plano espiritual.

BBLC
Por que o homem inventou a religião?

EC Por causa das suas desgraças, das suas provações. Unicamente porque ele vai de provação em provação.

BBLC
A religião serve para abrandar tais provações?

EC Serve para conhecê-las, iluminá-las, para pensar sobre suas dores, sobre a experiência interior; é o que faz do homem aquilo que ele é, que lhe dá uma dimensão interior.

BBLC
Você escreveu: «A longo prazo, a vida sem utopia se torna irrespirável, ao menos no conjunto. Sob pena de se petrificar, o mundo precisa de um delírio novo». É portanto preciso que haja utopia e ilusão?

EC Certamente, a verdade é essa. A única resposta ao nada se encontra na ilusão. É quase biológico; é a nossa própria substância. Não é ilusão, mas algo melhor do que isso. Mas significa também que o perigo da vida consiste em exagerar no rigor, em ir longe demais. Questão de temperamento. O que também há de grosseiro na vida é a amargura. O amargo é o sujeito que se concede maliciosamente uma certa superioridade.

BBLC
Todos os homens que se manifestam, que saem do comum – como você disse –, têm algo diabólico.

EC É verdade, infelizmente. É o processo da vida. A própria vida tem algo diabólico; o fato mesmo de viver tem algo diabólico. É portanto inevitável que os homens sejam assim. Significa que não há seres puros. O diabo tem sido obsessão contínua na história. Por quê? É importantíssimo. Nunca foi abandonado. Já se tentou, mas foi impossível. Pode-se dizer que a ideia do pecado original é uma ideia profunda. Na origem do homem, algo se desfez. Desde o princípio, há algo que não está bem, que não poderia estar bem, pois a pureza da criatura não é possível. O homem, portanto, está ferido desde o seu nascimento.

BBLC
Dostoiévski era obcecado pelo diabo?

EC Sim, mais do que os outros. Conheço Dostoiévski muitíssimo bem. Adorei-o enormemente, é uma das paixões da minha vida. É talvez o escritor mais profundo, mais estranho, mais complicado de todos os tempos. Coloco-o à frente de todos, com defeitos enormes mas com lampejos de santidade.

BBLC
Você o coloca à frente até mesmo de Shakespeare?

EC Sim, até mesmo de Shakespeare. Dostoiévski é o escritor que mais me deslumbrou, aquele que foi mais longe no exame do homem, aquele que soube explorar o bem e o mal. Tocou com maior profundidade o mal, como essência do homem, mas ao mesmo tempo a inspiração nele é dupla. Para mim, Dostoiévski é O ESCRITOR.

BBLC
Você diz que o escritor escreve sempre sobre si mesmo. Como ele pôde encontrar tudo isso em si mesmo?

EC Porque ele sofreu muito, ele mesmo diz. O conhecimento é isso. É por meio do sofrimento, não da leitura, que se o alcança. Na leitura, há como que uma distância. A vida é a experiência verdadeira: todos os fracassos dos quais se pode padecer, os pensamentos que descendem deles. Tudo aquilo que não é experiência interior não é profundo. Podem-se ler milhares de livros e não será uma escola de verdade, ao contrário da experiência do infortúnio, que afeta profundamente. A vida de Dostoiévski foi um inferno. Ele viveu todas as provações, todas as tensões. É sem dúvida o escritor mais mergulhado nas experiências interiores. Foi ao limite extremo.

BBLC
Depois de Dostoiévski, quais são os outros escritores de que você gosta?

EC Nietzsche, pois foi até o fim em tudo o que empreendeu. Pelo seu lado excessivo.

BBLC
Essa é a causa da sua loucura?

EC Ele não naufragou na loucura. Mas é certo que as pessoas que afundaram são as que mais impressionam. Em particular os poetas. Basta olhar a biografia dos poetas.

BBLC
Como a de Baudelaire. Você disse que recorreu muitas vezes a Baudelaire e Pascal.

EC Há poetas e escritores que nos acompanham o tempo inteiro. Presenças corriqueiras. Não há necessidade de relê-los; estão lá o tempo inteiro. Pascal é o maior escritor francês.

BBLC
Você conheceu bem Michaux, vocês passaram bastante tempo juntos.

EC Michaux era de uma inteligência superior, inventivo. Não era parisiense, era agradável, podia-se falar com ele sobre qualquer coisa, sobre tudo. Era de uma inteligência extraordinária.

BBLC
E Beckett?

EC Beckett foi um homem inesquecível, mas sua conversa não era interessante. Permaneceu completamente si mesmo, sem absorver coisa alguma dos franceses.

Sujeito engraçado, não foi educado no sentido francês da palavra, mas havia nele algo profundo.

BBLC
O livro, para um exilado, é um substituto de seu país?

EC   Todo escritor é em alguma medida um exilado.

BBLC
Você sentiu falta da Romênia?

EC   Para falar a verdade, não. No sentido de que conheço esse país, minhas origens. Porque nasci nos Cárpatos, em uma cidadezinha maravilhosa que eu adorava e onde passei toda a minha infância. Havia encostas, contrafortes selvagens que se erguiam nos Cárpatos, mais da metade da minha cidade era assim. Quando meu pai me disse, depois da escola fundamental, que eu deveria ir para Sibiu continuar meus estudos, fiquei desesperado por ter de deixar a cidadezinha. Depois de três ou quatro anos, apaixonei-me pela cidade, pois era tão simpática, tinha uma mistura de povos, de línguas e de culturas bastante interessante. Me senti bem ali. Mas, mais tarde, eu já não pensava em nada além de deixar a Romênia.

BBLC
E você não tem vontade de voltar para a sua cidadezinha?

EC   Não. Pela razão muito específica de que tenho dela uma memória bastante singular.

BBLC
Você disse que a época moderna começou com dois histéricos, Dom Quixote e Lutero.

EC   São pessoas que têm um destino à parte, que não são como as outras. Que são quase párias...

BBLC
Você fez de si mesmo, em alguma medida, um pária.

EC   Sim.

BBLC
Você gosta dos espanhóis?

EC   Muitíssimo! Tenho uma espécie de adoração pela Espanha. Gosto na Espanha de toda a loucura, a loucura dos homens, algo que é imprevisível. Você entra em um restaurante, um sujeito vem falar com você. Eu era louco pela Espanha. É o mundo de Dom Quixote.

BBLC
Você a certa altura gostava muito da filosofia, e então a abandonou.

EC   Sim, a filosofia infla o ego e dá uma ideia falsa de si mesmo e do mundo. Quando lia Kant, Schopenhauer e outros filósofos, eu tinha a impressão de ser um deus, tinha algo monstruoso. A filosofia produz um desprezo completo por aqueles em seu exterior, por isso é perigosa nesse sentido. É preciso conhecê-la para superá-la. O que conta acima de tudo é o contato direto com a vida.

BBLC
Você diz: «Dürer é o meu profeta. Quanto mais contemplo o desfile dos séculos, mais me convenço de que a única imagem capaz de revelar o seu sentido é aquela dos cavaleiros do *Apocalipse*». Você gosta de outros pintores?

EC   De muitos. Interessei-me mais por alguns do que por outros.

BBLC
Entre as artes, você me disse preferir a música. Ela teve um papel importante na sua vida?

EC   Sem música, a vida não tem sentido algum. A música toca fundo. Não se vê na aparência, mas toca algo que nos comove profundamente, sem que tenhamos sempre consciência disso. Ela teve um papel enorme na minha vida. Enorme. Aquele que não é sensível à música não me interessa em nada. Zero.

BBLC
Você escreveu: «A beleza não cria, pois lhe falta imaginação, enquanto o ódio cria e sustenta. Nele está o mistério do desconforto e do inconveniente a que chamamos vida». Por que o ódio é mais criativo do que a beleza?

EC   Porque é mais dinâmico. Afeta profundamente. Além disso, cria acontecimentos interiores.

BBLC
O que me espanta é a bestialidade do homem, da qual ele não consegue se libertar. Tem-se a impressão de que ele se enxerga como violento sem poder escapar da sua violência. E você mesmo buscar vingar-se na sua obra, é como uma retaliação. Como você explicaria isso? Por que o homem não consegue se alforriar dessa bestialidade?

EC   Isso sempre existiu, claro. Agora está mais forte por causa do progresso, tudo se acentuou, há uma espécie de ferocidade; o homem sempre foi louco, mas em graus diferentes. Por isso é necessária uma desconfiança permanente para sobreviver e evitar as desgraças. Porque o homem é um animal, nasceu assim. Está putrefato desde o nascimento. É um animal condenado e ao mesmo tempo bastante sutil. É um vício de nascimento. O que é a história? A demonstração da desumanidade do homem. Algo impuro, desprezível. E creio que não haja remédio. Pode-se constatar o fenômeno, mas não se pode fazer coisa alguma. Agora estou velho e vivi o bastante para poder constatar que o homem é um animal incuravelmente mau. E nada se pode fazer para remediar isso. Há somente épocas em que o animal, o homem, se acalma. Em geral, a história é uma sacanagem, portanto não há remédio.

BBLC
Por consequência, você não pensa, assim como Rousseau, que o homem nasce bom.

EC   Esse é um erro fundamental! Está completamente errado. Veja as crianças, como são maldosas! Acredito que seja preciso aceitar, pois não há alternativa. O homem sabe, ele sente, que é ainda pior do que os animais.

BBLC
Você diz que a bondade é o sentimento que o homem menos conhece.

EC   De nada serve dizer que se têm bons sentimentos; eles também existem, mas fundamentalmente não. Por isso – infelizmente é assim – não se deve dissimular a realidade com ilusões. É péssimo e perigoso. Melhor seria dizer às crianças desde o início: «Cuidado, cuidado!», e não viver na mentira. O homem vive na mentira. Há sempre falcatruas. As grandes decepções da vida vêm daí: criou-se uma imagem falsa da vida. E mais: um dos sentimentos fundamentais do homem é a inveja. Na minha visão, é o sentimento mais profundo e não se pode extingui-lo. Faz cinquenta anos que deixei a Romênia, e alguém que recentemente chegou de lá me disse: «Você não pode imaginar quantas pessoas te odeiam porque você mora em Paris». A inveja dos romenos: para eles não há coisa alguma além de Paris, sentem um fascínio terrível por Paris.

BBLC

Você disse em uma série de ocasiões que é preciso não se gabar na vida, justamente por causa da inveja.

EC Completamente! Nunca se vanglorie. As pessoas preferem ter pena. É o que provoca sua simpatia. Nos ricos e nos pobres é a mesma coisa. Eu já disse, o homem é um animal condenado. De início, é preciso nunca se gabar do menor sucesso que seja. É central. Mesmo em uma sociedade bastante refinada. Por alguns anos participei da sociedade parisiense, de gente tão fina, inteligente. E notei algo: em um jantar, por exemplo, havia gente que não aguentava ficar até o final. Assim que saíam, transformavam-se no alvo daqueles que ficavam, por isso eu sempre saía por último. Aquilo me chamou a atenção, em gente culta, bastante sutil; em particular na casa de uma senhora riquíssima, que me convidava com frequência, entendi que todas as pessoas são iguais, ricas ou pobres. Não foi sequer uma mesquinharia pessoal, mas o homem odeia o homem. Eram hipócritas. Jantava-se bem, era bastante agradável, mas as pessoas eram destroçadas assim que saíam. Toda aquela gente não era essencialmente má, mas guardava aquele instinto da alma, aquela necessidade de esfolar, de diminuir o outro. Não se pode fazer coisa alguma. Acho que foi sempre assim. Talvez seja mais brando nos monges... O homem está portanto habituado à sua mesquinhez e sobretudo à sua necessidade de detratar os outros – e isto naquilo a que se chama de alta sociedade. Para mim, foi uma revelação. É evidente que eu tinha visto sacanagens na Romênia, mas não imaginava coisa assim na França e em uma sociedade como aquela. Mas podem-se perder todas as ilusões e ainda assim viver.

BBLC
Essas pessoas mereciam que se falasse mal delas?

EC Sim e não. Era gente riquíssima, cheia de defeitos, entre os quais a ignorância. Nessas sociedades, veem-se as pessoas ascendendo, enriquecendo-se. Eram sobretudo escritores que se tornavam ricos em dois meses.

BBLC
Você também chegou a detratar alguém?

EC Ah, sim!

BBLC
Foi merecido?

EC Foi um pouco exagerado, mas não completamente ilegítimo. A característica fundamental dos franceses é a vaidade. Mesmo entre as pessoas bastante educadas. É a deficiência da espécie. Eu acrescentaria: o sujeito de que se fala mal fica sabendo. Isso é a sociedade. O mundo. O pecado original. O mal está mais vivo do que o bem. A coisa mais íntima na religião é o pecado original. Estamos marcados pelo pecado naturalmente, e, por maiores que sejam nossos esforços, serão inúteis, pois ele existe.

BBLC
Você não tem uma opinião lisonjeira dos políticos. Segundo você, são todos perversos e não se pode fazer política sem ser um estelionatário.

EC Em parte, é verdade. Um sujeito inocente não pode fazer política, pois não consegue ser canalha. Um político ingênuo é uma catástrofe para o seu país. Políticos medíocres são ingênuos com ilusões, e isso tem consequências assombrosas. Se o político é ingênuo, ele é perigoso. São coisas simples em aparência, mas no fundo importantíssimas. O curioso é que a experiência de vida mostra o quanto se enganam aqueles que se acham muito inteligentes. Os políticos verdadeiros são aqueles sem ilusões. Do contrário, arruínam-se; são perigosos para o seu país. Por isso um político adequado é coisa tão rara.

BBLC
Para você, o homem é predestinado?

EC O homem é predestinado. É uma pena que por vezes as circunstâncias intervenham. Por exemplo, você pode ter talento para determinada atividade mas viver em um país no qual as condições são desfavoráveis. Mas há também um grau de acaso que intercede. Isso produz uma marca e já não se é dono de si. É evidente que se você tem um talento o triunfo se torna mais fácil. Há tanta gente que teria merecido uma sorte melhor. Tantos talentos se perderam assim. Tive amigos na Romênia e judeus franceses que deveriam ter outro destino. Sobretudo na Romênia, mas a vida os destroçou. O que conta, além disso, são as guerras, as revoluções frustradas, os acasos. Não há lei. A psicologia é quase uma fantasia.

BBLC
Sua atitude com relação a Deus é um assunto que me interessa particularmente. Você acredita em Deus?

EC Não, não acredito. Atravessei todos os estágios sem me tornar crente, mas a presença da religião em mim é real.

BBLC
Então por que essa luta perpétua com Deus, se você não acredita?

EC Começou assim: meu pai era um padre ortodoxo. Isto é importantíssimo. Ele sofria muito cada vez que não conseguia resolver um problema, ajudar alguém. Meus pais sofriam muito e escondiam de mim. Quando meu pai fazia uma oração, eu me refugiava pois via o quanto ele sofria; ele percebia que eu evitava as orações. E eu me dizia: de que adianta ter fé para sofrer tanto, para ser vítima o tempo inteiro? Eles notaram que algo não ia bem comigo, que eu não estava contente. Meu irmão passou, apesar dos esforços do meu pai, sete anos na cadeia. Meu pai era muitíssimo generoso; era alguém que o destino perseguia, que o destino acossava. Meu irmão sofreu tanto.

BBLC
Foi então que lhe vieram as dúvidas?

EC   Era razão suficiente para duvidar. Era também motivo de debate na Romênia. Eu tinha um professor de filosofia extraordinário, inteligentíssimo, tão refinado, fascinante. Era crente, sabia que eu realmente não o era, mas que me interessava por religião, que lia textos místicos – tão profundos que não podem deixar de comover, tenha-se fé ou não. Além disso, eu vi tantas injustiças terríveis na Romênia e pensei: não se pode dizer que um deus zela pelo mundo. E percebi que não era feito para a religião. Mas ela sempre me interessou sem que eu tivesse fé. Meu professor tinha a mente religiosa, mas muito aberta; editava um jornal de filosofia embora não tivesse dinheiro. Nós éramos bons amigos. Deixava-me falar, respondia-me com alguma ironia. Entendeu bem o que estava acontecendo comigo. Ele era uma mistura fantástica, como há nos Bálcãs, onde em cada indivíduo pode haver três, quatro, cinco indivíduos diferentes. Uma psicologia inédita!

Meu pai e minha mãe eram pessoas diferentes por completo. Vivi diferentes épocas na Romênia, já estava carregado de contradições. Mais tarde, dei-me conta de que era preciso sair da Romênia, de que era preciso ir para o exterior a qualquer custo. Mas foi difícil para mim, tive de encontrar uma bolsa de estudos. Eu havia terminado meus estudos na universidade e tive a sorte de conhecer alguém que tomou conta de mim, que me ajudou muitíssimo: M.D., que era diretor do Instituto Francês de Bucareste e que concedia as bolsas para Paris. Estou aqui graças a ele. Quando voltou da Romênia, foi indicado professor na Sorbonne. Era inteligentíssimo, mas um professor tedioso. Durante um ano, frequentei suas aulas por gratidão. Mas era um suplício mortífero: ele não era um tonto, mas não tinha o temperamento, era desinteressado. Depois de um ano, falei: «Já deu! A gratidão está paga». Foi impossível continuar.

BBLC
Como você fez para viver durante dez anos antes da publicação do seu primeiro livro na França?
EC Dei um jeito com as bolsas.

BBLC
Você tomou a decisão de viver sem profissão – ou, em outras palavras, ser livre –, mas escreveu a este respeito: «Tente ser livre: você morrerá de fome. A sociedade tolera apenas aquele que é sucessivamente servil e despótico; é uma prisão sem guardas, mas de onde não se pode escapar sem se extinguir».
EC De fato, a sociedade não perdoa por ser livre. Eu morava a poucos metros daqui [levanta-se para apontar da sua janela a rua Monsieur-le-Prince], no coração de Paris. É a cidade dos frustrados. Sabe por quê? Porque todo mundo chega a Paris com uma ideia de exata de sucesso. Mas essa ideia, essa «missão», não dura muito tempo. Porque todos fracassam. E, para mim, foi bastante simples: *resolvi viver sem profissão*. E o grande sucesso

da minha vida foi ter vivido, ter conseguido viver, sem profissão. Em uma cidade de frustrados, esbarrei em um bocado de gente, gente esquisita, meio oportunista, todo tipo de gente. Morei em hoteizinhos. Aqui está a diversidade do fracasso, é a cidade do fracasso.

BBLC
Como você se salvou do fracasso?

EC Eu já havia escrito na Romênia. Foi isso o que me salvou ali em certo momento. E me dei conta de que era absolutamente preciso escrever, porque era uma libertação, porque era uma explosão sem consequências para os outros, era melhor do que arrebentar a cara de alguém.

BBLC
De quem você tinha raiva?

EC Da humanidade, de todos aqueles que instituem a ordem. É uma tensão interna e é preciso desafogar. Não se pode berrar na rua. Minha terapia consistia então em falar mal da humanidade, em insultar o universo, em falar mal de Deus – é evidente que não há nada que se possa fazer com relação a Deus; é uma terapia extraordinária. Se você fala bem de Deus e do mundo, está ferrado. Escrever é a libertação interior.

BBLC
E o encontro com a língua francesa, a escrita em francês?

EC Foi uma provação para mim. Estava habituado com línguas, pois em Sibiu se falam alemão, húngaro, romeno. Em aparência o francês é uma língua fácil, sem substância, sem vida, uma língua que não tolera coisa alguma. Na realidade, não é fácil; sua facilidade aparente é enganosa. Foi de fato uma guerra. As pessoas, sobretudo os romenos, acreditam que a conhecem por

298

terem algumas noções. Quando comecei a escrever em francês, travei uma guerra, um rigor permanente.

BBLC
É verdade, na sua visão, que se pensa de modo diferente a depender da língua que se usa?

EC É totalmente verdade. Eu sei alemão e quando o falo passo a outro mundo. A língua impõe uma outra mentalidade. Eu escrevia melhor em alemão do que em francês quando cheguei.

BBLC
Você escreveu: «Nunca me senti atraído pelas inteligências confinadas a uma única forma de cultura. Não se enraizar, não pertencer a nenhuma comunidade, esse foi e é o meu lema. Voltado para outros horizontes, busquei sempre saber o que acontecia alhures».

EC A vantagem de ter nascido em um espaço cultural dito menor é uma curiosidade que nos leva a educar-nos o máximo possível. É por isso que digo que os povos da América Latina e do Leste Europeu são mais bem-informados e mais cultos do que aqueles do Ocidente. É uma necessidade, para nós.

BBLC
Para você, o que significa escrever?

EC Era preciso que eu fizesse algo na vida, já que vivia sem ter profissão. Não é mais complicado do que isso. Tentei não trabalhar, escrevi e li muito. Tudo o que escrevi, escrevi em momentos de depressão. Quando escrevo, é para me desvencilhar de mim mesmo, das minhas obsessões. Isso faz dos meus livros um aspecto de mim, são confissões mais ou menos camufladas. Escrever é uma forma de se esvaziar. É uma libertação. Caso contrário, o que se carrega dentro de si torna-se um complexo.

BBLC

Você ainda escreve?

EC Parei de escrever há dois anos. Realmente não sei como aconteceu. Mas é um processo. Eu estava farto, porque na França todo mundo pergunta: «Quando vem o próximo livro?» – «Nunca! Acabou!», respondi um dia. Todos escrevem livros e isso acabou me dando nojo. Então parei com aquela comédia. E agora me perguntam: «Por que você parou de escrever?» – «Porque eu estava exausto de falar mal de Deus e do universo!».

BBLC

Depois de uma experiência literária bastante longa, você poderia me dizer algo sobre a condição do escritor?

EC É uma pergunta que surge o tempo inteiro. Tudo depende da firmeza das nossas convicções, se estamos dispostos a aceitar qualquer coisa, humilhação, falta de dinheiro, em nome da escrita; colocá-la acima de todo o resto, aceitar todas as derrotas eventuais – sempre há –, obrigar-se a ser dono de si mesmo. É preciso se aceitar e não depender dos outros: você é dono de si, é um combate ao qual você se entrega. Os outros não o conhecem, mas o conhecerão por meio dos seus livros. Por que se publica um livro? Para mostrar o combate. Não é preciso dramatizar; é algo de si projetado no exterior, algo que deve sair, que não se deve conservar, pois não faria bem. É preciso considerá-lo uma terapia. Escrever é uma forma de se libertar dos próprios complexos; senão, eles se tornariam trágicos.

BBLC

A literatura é uma libertação ou um protesto?

EC Uma libertação. É preciso explodir tudo aquilo que não vai bem; deve-se dizê-lo, e isto é uma explosão. A expressão é, afinal, a maneira mais eficaz que há para se desvencilhar do homem. Nunca é algo negativo. Se há algum meio de se desvencilhar de uma provação, não se deve recusar.

BBLC
Por que você elegeu o fragmento como gênero literário?

EC É meio complicado, porque no fundo não escrevi para publicar livros. Mas apenas para dar expressão a um sentimento imediato. A ideia não é escrever um livro; é portanto um momento da minha vida. Uma página da minha vida.

BBLC
Você sempre resistiu aos prêmios literários.

EC A vaidade é um vício bastante profundo e em parte hereditário, sobretudo entre aqueles que vivem em Paris. Cada um tem a sua política. Na minha vida, atravessei momentos de pobreza, de miséria, e, quando alguém me oferece um prêmio, digo: «Não aceito dinheiro em público». É o orgulho, por um lado, mas também a rejeição da publicidade. Não passei fome, não exatamente, porque levei uma vida de estudante até poucos anos atrás. A consagração é o pior dos castigos.

Conversa ocorrida em Paris e publicada na revista literária Književna reč, de Belgrado, em abril de 1992.

Notas:

[1] Gabriel Matzneff (1936), escritor francês. Recebeu os prêmios Mottart e Amic da Academia Francesa, em 1987 e 2009 respectivamente, e o prêmio Renaudot de ensaio em 2013. [N. T.]

Conversa com
Michael Jakob

MJ
Monsieur Cioran, quando se leem os seus textos, tem-se a impressão de que o senhor não acredita no diálogo; o senhor diz também que cada encontro é para você uma espécie de crucificação... Estou consciente da dificuldade que uma conversa com o senhor pode representar, mas de qualquer forma estou aqui para tentar. E se começarmos pela sua infância na Romênia? Sua infância ainda está bastante presente no senhor?

EC Sim, *extraordinariamente* presente. Nasci em Rășinari, uma cidadezinha nos Cárpatos, nas montanhas, a doze quilômetros de Sibiu-Hermannstadt. Eu adorava aquela cidade; tinha dez anos quando a deixei para ir ao colégio em Sibiu e nunca vou me esquecer do dia, ou melhor, do instante em que meu pai me levou. Ele havia alugado uma carroça puxada por cavalos e eu chorava, chorei o tempo inteiro, pois tinha o pressentimento de que o paraíso havia terminado. Aquela cidadezinha montanhesca tinha para mim, quando criança, uma vantagem enorme: depois do café da manhã eu podia sumir até o meio-dia, voltar para casa e, uma hora depois, sumir outra vez em qualquer lugar das montanhas. Isso durou até os dez anos de idade. Mais tarde, houve outra «vantagem» de viver ali: durante a guerra de 1914, meus pais – romenos – foram deportados pelos húngaros, e o meu irmão, minha irmã e eu ficamos com nossa avó; enfim, ficamos totalmente livres! Foi a melhor época. Eu gostava muito dos agricultores e, ainda mais do que dos agricultores, dos pecuários: eu tinha uma espécie de adoração por eles. Quando tive de deixar esse mundo, tive o pressentimento de que algo para mim havia se desfeito para sempre. Chorei e chorei e nunca vou me esquecer.

MJ
Ao ouvi-lo falar, pode-se dizer que o senhor foi literalmente arrancado do solo natal?!

EC Da terra e daquele mundo primitivo de que eu gostava tanto, com o sentimento de liberdade que o acompanhava. Vi-me então em Sibiu, uma cidade importantíssima da Áustria-Hungria, uma espécie de cidade de fronteira com um bocado de militares. Ali três etnias conviviam, sem drama, preciso dizer: os alemães, os romenos e os húngaros. Talvez seja curioso, mas isso me marcou para o resto da vida: não consigo viver em uma cidade onde se fala apenas uma língua, entedio-me de imediato. Eu gostava justamente da diversidade dessas três culturas, embora a verdadeira cultura fosse, claro, a alemã; os húngaros e os romenos eram meio que escravizados em busca da libertação. Nessa cidade de Sibiu havia uma biblioteca alemã que era bastante importante para mim. De qualquer forma, depois da minha cidadezinha natal e de Paris, Sibiu (Sibiu-Hermannstadt ou Nagyszeben, em húngaro) é a cidade que mais amo no mundo, que mais amei no mundo. Se a palavra nostalgia tem um sentido, é afinal o arrependimento de ter sido obrigado a abandonar uma cidade como aquela e até mesmo a minha cidadezinha. No fundo, o único mundo verdadeiro é o mundo primitivo onde tudo é possível e nada se atualiza.

MJ

Na verdade o senhor foi desenraizado em uma série de ocasiões.

EC Sim, inúmeras vezes. Há primeiro o abandono da minha infância. E então minha vida em Sibiu. Por que Sibiu foi uma cidade importante para mim? Porque foi lá que sofri o grande drama da minha vida, um drama que durou anos e me marcou para o resto da vida. Tudo o que escrevi, tudo o que pensei, tudo o que elaborei, todas as minhas divagações têm origem nesse drama. Foi em torno dos vinte anos que perdi o sono e considero este o maior drama que pode acontecer. Lembro-me de caminhar durante horas pela cidade – Sibiu é uma cidade bem bonita, uma cidade alemã fundada na Idade Média. Eu saía então por volta da meia-noite e simplesmente caminhava pelas ruas, havia apenas algumas putas e eu em uma cidade vazia, o silêncio total, o interior. Vagava durante horas pelas ruas, como uma espécie de fantasma, e tudo aquilo que escrevi desde então foi concebido nessas noites. Meu primeiro livro, *Pe culmile disperării* (*Nos cumes do desespero*), remonta a essa época. Um livro que escrevi com 22 anos, uma espécie de testamento, porque eu pensava que depois iria me suicidar. Mas sobrevivi. Eu não exercia profissão alguma, e isso foi importantíssimo. No fundo, como não dormia durante a noite e caminhava pela cidade, eu ficava imprestável durante o dia, não podia ter uma profissão. Eu tinha uma graduação, havia terminado meu curso de filosofia em

Bucareste etc., mas não podia ser professor, porque não se pode, depois de passar a noite acordado, bancar o palhaço na frente dos alunos, falar sobre coisas com as quais você não se importa. Tais noites em Sibiu estão portanto na origem da minha visão do mundo.

MJ
Mas essas noites permitiram-lhe também descobrir um espaço extraordinário, algo aberto, fascinante, portanto...

EC Estou certo disto. Mas no meu caso havia precedentes quanto à minha visão das coisas. Eu tinha tal visão muito antes, mas foi a partir dos vinte anos que a entendi de maneira sistemática. Devo especificar, antes, que meu pai era padre, mas minha mãe não era crente – curiosamente ou talvez por isso –, e tinha uma mentalidade muito mais independente do que o meu pai. Então certa vez, quando eu tinha vinte anos – eram duas da tarde, lembro-me bem –, na frente da minha mãe, atirei-me no sofá e falei: «Não aguento mais». Minha mãe me respondeu: «Se eu soubesse, teria feito um aborto». Isso me espantou enormemente, mas de forma alguma negativamente. Em vez da revolta, sorri – lembro-me –, e foi uma espécie de revelação; ser fruto do acaso, sem nenhuma necessidade, foi de certa forma uma libertação. Mas me marcou para o resto da vida. Minha mãe, curiosamente, depois de ler as coisas que escrevi em romeno (ela não falava francês), mais ou menos aceitou-as. Meu pai, por outro lado, sentiu-se consternado; tinha fé sem ser fanático, era um religioso por profissão. É evidente que tudo aquilo que eu escrevia o desconfortava e ele não sabia como reagir. Apenas minha mãe entendia. E é curiosíssimo, pois no começo eu a desprezava, mas um dia ela me disse: «Para mim, existe apenas Bach». A partir de então, compreendi que éramos semelhantes, e, de fato, herdei dela um punhado de defeitos, mas também algumas qualidades. Estão aqui as revelações que marcam uma vida. E então algo aconteceu, veja, eu escrevi um livro – meu segundo ou terceiro livro – que se chama *Lágrimas e santos*. Um livro que escrevi mais tarde, portanto, e que foi publicado na Romênia em 1937. Esse livro teve uma recepção absurdamente negativa; primeiro o editor, de Bucareste, me telefonou quando eu estava em Braşov – e o livro quase pronto – para me dizer que não iria publicá-lo, porque ele não o havia lido e no momento da impressão alguém lhe disse: «Você leu este livro?». Então ele o leu e me disse: «Fiz minha fortuna com a ajuda de Deus e não posso publicar seu livro». [*Risos.*] Muito balcânico. Eu lhe disse: «Mas é um livro profundamente religioso». Ele respondeu: «Talvez, mas eu não quero». Foi o ano em que vim para a França. Disse-lhe: «Tenho de deixar a Romênia, devo ir para Paris em um mês». – «Que seja, mas não quero seu livro». Foi isto o que ele me respondeu! Então fui a um café, estava desesperado, e falei: «O que vou fazer?». Eu gostava bastante daquele livro, pois era produto de uma crise religiosa, e por fim encontrei um editor, ou melhor, um tipógrafo, um impressor, que me disse: «Vou publicá-lo». Então deixei a Romênia e vim para a França, o livro foi publicado na minha ausência em 1937 e foi extremamente mal recebido; Eliade, por exemplo, escreveu um artigo violento contra esse livro. Meus pais estavam em uma situação delicadíssima; minha mãe me escreveu em Paris: «Eu entendo o teu livro etc., mas você não deveria tê-lo publicado enquanto estamos vivos, pois ele coloca o teu pai em uma situação bastante difícil, e também a mim, como presidente das mulheres ortodoxas... na cidade todos zombam de mim». E então me pediram o favor de retirar o livro de circulação; mas o livro havia sido publicado sem editor, então não houve distribuição. É um fenômeno tipicamente balcânico, que é difícil de explicar no Ocidente, onde as coisas acontecem de formas diferentes. Não foi distribuído, eu realmente não sei qual foi o seu destino, provavelmente foi destruído – ao menos a maior parte dos seus exemplares. Minha mãe entendeu o livro; ela me disse: «É visível que há em você alguma ruptura interior; de um lado a blasfêmia, do outro a nostalgia». (É idiota falar dos pais, mas há de qualquer forma um sentido, apesar de tudo.) Esse livro foi o desfecho de uma crise que durou sete anos, uma crise feita de vigílias. Por isso desprezei sempre as pessoas que conseguem dormir, o que é um absurdo, por que eu só tinha um desejo: dormir. No entanto entendi algo: as noites em claro são de uma importância fundamental!

MJ
É nas noites em claro que se produz...

EC Não só isso, mas também nas quais se entende – sobretudo. Veja, a vida é bastante simples: as pessoas se levantam, passam o dia, trabalham, se cansam, depois vão dormir, levantam-se e recomeçam outro dia. O fenômeno extraordinário da insônia faz com que não haja descontinuidade. O sono interrompe um processo. Mas o insone está lúcido no meio da noite, a qualquer momento, não há diferença entre dia e noite. É uma espécie de tempo interminável.

MJ

O insone vive em outra temporalidade?

EC   Totalmente, sim; é outro tempo e outro mundo, pois a vida apenas é suportável graças à descontinuidade. No fundo, por que se dorme? Não tanto para descansar, mas para esquecer. O sujeito que se levanta de manhã depois de uma noite de sono tem a ilusão de começar algo. Mas, se você passa a noite acordado, não começa coisa alguma. Às 8h da manhã você está no mesmo estado que às 8h da noite e toda a perspectiva diante das coisas inevitavelmente se transforma. Acredito que, se nunca acreditei no progresso, se nunca fui engambelado por essa balela, foi também por causa disso.

MJ

Trata-se de um tempo em que se vê o mundo pelo negativo?

EC   Sim, pelo negativo ou pelo positivo, como preferir, mas tem-se outro sentimento do tempo. Não é o tempo que passa, é o tempo que não passa. E isso muda nossa vida. Por isso considero as noites em claro a maior experiência que se pode ter na vida, elas marcam pelo restante da existência. Entende-se bem por que outrora a tortura – acredito que hoje isso já não exista – consistia em impedir os interrogados de dormir: depois de algumas noites, confessavam tudo! O segredo do homem, o segredo da vida, é o sono. É o que torna a vida possível. Estou plenamente convencido de que, se a humanidade fosse impedida de dormir, haveria uma carnificina sem precedentes, a história acabaria. Esse fenômeno me abriu os olhos para sempre, por assim dizer. A minha visão das coisas é resultado dessas vigílias, arrisco dizer as «vigílias do espírito», é pretensioso mas, enfim, é meio que isso. E um fenômeno muito curioso: minha adoração pela filosofia, pela linguagem filosófica – eu era doido pela terminologia filosófica –, e bem, essa superstição, pois afinal é uma superstição, foi varrida pelas vigílias. Porque vi que nada poderia me ajudar, nada me faria aguentar a vida, sobretudo as noites. Foi assim que perdi minha fé na filosofia.

MJ

Mas o senhor encontrou bons amigos nas Letras...

EC Sim, com certeza. Isso aconteceu quando vi que a filosofia não podia me ajudar, que os filósofos nada tinham a me dizer. De qualquer forma, prefiro os escritores; para mim, Dostoiévski é o maior gênio, o maior romancista, tudo o que se quiser, todos os superlativos. Eu li muitíssimo os russos, Tchekhov, claro.

MJ

Quando o senhor começou a ler Dostoiévski?

EC Eu o leio desde sempre. Mas levei um tempo para entendê-lo. Foi no período das noites em claro que compreendi *Os demônios*. Em todo caso, eu só gostava dos grandes doentes, para dizer a verdade, e para mim um escritor que não é doente está quase automaticamente relegado a um segundo escalão.

MJ

Seu livro sobre as lágrimas e os santos é bastante dostoievskiano, com aquela concepção da mulher ao mesmo tempo puta e santa...

EC Sim, de fato. Vou contar por que esse livro teve na minha vida uma certa importância. Eu estava em Braşov e esse foi o único ano da minha vida em que me ocorreu de trabalhar... Eu era professor de filosofia no colégio, mas era uma profissão que muito rapidamente se mostrou impossível para mim; eu só pensava em uma coisa:

310

abandoná-la e ir para a França para fugir daquilo. Meu tempo no colégio de Braşov foi realmente catastrófico, tive problemas com meus alunos, com os professores, com o diretor... enfim, com todo mundo. No fim consegui ir para Paris, mas – como eu disse antes –, quando o meu livro sobre os santos foi publicado, todo mundo se alvoroçou contra mim. Exceto uma garota armênia de dezessete anos, que me escreveu uma carta deslumbrante. Foi então um fracasso que me fez entender de modo definitivo que, se eu tivesse uma inquietude filosófica, nunca poderia ter fé. No fundo perdi uma ilusão fundamental... Reli os místicos, mas o que eu gostava neles era o seu lado excessivo e sobretudo o fato de que falavam com Deus de homem para homem, arrisco dizer. Quanto a mim, eu me atormentava em vão, a fé continuava uma impossibilidade. Mesmo hoje não posso dizer que sou um espírito totalmente não religioso; o que vejo é uma impossibilidade de crer. A crença é um dom. Claro que há um bocado de gente equívoca a esse respeito, mas para mim é impossível.

MJ
Então já nesse momento os filósofos místicos eram para o senhor mais importantes do que um Hegel ou um Kant...

EC Infinitamente mais importantes. Santa Teresa d'Ávila desempenhou um papel enorme na minha vida; e fui arrebatado pela leitura da biografia de Edith Stein...[1] Você sabe como ela se converteu? Um dia foi à casa de uma amiga filósofa e, como ao chegar encontrou o recado de que ela voltaria apenas em 1h, Edith Stein leu sobre a vida de Santa Teresa d'Ávila enquanto esperava... É a origem da sua conversão. Agora, em todos os artigos sobre Edith Stein, há um espanto a esse respeito e aponta-se como sendo algo muito curioso, mas não é nem um pouco: Teresa d'Ávila tem um tom que de fato arrebata... É evidente que eu não me converti, porque não tenho vocação religiosa; Santa Teresa me ensinou muito, fiquei «literalmente» encantado com ela, mas a fé é algo com que se nasce... Posso atravessar todas as crises, exceto pela própria fé, que é também uma crise, mas uma forma de crise que não me pertence. Isto é, posso conhecer a crise, mas não posso conhecer a fé. Eu tinha uma admiração sem limites por Teresa d'Ávila, pela sua febre, pelo lado «contagioso». Mas não fui feito para a fé; ela permanece para mim uma das inteligências mais atraentes; fiz até mesmo papel de bobo porque na época eu só falava dela onde quer que eu estivesse.

MJ
Temos aqui um homem que não esconde suas paixões...

EC Sim, não há dúvida. Porém, mais do que um sujeito apaixonado, sou um sujeito obcecado. Preciso esgotar as coisas. Não são os argumentos que me fazem mudar de ideia, é apenas o cansaço, o esgotamento de uma obsessão. Tem a ver com a fé. Mas avalio que o importante na vida são os encontros, aquelas que são coisas pequenas na aparência. Sempre fui muito sensível, sempre conversei com desconhecidos e aprendi muitíssimo com esses encontros: este é o fundamental. E tenho acima de tudo uma queda por sujeitos meio perturbados. Na Romênia, em meio aos 60 mil habitantes de Sibiu, eu conhecia todos os sujeitos meio desmiolados.

MJ
Os poetas também...

EC Os poetas também fazem parte desse grupo... E há ainda este fenômeno muito balcânico: o fracassado

– isto é, um sujeito bastante talentoso que não desempenha, aquele que faz tantas promessas e não as cumpre. Meus grandes amigos na Romênia não eram de forma alguma escritores, mas sim fracassados. Houve um homem sobretudo que teve sobre mim uma influência enorme, um sujeito que havia estudado teologia e que devia ter sido padre; faltava-lhe somente casar-se. No domingo do casamento, quando todos o esperavam, disse a si mesmo que estava louco e desapareceu. Esperaram-no durante todo o dia na igreja, mas ele havia simplesmente desaparecido e não foi visto por meses. Ele teve sobre mim uma influência bastante grande. Não tinha talento algum, não sabia escrever e lia pouquíssimo, mas seu conhecimento da natureza humana e sua psicologia inata eram simplesmente extraordinários. Nunca o vi se enganar sobre quem quer que fosse. Era de uma lucidez absoluta, criminosa e agressiva. Eu o visitava com regularidade, e uma das lembranças mais marcantes da minha vida é de uma noite que passamos em Brașov, até as 5h da manhã, na rua. Vagamos durante toda a noite e no fim da conversa fiquei nauseado, porque destruímos tudo juntos, absolutamente tudo. E ele era mais forte do que eu na negação, de longe o mais forte. Também me contou um punhado de segredos da sua vida durante essa conversa noturna, coisas que não havia revelado a ninguém. Não quero dizer que tenho com ele uma dívida direta, mas ele foi, apesar de tudo, um interlocutor importantíssimo para mim, pois foi com ele que entendi até onde se pode ir. Na negação, ele foi realmente até o limite.

MJ

E sua própria negação continuou nos livros?

EC   Nos livros, mas não apenas. Para mim, em todo caso, esse homem representava um caso desesperado e perigoso de lucidez. No fundo, a lucidez não é necessariamente compatível com a vida, até mesmo de jeito nenhum. Esse tipo de negação pode ir para além do suicídio, é de fato o nada, chega-se à consciência absoluta do nada. E isso não é compatível com a existência, cabe dizer. Nesses momentos, tem-se apenas a escolha de se suicidar ou de tornar-se religioso ou de fazer não sei o quê; é um limite extremo no qual esbarrei várias vezes na vida, mas nunca com a intensidade daquele homem. O que era curiosíssimo é que era um sujeito bastante corpulento que dava a impressão de ser muito próspero e sereno. Demoliu-me o mundo inteiro, todos os nossos amigos em comum, tudo, tudo, tudo. Não era mau, não era um canalha, mas era incapaz de alimentar qualquer ilusão sobre o que quer que fosse. Isso também representa uma forma de conhecimento – afinal o que é no fundo o conhecimento, senão a demolição de algo?

MJ
O conhecimento daninho?

EC   Não apenas o conhecimento daninho; todo conhecimento levado às últimas consequências é perigoso e daninho, pois – falo da própria vida e não dos conhecimentos ditos filosóficos – a vida é tolerável apenas porque não vamos às últimas consequências. Um empreendimento só é possível caso se tenha o mínimo de ilusões, do contrário não é viável, uma amizade tampouco. A lucidez completa é o nada. Dou um exemplo para mostrar o lado diabólico do meu amigo. Um dia me apaixonei por uma garota. Ele notou que eu me havia deixado seduzir por ela e disse: «Completamente ridículo». Eu acabara de conhecê-la, foi amor à primeira vista e ele sabia, mas seguiu: «Você já viu a nuca dela?». Respondi que não tinha começado por aí. «Preste atenção», ele me disse, e me pareceu uma tolice sem fim, uma mesquinhez incomum, mas eu o fiz ainda assim, prestei atenção à sua nuca e percebi uma verruga: acabou comigo. Foi algo que me espantou terrivelmente, esse demônio nele. Era absurdo que o sujeito se tornasse padre, e ele deve tê-lo percebido inconscientemente para que se mandasse no dia do seu casamento. Ele tinha uma visão negativa da vida, mas a visão negativa da vida não é necessariamente um conhecimento falso, senão uma forma incompatível com a própria vida.

MJ
Esse sujeito não é um produto puro do mundo balcânico?

EC Evidentemente, por causa do seu excesso. Vai bastante longe. O Ocidente, a civilização francesa, toda a ideia de gentileza – o que é tudo isso? São limites que se aceitam por meio do pensamento. Não é preciso ir mais longe – não vale a pena –, é de mau gosto. Mas não se pode falar de civilização nos Bálcãs; não há critérios. Somos levados ao excesso, o mundo russo e a literatura russa são mais ou menos isso. Por exemplo: sou bastante sensível ao fenômeno do tédio. Estive entediado durante toda a vida – e a literatura russa orbita o tédio, é o nada contínuo. Eu mesmo vivi o fenômeno do tédio talvez patologicamente, mas o fiz porque queria me entediar. O problema é que, quando se entedia em todo lugar, fica-se perdido, não?

MJ
O tédio, nesse sentido, faz parte daquela categoria da temporalidade que é *outra*, diferente?

EC   Sim, exatamente, porque o tédio no fim se ergue sobre o tempo, o horror do tempo, a consciência do tempo. Aqueles que não são conscientes do tempo não se entediam; a vida é tolerável apenas caso não se tenha consciência de cada instante que passa, do contrário se está ferrado. A experiência do tédio é a consciência exacerbada do tempo.

MJ
Gostaria de pedir-lhe – antes de o senhor me falar sobre sua chegada à França – que conte sobre outra experiência importante vivida na Romênia: a ocupação húngara e seu corolário de angústias para uma criança romena, como a figura do guarda húngaro.

EC   Como contei, eu vivia em uma cidadezinha e esse policial representante da autoridade nos dava medo. Não tinha nada a ver com nacionalismo, eu era uma criança na época; mas aquele cara de uniforme que não falava romeno era uma presença estranha em um vilarejo na montanha. Em nada correspondia aos sentimentos dos meus pais, que haviam feito a escola em húngaro. O nacionalismo não tinha então as proporções que teria mais tarde, pois havia no Império Austro-Húngaro algo que poderíamos chamar de superstição da legalidade. Havia na sua base algo que não funcionava, mas no desdobrar do corriqueiro via-se ainda assim o respeito do outro. Não era, para dizer a verdade, uma tirania, era outra coisa; era o fato de que havia seis povos vivendo na mesma região e um deles tornou-se a autoridade – era esse o problema, e não tinha nenhuma relação com o ódio. É bastante mais complexo do que a imagem do guarda húngaro que dava medo em uma criança. A Transilvânia continua sendo um fenômeno à parte na Romênia. Quando eu vivia lá, ela era parte de um império que não era assim tão ruim!

MJ

Na sua época romena, havia leituras importantes para o senhor em romeno? Faço esta pergunta porque falávamos, antes de começar esta conversa, sobre George Bacovia...[2]

EC   Pessoalmente, nunca me interessei tanto pela literatura romena; por Bacovia, sim, porque era bastante conhecido. Em todo caso, na Romênia apenas a poesia era original. E naquela época eu lia sobretudo os filósofos.

MJ

Foi quando conheceu Mircea Eliade?

EC   Sim, e me lembro de que ele tinha acabado de voltar da Índia. Era o único romeno a ir para lá e trouxe algo completamente novo para nós, algo importante. Éramos amigos na época, muito mais do que seríamos depois. Houve entre nós uma briga pública bastante séria por causa de uma mulher. Agora que ele morreu, posso contar, por que não? Havia uma artista que era metafísica, uma coisa bastante rara na Romênia, uma mulher passional e excelente atriz. Ela se apaixonou por Eliade, que era muito jovem e acabava de voltar da Índia... É uma anedota, mas faz sentido, apesar de tudo. Eu a havia conhecido em Bucareste e ficamos amigos; eu realmente não gostava dela fisicamente, era rural demais para mim, uma agricultora russo-moldava, e tinha uma cabeça de agricultora, mas era uma mulher extremamente interessante e culta. Era louca por Eliade, e eles marcaram um encontro em Sibiu. Ela chegou a Sibiu com dez dias de antecedência e então Eliade me mandou um telegrama dizendo que não iria. Ela desmaiou na minha frente e eu pensei que fosse morrer. Então Eliade a abandonou, e ele o fez à maneira balcânica. Depois disso, escrevi um artigo bastante violento contra Eliade, cujo significado ninguém entendeu; uma espécie de execução.

MJ

Mas Eliade o entendeu?

EC Completamente, era a própria razão do artigo. Nunca republiquei esse texto, mas faço alusão a ele no meu livro *Exercícios de admiração*, no qual falo também de Eliade. Isso criou entre nós algo que não chegou a ser uma ruptura, mas foi ainda assim bastante sério. Eu havia tocado em um assunto delicadíssimo, e o meu artigo diminuía tanto a sua obra quanto a sua pessoa, tudo, tudo.

MJ

O que é profundo nessa anedota é que ela mostra até que ponto toda escrita esconde uma voz subterrânea...

EC Todos os nossos atos têm seu lado clandestino, e é isso que interessa psicologicamente; conhecemos apenas a superfície, o lado superficial. Acessamos aquilo que está formulado, mas o importante é aquilo que não está formulado, aquilo que está implícito, o segredo de uma atitude ou de uma afirmação. Por isso todos os nossos julgamentos sobre os outros, mas também sobre nós mesmos, são em parte falsos. O lado mesquinho está camuflado, afinal o lado mesquinho é profundo, e eu diria até mesmo que é aquilo que há de mais profundo nos seres e que nos é mais inacessível. Por isso os romances são uma forma de se camuflar, de se expor sem se declarar. Os grandes escritores são justamente aqueles que têm o sentimento desses «subterrâneos», sobretudo Dostoiévski. Ele revela tudo aquilo que é profundo e mesquinho em aparência; mas é mais do que mesquinho, é trágico; são esses os verdadeiros psicólogos. Conheço muita gente que escreveu romances e fracassou – até mesmo Eliade escreveu vários romances e fracassou; por quê? Porque traduzem apenas fenômenos de superfície e não a origem dos sentimentos. A origem de um sentimento é dificílima de apreender, mas é o que há de mais importante e que vale para todos os fenômenos: para a fé religiosa etc. De onde veio? Por que continua? A aposta é essa, e apenas algum adivinho é capaz de ver de onde tal coisa vem. E não vem do raciocínio.

MJ

E nas suas leituras o senhor vai em busca dessa «origem»?

EC   Sim, e na minha vida também. Aquilo que está formulado é apenas parte do pensamento; sua parte verdadeira nos escapa quase sempre. E é por isso que existem pouquíssimos romancistas verdadeiros; qualquer um pode escrever um romance, mas não se trata apenas de escrevê-lo. Dostoiévski é para mim o único a ter mergulhado na origem dos atos; vê-se muito bem por que seus personagens fizeram isto ou aquilo, mas não de imediato. Minha atitude nada tem a ver com a psicanálise, nada mesmo, pois ela pretende curar, mas não é isso que interessa. É o demônio que vive nas pessoas que importa – mas como apreendê-lo?

MJ

E como o senhor lê poesia? O senhor parte deste tipo de premissa?

EC   Certamente. Por que é que algum sujeito é bom poeta e outro não? Quando o outro é mais sutil? Por que é que sua poesia não resiste? Porque aquele que vai à origem dos atos, aquele que é profundo, não é tolerado; é brilhante, é arrebatador, é poético, mas só isso. Por que alguém menos talentoso é um poeta maior? O que faz de um sujeito um gênio, isto é, mais do que talentoso? Ele consegue transpor algo que nos escapa, e que até mesmo lhe escapa. É portanto um fenômeno que permanece misterioso. Hoje em dia, há muita gente que escreve aforismos, tornou-se uma espécie de moda na França. Se você os lê, percebe que não são terríveis, mas as formulações se esgotaram, não há desdobramento. E não há nenhuma exigência de profundidade, não há coisa alguma a fazer, é uma confissão sem segredos. Nada esconde, apesar de tudo estar bem formulado; tem um sentido, mas sem porvir. Não se conhece aquilo que constitui o segredo de uma pessoa. E é também a isso que se deve o interesse da vida, da economia entre seres; do contrário, termina-se com um diálogo de fantoches.

MJ
Mas isso se complica bastante no seu caso, uma vez que o senhor apreende este fato com tamanha lucidez. Como escrever, como dizer algo sem dizê-lo?

EC Diz-se apenas uma parte do que se quer dizer, sempre. O tom é importantíssimo. Tem-se um tom, não somente como músico, mas em geral, em tudo aquilo que se faz. Com frequência falta o tom, o tom simplesmente não está ali, e é de fato um mistério, pois não se pode defini-lo, pode-se apenas senti-lo. Você abre um livro, por exemplo, lê uma página que é todavia impressionante; por que aquilo não lhe diz nada? E no entanto não é pífia, mas não se sentem seus desdobramentos. Não se sabe de onde descende esse tom misterioso, há ali uma espécie de irrealidade em tudo aquilo que é literário. É o que se chama de falta de necessidade – mas por que essa falta de necessidade? Na economia diária com as pessoas é a mesma coisa. Você encontra alguém que não vê há muito tempo; vocês conversam por horas, mas é o nada. Você encontra alguém outro, vocês conversam e você volta para casa alvoroçado. Está aqui a verdadeira originalidade dos seres, aquilo que escondem e que transparece, apesar de tudo, naquilo que dizem.

MJ
É como a música?

EC É exatamente como a música. E as pessoas que dizem «A música não significa nada para mim» estão mortas, não preciso continuar, é algo extremamente grave, porque a música toca justamente isto, o que há de mais íntimo em alguém. Não tenho coisa alguma em comum com quem não sente a música, é de uma gravidade sem nome e uma espécie de maldição da qual o sujeito não está consciente.

MJ
Por falar em música, no seu caso é preciso pensar de imediato em Bach, que o senhor já mencionou.

EC Bach é um deus para mim. É inconcebível, para mim, pensar que há gente que não entende Bach, e todavia isso existe. Acredito que a música seja realmente a única arte capaz de criar uma cumplicidade profunda entre dois seres. Não é a poesia, é apenas a música. Alguém que não é sensível à música sofre de uma imperfeição enorme. É impensável que alguém possa não ser sensível a Schumann ou a Bach, enquanto admiro muitíssimo alguém que possa admitir não gostar de poesia. Mas no caso da música é outra coisa, uma coisa bastante séria.

MJ
Quando é que você escuta música?

EC O tempo inteiro, sobretudo agora que já não escrevo. Parei de escrever, considero que não vale a pena continuar, mas essa aridez se compensa pela música. A vida sem música é realmente um absurdo para mim. Mas não é preciso escrever, pois não se pode transcrever com palavras uma sensação que é de natureza musical. Portanto, nada que dá sentido à música passa para a escrita. E por que escrever nessas condições? E, de todo modo, por que escrever em geral? Por que multiplicar os livros, por que querer ser escritor a qualquer preço? Aliás, todo mundo escreve em excesso – é o drama faz tempo, essa superprodução inútil e absurda; todo mundo escreve, sobretudo em Paris. Mas por quê? Eu mesmo pensava que não iria escrever ou que escreveria pouquíssimo, mas a gente se deixa levar. Agora entendo que não quero continuar esta comédia. Antes não era uma comédia porque escrever correspondia, todavia, a uma espécie de necessidade, era uma maneira de me desvencilhar de mim mesmo. É preciso dizer que se expressar é o único modo de simplificar tudo. Quando se escreve algo, seu mistério imediatamente se desfaz, é doido; você mata a coisa e a si mesmo. Isso tinha uma função para mim; agora não. Observei que as pessoas que não escrevem têm mais recursos do que aquelas que se exprimem, porque carregam tudo em si. Mas ter escrito é ter expulsado tudo o que havia de importante em você. Aquele que escreve é portanto alguém que se esvazia. E no fim de uma vida é o nada, e por isso escritores são tão desinteressantes. Acredito seriamente nisto, eles se esvaziam de si mesmos e apenas seus restos sobrevivem, são fantoches. Conheci uma boa quantidade de escritores e o que estou dizendo é totalmente verdade. São pessoas brilhantíssimas, mas que já não têm um ser.

MJ

E alguém como Beckett? Como situá-lo em meio a estes escritores que o senhor visita?

EC Sabe, nós quase não nos vemos agora, mas Beckett é alguém que está sempre em perfeita lucidez e que não reage como escritor. Esse problema não se coloca para ele – o que é bastante bonito no seu caso –, porque nunca reagiu como escritor. Não é um «envolvido» como nós, somos todos «envolvidos»; ele está acima de tudo isso, é um caso completamente à parte. Mas, em geral, percebi que as pessoas que produzem demais em qualquer área, depois de algum tempo, tornam-se marionetes. E por isso as grandes presenças são com muita frequência de gente que nunca produziu coisa alguma, gente que acumulou tudo.

MJ

O senhor decidiu antes da sua chegada à França que também não trabalharia neste país?

EC Sim, de uma forma ultralúcida compreendi que é preciso aceitar qualquer humilhação ou sofrimento para se recusar a exercer uma profissão, a fazer coisas de que não se gosta e de que não se pode gostar, a fazer qualquer trabalho impessoal. Eu teria aceitado apenas um trabalho físico. Aceitaria varrer as ruas, que seja, mas não escrever, fazer jornalismo! Era preciso fazer de tudo para *não* ganhar a vida. Para ser livre é preciso aguentar qualquer humilhação, e este era quase o programa da minha vida. Em Paris eu havia organizado muito bem a vida, mas não funcionou como eu antecipava. Estava matriculado na Sorbonne e durante anos, até os quarenta anos, eu comia na universidade como estudante. Infelizmente, quando fiz quarenta anos, eles me chamaram para dizer: «Veja, senhor, agora acabou, há um limite de idade, fixado em 27 anos». E de repente todos os meus projetos de liberdade desmoronaram. Lembro que eu morava em um hotel bastante perto daqui, um sótão antigo de que eu gostava muito, e falei: agora a situação é gravíssima. Até então o problema se resolvia automaticamente: bastava uma matrícula na Sorbonne para comer quase de graça nas cantinas universitárias. O que fazer? Eu não tinha meios de comer em restaurantes ou de levar uma vida normal. Talvez não tenha sido um ponto de virada na minha vida, mas foi um problema gigantesco. Entretanto, como eu havia decidido aceitar tudo, à exceção de fazer aquilo de que não gostava, isso complicou bastante a minha vida. Felizmente havia ainda o quarto de hotel, que eu pagava mensalmente e que custava quase nada. Eu realmente adorava aquele sótão delicioso próximo daqui, na rua Monsieur-le-Prince. E de repente vi que botavam na rua todo mundo que pagava pelo mês, como eu, embora abrissem uma exceção para mim. Eu conhecia o gerente e ele não se atreveu, eu falei: vai chegar o dia, então é absolutamente necessário encontrar outra coisa, senão vai ser o fim. Era 1960, eu tinha publicado um livro chamado *História e utopia* e conhecia uma senhora que trabalhava com apartamentos. Enviei-lhe meu livro, ela prometeu me ajudar e depois de três dias consegui este apartamento por um preço baixíssimo – trata-se dos antigos aluguéis. Não se pode aumentar o aluguel e eu, que tenho horror à velhice, tiro certo proveito, embora me pareça bastante injusto com o proprietário. Foi assim que consegui resolver meu problema e tudo o que era necessário para viver sem exercer uma profissão. Mas isso tudo acabou, hoje os jovens já não têm essa possibilidade. Há jovens que vêm me visitar e dizem que adorariam viver como eu. Mas é tarde demais. Quando cheguei a Paris, havia quartos com mensalidade, e quantos se quisesse, mas isso tudo desapareceu, agora já era.

MJ
No entanto o senhor continuou a trabalhar, a escrever; o senhor publicou bastante na *Nouvelle Revue Française* (*N.R.F.*).

EC Sim, de fato. Não se pode viver absolutamente no paraíso – não no paraíso, mas como um parasita; entendi que era preciso escrever, e isso correspondia, claro, a uma necessidade. Publiquei então o meu primeiro livro em francês, que foi o *Breviário de decomposição*, e depois tive intenções vagas, perguntava-me já na época qual era a razão de multiplicar os livros. Por quê? De todo modo, de uma pessoa restam apenas algumas frases, não é? Mas devo dizer que os dias são muito longos, e não há dúvidas de que havia também uma forma de vitalidade em jogo, uma necessidade de se manifestar. Eu fui completamente desconhecido por trinta anos, meus livros não vendiam de jeito nenhum. Aceitei bastante bem essa condição e ela correspondia também à minha visão das coisas, até o momento em que apareceram os livros de bolso. E sou pessoalmente a favor dos livros de bolso, o que pode parecer paradoxal, mas acredito que seja o único modo de realmente tocar os leitores que de fato se interessam por você. Depois foi o mecanismo de qualquer carreira literária; mas os únicos anos que importam são os do anonimato. Ser desconhecido é uma volúpia; por vezes há lados amargos, mas é um estado extraordinário. Durante anos, eu aparecia nos jantares – porque houve um tempo em que eu adorava beber uísque, e, como não tinha dinheiro para comprá-lo, ia às confraternizações – e sempre me apresentavam como o amigo de Ionesco e de Beckett. Mas aceitei muito bem essa condição, por que não? Por que ser conhecido?

MJ
Por que de repente o senhor decidiu escrever em francês?

EC Veja só. Eu tomei a decisão de nunca mais voltar para a Romênia. Para mim, tinha acabado; tudo aquilo realmente me parecia pertencer ao passado, no sentido absoluto do termo. Eu estava perto de Dieppe, na praia, no verão de 1947, em uma cidadezinha, e tentava traduzir Mallarmé para o romeno. E de repente falei: «Não tenho talento algum para isso», e de súbito tomei a decisão de que era preciso escrever em francês. Até então eu curiosamente havia negligenciado o francês, e cheguei mesmo a estudar inglês na Sorbonne. Minha decisão de escrever em francês – decisão tomada em um instante – se revelou bastante mais difícil de executar do que eu tinha imaginado. Foi mesmo um suplício; não o primeiro fluxo, mas a reescrita do livro. E escrevi quatro vezes o meu primeiro livro, terminei de escrevê-lo com nojo. Assim, depois de escrever o *Breviário de decomposição*, eu me dizia que não valia a pena continuar me atormentando. E publiquei *Silogismos da amargura* pelo cansaço. Não vale a pena construir frases etc. Então, apesar de tudo, o processo seguiu, e é preciso dizer que Paulhan[3] me pedia o tempo inteiro para colaborar com na *N.R.F.* Eu fazia promessas e isso então me corroía, mas eu queria cumprir as promessas e foi assim que entrei em uma espécie de engrenagem. Eu reconhecia perfeitamente que estava na periferia, era completamente desconhecido, mas no fim não era algo de todo desagradável. E assim passam os anos na vida de um escritor, o escritor sem leitores – embora conhecendo algumas pessoas, e é isso –; há alguns aspectos desagradáveis no plano prático, mas é esta a época da escrita verdadeira, porque tem-se a impressão de escrever para si mesmo.

MJ

Houve também alguma motivação política que o levasse a abandonar o romeno, a Romênia?

EC   O que você queria que eu fizesse com meu romeno em Paris? Eu havia rompido com a Romênia: ela já não existia para mim. Na Romênia, eu havia prometido escrever uma tese – o que nunca fiz. De qualquer maneira, a Romênia representava para mim apenas o passado. Então por que escrever em romeno? E para quem? Além disso, o que eu escrevia nunca teria sido aceito pelo regime. Agora sim, aceitam meus textos e publicam o tempo inteiro meus artigos nas revistas. Logo vão publicar um livro que reúne vários dos meus textos, mas ainda há escritos que não podem ser publicados na Romênia. Há uma forma de cinismo – são eles que o chamam assim – que não conseguem aceitar. Se você diz que a existência é um absurdo – eles aceitam; mas, se você diz que qualquer forma de sociedade é absurda, não conseguem aceitar. Você é livre no plano metafísico e pode mandar tudo pelos ares, mas não no plano social. O drama desses regimes é que há um otimismo obrigatório. Não aceitam o irremediável; há coisas que não podem ser resolvidas, que pertencem à essência do homem e à infâmia da história. Você pode falar o que quiser, pode perfeitamente ser budista, que seja, desde que não toque naquilo que diz respeito à sociedade, à história.

MJ
É verdade que o senhor era aberta e fanaticamente antidemocrata no final dos anos 1940?

EC Veja, há outra coisa, sabe? A democracia na Romênia não era uma democracia verdadeira. Eu era antidemocrata porque a democracia não sabia se defender. Ataquei a democracia por causa da sua fragilidade. Um regime que não era verossímil, porque não tinha instinto de conservação. E ataquei alguém por quem tinha grande respeito: Juliu Maniu, o líder dos democratas romenos. Escrevi um artigo dizendo que Maniu, o maior democrata do mundo, deveria ter sido o líder do partido na Suécia, nos países nórdicos. Mas não em um país como a Romênia. Deve-se defender a democracia com todos os meios e fazer exames da sua vitalidade. Mas Maniu lutava apenas com conceitos puros, e esses conceitos não têm espaço nos Bálcãs. A democracia de fato era deficiente na Romênia, não estava à altura da situação histórica. Não se pode seguir gente assim, é a utopia corporificada nos Bálcãs, não é possível. Havia democracia na Romênia, o partido liberal de Maniu, mas nas situações difíceis esse tipo de partido não aguenta o golpe; eles foram completamente atropelados pela história.

MJ
E a democracia ocidental?

EC Há, ainda assim, algum automatismo no Ocidente, pois a democracia nasceu aqui e pode sobreviver a si mesma. Não se sabe; pode ruir, não é algo inquestionável. O drama do liberalismo e da democracia é que nos momentos graves eles se ferram! Nós vimos. A carreira de Hitler, o ditador, é produto da fragilidade democrática, apenas isto. A história de Hitler é bastante simples.

MJ
Estas ponderações com relação à democracia ocidental foram o ponto de partida para o seu conceito de utopia?

EC Sim, o livro que escrevi sobre a história e a utopia é também uma ponderação sobre as deficiências da democracia. Eu digo nesse livro que o futuro pertencia à Rússia; chega a ser um milagre que a Rússia não tenha se apropriado de toda a Europa, mas a história não terminou. Infelizmente a história nada mais é do que a sucessão das grandes potências, a história é isso. A Rússia é historicamente ameaçada pelos seus sucessos; apenas isso pode salvar a longo prazo o resto da Europa, as nações livres da Europa Ocidental.

MJ
O senhor fala sobre salvação, contudo sua perspectiva geral da história é negativa. É uma visão da história como decadência?

EC Exatamente isso. Pessoalmente, acredito que o Ocidente só pode ser salvo se a China se tornar uma grande potência e a Rússia a recear. Mas, se a situação continuar desta forma, o Ocidente irá ceder à pressão russa. Se há uma lógica na história, uma lógica cínica, claro, é que a Rússia deve tornar-se senhora da Europa. Há, no entanto, exceções na história, e o despertar da Ásia pode salvar a Europa.

MJ

Qual é a ponte, em seu pensamento, entre o indivíduo e a história, uma vez que o «eu» permanece como medida de tudo, mas se vê mergulhado na própria história? Parece-me não haver vínculo verdadeiro entre o indivíduo e a sociedade, a julgar pelo que o senhor diz. Então como vinculá-los?

EC   Vinculam-se muito mal, por meio do desconforto. Não há ponte, e o desconforto passa a ser «solução», isto é certo. Deve-se ter lucidez como indivíduo, sabendo que o excesso de lucidez torna a vida insuportável. A vida é tolerável apenas se não for levada às últimas consequências.

MJ

O pensamento indiano se infiltrou, por assim dizer, na sua obra? O Nirvana, de que o senhor tanto fala... Ele indica uma renúncia à lucidez e à nostalgia de uma filosofia do sono?

EC   Já passei também dessa fase, mas tal entusiasmo pelo budismo foi algo que definitivamente teve, há uma década, um papel importante. Sempre fui um pouco budista, se é que se pode ser um pouco. Para dizer a verdade: se tivesse a escolha, se fosse preciso optar por uma religião entre todas, eu seria budista. Com algumas exceções pontuais, o budismo me parece aceitável e até mesmo confortável.

MJ

Mas é possível escolher uma religião com lucidez?

EC   É por uma afinidade secreta que, apesar de tudo, tal escolha é feita. Há pontos bastante precisos, como a visão do sofrimento, que eu aceito; mas a transmigração ou outros aspectos do budismo – como

330

aceitá-los? É preciso pertencer a uma tradição para poder aderir a este tipo de coisa. É preciso partilhar de um certo estilo de pensamento, de concepção do mundo. Como acreditar na metempsicose, nas fases da vida, por exemplo? Os dogmas não são aceitáveis, mas o espírito é, totalmente. Tudo aquilo que o budismo constata a respeito do sofrimento, da morte etc., é aceitável, o lado negativo. E foi esse lado que motivou Buda a deixar o mundo. Ainda assim, além disso, é a religião que menos exige a fé. O cristianismo ou o judaísmo exigem coisas bastante precisas, e, caso você se recuse a acreditar nelas, está ferrado, ponto-final; o budismo não, ele admite a nuance. Podem-se aceitar as razões que levaram Buda a deixar o mundo sem dificuldade, desde que se tenha coragem de ir às últimas consequências. O budismo não exige nenhuma confissão, nenhum reconhecimento; e por isso o budismo está prestes a substituir o cristianismo. É algo que pode acontecer, sobretudo na França, onde estou espantado com o número crescente de pessoas que encontro e que acreditam apenas no budismo. E isto vai continuar.

MJ
Quando se conhece a sua obra, é difícil imaginar que o senhor tenha viajado. Estou errado?

EC Você tem razão: viajei pouco. Conheço apenas alguns países e, sobretudo agora, quase já não viajo. A última vez que viajei foi para a Grécia, fui convidado e aceitei, já que me pagaram a viagem. Ainda assim, é preciso dizer que viajei muito de bicicleta – sempre tive uma paixão grande pela bicicleta – e cheguei até mesmo a ir para a Inglaterra de bicicleta. Eu era mais jovem na época. A bicicleta me deu a possibilidade extraordinária de estar ao ar livre; você está no país e ao mesmo tempo está em movimento. Conversei muito com as pessoas quando viajei de bicicleta. Foi assim que atravessei a França e conheci muitíssima gente, o povo e não os intelectuais. Foi para mim um prazer enorme. Com frequência me comovi com gente que nunca tinha aberto um livro.

MJ
O senhor ainda caminha muito?

EC Sim, claro.

MJ
E costuma ir aos cemitérios?

EC Não apenas. Tenho, é verdade, um fraco por cemitérios, mas agora os cemitérios já não são bonitos, estão sobre-carregados. Quando vejo amigos, mas também desconhecidos que passam por momentos de apreensão, de desespero, tenho um único conselho a dar-lhes: «Vá a um cemitério durante vinte minutos e você vai ver que o seu desconsolo, embora não desapareça, estará quase superado». Outro dia encontrei uma jovem que eu conhecia, desesperada depois de uma decepção amorosa, e disse a ela: «Veja, você não está longe de Montparnasse, vá até lá, caminhe por meia hora e você vai ver como a desgraça parecerá tolerável». É muito melhor do que consultar um médico; não há remédio contra esse tipo de dor, mas uma caminhada no cemitério é uma lição de sabedoria quase automática. Eu mesmo sempre recorri a métodos semelhantes; não parece algo tão sério, mas é relativamente eficaz. O que você vai dizer a alguém em desespero profundo? Nada ou quase nada. Mas então vê-se do que se trata. Eu sou, embora possa parecer curioso, bastante compadecido, sou muito sensível ao desespero das pessoas. Sempre as ajudei, muito mais do que se pode imaginar. Alguém que não está habituado ao desespero e de repente se vê em uma situação extrema e completamente atípica não conseguirá entendê-la ou explicar-se. Da minha parte, sempre tentei oferecer conselhos, mas conselhos práticos que ofereçam a possibilidade de transformar completamente a perspectiva. A única maneira de realmente aguentar esse tipo de vazio é ter a consciência do nada; do contrário, a vida não é tolerável. Mas, se você tem a consciência do nada, tudo aquilo que acontece com você conserva as proporções normais e não adquire as proporções alucinadas que caracterizam o exagero do desespero.

MJ
É uma espécie de solução «catártica» que o senhor recomenda?

EC Com certeza. É preciso enxergar aquilo que se é. Conheci, por exemplo, muitos jovens escritores que, por não terem sucesso, queriam se suicidar – o que, no fim, eu entendo. Mas é bastante difícil acalmar alguém que chegou a esse ponto. O que é terrível na vida é o fracasso, e ele não é raro, para qualquer um. Isso é o que mais chama a atenção nas pessoas que conhecemos. A maioria daqueles que vêm me ver está tomada por um desespero extremo provocado pelo fracasso.

MJ
Mas colhe-se algo do fracasso? Quando se sobrevive a ele...

EC ... é uma lição extraordinária, mas há muita gente que não aguenta, e isso em todos os níveis, entre os empregados e entre as pessoas «importantes». No fim das contas, a experiência da vida é o fracasso. São sobretudo os ambiciosos, aqueles que têm projetos de vida, os mais afetados; aqueles que pensam no futuro. Por isso levo as pessoas para o cemitério, e isso não é mentira; basta ver os resultados. É a única forma de minimizar uma situação trágica, é nítido...

MJ

E não a literatura ou a poesia?

EC Também, mas em um grau menor. Deve-se ir sobretudo ao túmulo de um amigo; é então que se entende. Aprende-se de tudo na vida, exceto como superar esse tipo de experiência, e sobretudo o meio literário é marcado por decepções enormes.

MJ

Desde muito jovem o senhor já antecipava esses fenômenos, pensando a morte, o fracasso, o desespero...

EC Sem dúvida, e o meu primeiro livro, *Pe culmile disperării* [*Nos cumes do desespero*], já tratava dessas coisas; tudo o que escrevi mais tarde já estava nele. Foi reeditado em romeno, mas é um livro muito mal escrito, sem nenhum estilo, um livro tresloucado que, todavia, contém todo o meu pensamento. Não se pode traduzi-lo, porque não há ali nenhum rigor, é o estilo romeno, vai tudo ladeira abaixo; mas a obsessão do suicídio já aparece. Todo o meu drama está nele, as vigílias etc.

MJ

Esse livro foi a irrupção da ferida aberta por aquela longa insônia de que o senhor falou. Em que momento foi possível superar essa situação?

EC Apenas sete, oito anos depois daquilo. O que me curou foi atravessar a França de bicicleta. Durante os meses em que percorri a França, eu dormia nos albergues da juventude; o esforço físico, os cem quilômetros pedalados por dia – foi isso o que me fez superar a crise. Quando você atravessa tantos quilômetros em um dia, é preciso dormir à noite, não há outra opção; senão é impossível continuar. Não foram portanto as reflexões filosóficas que me curaram, mas o esforço físico, que ao mesmo tempo me dava prazer. Eu estava o tempo inteiro ao ar livre, e também foi assim que entendi a França, conversando com as pessoas simples, com os trabalhadores, os agricultores. Foi uma experiência bastante fértil para mim.

MJ
Mas a sua visão do mundo já estava consolidada àquela altura?

EC Sim, mas a base patológica diminui; minha visão estava formada, claro, mas soube perder seu traço puramente mórbido, pois, assim que consegui dormir, fechar os olhos por algumas horas, já não havia a mesma tensão. Foi preciso que essa tensão diminuísse, porque uma vida intensa demais é insuportável a longo prazo.

MJ
Então você nunca buscou na droga as experiências «intensas», como Michaux, por exemplo?

EC Jamais. Nunca entendi por que Michaux recorria a produtos químicos para ter suas «revelações». Nunca concordei com ele sobre isto; sobretudo se considerarmos que as experiências de Michaux eram bastante razoáveis e sem riscos, já que ele as realizava apenas com o propósito de descrevê-las. Não vale a pena e me parece que se trata do aspecto perecível da sua obra; nunca lhe disse, porque éramos grandes amigos e eu não queria machucá-lo. Ou se conhecem esses níveis por uma espécie de fatalidade, ou não há o que dizer; há algo absolutamente artificial nesses procedimentos e Michaux tinha algo do médico em si, um lado científico bastante pronunciado. Frequentemente ele assistia a filmes científicos que eram terrivelmente insípidos. Na época em que ele morava perto da minha casa, com alguma frequência me levava para ver filmes científicos sobre qualquer coisa, o que me entediava demais. Tinha aquela inclinação científica, coisa de grande químico ou de grande médico. Mas um poeta não deve recorrer a procedimentos científicos.

MJ

O senhor disse que já não escreve. É algo que vai durar?

EC Não sei, mas é bem possível que eu não volte a escrever. Tenho horror de ver todos esses livros que são publicados... autores que publicam ao menos um livro por ano... é algo daninho, nada bom. Acho que já não é preciso escrever, é preciso saber renunciar. É algo que já não me diverte, em certo sentido. É preciso de um entusiasmo mínimo, é preciso que haja uma aspiração. Quando se começa a escrever um livro, há uma espécie de cumplicidade, como se o livro estivesse fora de você; é uma forma de conspiração a dois, e agora não tenho mais interesse nisto. Digo a mim mesmo que cansei de xingar o mundo e Deus, não vale a pena.

MJ

Mas o senhor ainda xinga mentalmente?

EC Menos, com certeza menos. Há uma espécie de resignação que é fruto da idade, e agora o cansaço é um estado real que se deve levar em conta. Pode-se sempre escrever e dizer tudo, mas justamente: não é preciso dizer tudo. De todo modo, apenas algumas frases permanecem sendo de um autor. Pode-se sempre escrever, mas se esse ato já não corresponde a uma exigência interior, é apenas literatura. É isso que eu não quero, talvez porque sempre acreditei – é o meu lado ingênuo – naquilo que escrevi; não está certo e está até mesmo em contradição com a minha visão das coisas, mas, enfim, azar. Não é preciso trapacear mas, afinal, o que importa se você trapacear? Pode-se ter consciência do nada, mas não se podem tirar todas as conclusões disso. É evidente que, caso se tenha a consciência do nada, é absurdo escrever um livro, até mesmo ridículo. Por que escrever e para quem? Mas há exigências interiores que escapam a essa visão, são de outra natureza, mais íntimas e mais misteriosas, irracionais. A consciência do nada levada às últimas consequências não é compatível com coisa alguma, com gesto nenhum; a ideia de fidelidade, de autenticidade etc. – tudo escapa. Mas há, apesar de tudo, essa vitalidade misteriosa que leva a fazer algo. E talvez a vida seja isto, sem querer usar palavras difíceis, é que fazemos coisas com as quais nos envolvemos sem acreditar nelas, sim, é algo assim.

Conversa realizada em língua francesa, publicada pela primeira vez em alemão, na obra de Michael Jakob *Aussichten des Denkens*, em Munique, 1994.

Notas:

[1] Edith Stein (1891-1942), filósofa e teóloga alemã de origem judaica. Foi canonizada pelo papa João Paulo II em 1988 como Santa Teresa Benedita da Cruz. Em 2 de agosto de 1942, foi deportada e então presa no campo de extermínio nazista de Auschwitz, onde foi assassinada uma semana depois. [N. T.]

[2] George Bacovia (1881-1957), pseudônimo de George Andone Vasiliu, poeta simbolista romeno e precursor do modernismo na Romênia. [N. T.]

[3] Jean Paulhan (1884-1968), escritor, crítico e editor francês. Foi editor-chefe da *Nouvelle Revue Française* até sua morte, em 1968. [N. T.]

Piccola Biblioteca Âyiné
Últimos volumes publicados

1. Hervé Clerc
   As coisas como elas são
   Uma iniciação ao
   budismo comum
2. E.M. Cioran
   Um apátrida metafísico